212

Methoden für den **Religionsunterricht**

Franz Wendel Niehl | Arthur Thömmes

212

Methoden für den **Religionsunterricht**

Neuausgabe

Kösel

Mit dieser Neuausgabe erinnern wir
an das Katechetische Institut
des Bistums Trier (1969–2004).
Es war ein wichtiger Stützpunkt für Religionslehrerinnen
und Religionslehrer und eine Ideenschmiede,
aus der auch dieses Buch hervorgegangen ist.

MIX
Papier aus verantwortungsvollen Quellen
FSC® C021956
www.fsc.org

Klimaneutral
Druckprodukt
ClimatePartner.com/14044-1912-1001

Penguin Random House Verlagsgruppe FSC® N001967

4. Auflage 2022

Neumarkter Str. 28, 81673 München
Umschlag: fuchs_design, München
Druck und Bindung: Litotipografia Alcione srl, Lavis
Printed in Italy
ISBN 978-3-466-37101-3
www.koesel.de

Inhalt

Statt eines Vorworts

F.N. *Das ist ein leichtsinniges Buch. Alle anständigen Leute werden über uns die Nase rümpfen.*

A.T. Nein, nein, es ist höchste Zeit, dass ein Buch wie dieses erscheint!

Warum?

Endlich haben die Lehrerinnen und Lehrer eine kompakte Sammlung von Methoden zur Hand, die sie direkt einsetzen können.

Aber das ist doch das Problem! Eine Methode muss auch zu einem Thema passen und genauso zu einer bestimmten Klasse und zu einem bestimmten Lehrer. Rezepte für alle Fälle taugen nichts!

Unser Buch ist doch gar kein Rezeptbuch. Es ist eher ein Steinbruch, in dem jeder suchen und finden kann, was in seiner Situation passt.

Das ist mir zu pragmatisch. Unser Buch braucht und bietet auch einen roten Faden: Vor jedem Abschnitt steht eine Einführung, die die Leserinnen und Leser auf didaktische Zusammenhänge aufmerksam macht. Zu meinem Leidwesen sind diese Einführungen alle zu kurz.

Das muss aber so sein. Sonst hätten wir nicht genug Platz für die vielen Methoden, die wir unseren Leserinnen und Lesern vorstellen wollen. Unser Buch will eine breite Palette davon anbieten: Umgang mit Bildern, Liedern und Texten, Gestaltungsaufgaben und Spiele, meditative Übungen ...

Und vergessen wir nicht das Kapitel über Offenen Unterricht und Freiarbeit.

Ja, das ist doch das Tolle: Neue Methoden und alte, Unbekanntes und Gewohntes stehen nebeneinander. Der Anfänger soll viel Brauchbares finden und auch der erfahrene Lehrer soll ermuntert werden, neue Wege zu gehen, seine Routine zu verlassen.

Aber kann man sich vorstellen, dass irgendjemand dieses Buch von vorne bis hinten liest?

Um Himmels willen! Kein Mensch liest ein Lexikon von A bis Z!

Nur langsam! Wir haben schließlich keinen Brockhaus verfasst, sondern eine biedere Methodensammlung.

Stimmt. Unser Buch ist eine Fundgrube. Stellen wir uns also vor: Eine Lehrerin plant eine Unterrichtsreihe zum Thema »Gewalt«.

Da hilft ihr unser neues Buch kaum weiter. Über Gewalt schreiben wir fast nichts.

Das stimmt. Was die Schüler über Gewalt lernen können, steht nicht in unserem Buch. Aber wie sie es lernen könnten. Das steht hier.

Was heißt das praktisch?

Nun, die Lehrerin hat das Thema »Gewalt« strukturiert. Sie hat Bilder, Lieder und Texte dazu gesammelt. Und jetzt fragt sie sich: Wie kommen die Erfahrungen zum Vorschein, die alle Beteiligten schon mit »Gewalt« gemacht haben? Wie tragen Bilder und Texte dazu bei, dass wir miteinander ins Gespräch kommen?

Aber das genügt doch nicht. Es geht doch auch um Begegnung mit Inhalten. Um christliche Überlieferungen, die neu bedacht und mit den eigenen Erfahrungen konfrontiert werden sollen.

Natürlich, aber die Inhalte kann man Schülerinnen und Schülern nicht einfach eintrichtern. Sie wollen entdeckt, erschlossen und reflektiert werden. Und genau dafür braucht man Methoden. Jetzt soll die Lehrerin also unser Buch in die Hand nehmen.

Nur, wie findet sie sich in einem Buch wie diesem zurecht? Sieht sie vor lauter Bäumen noch den Wald?

Da gibt es kein Rezept. Der eine wird aufschlagen, blättern und Entdeckungen machen, ein anderer wird systematisch suchen. Schließlich hat unser Buch ein Inhaltsverzeichnis.

Aber der ideale Leser ist für mich einer, der weiterdenkt. Der die Methoden nur als Anregung nimmt, frei damit experimentiert, bis er herausfindet, was zu seinem Unterrichtsstil gut passt, zu seiner Art, zu denken und zu arbeiten ...

Und vielleicht gewinnt der graue Schulalltag dann ein bisschen Glanz, und es entsteht Lust auf Neues.

Ja, das wäre schön. Denn zufriedene Lehrerinnen und Lehrer haben zufriedene Schüler.

Vier Hinweise zur Neuausgabe

Nach fünfzehn Jahren hat unsere Methodensammlung ein wenig Rost angesetzt. Es war höchste Zeit für eine Überarbeitung. Neben einer Fülle von kleineren Korrekturen und Ergänzungen können die Leserinnen und Leser vier gewichtige Veränderungen erwarten:

- Die Auswirkungen von Computer und Internet auf den Unterricht sind stärker berücksichtigt.
- Wir haben weitere Methoden aufgenommen; jetzt sind es 255. Wir hoffen aber, dass die Leserinnen und Leser es uns nicht übel nehmen, wenn wir den bewährten Titel beibehalten: *212 Methoden*.
- Wir finden den folgenden Satz wenig charmant: *Die Religionslehrerinnen und Religionslehrer sollen ihre Schülerinnen und Schüler dafür sensibilisieren, dass viele Migrantinnen und Migranten Probleme in der deutschen Arbeitswelt haben.* – Die sprachliche Gleichstellung der Geschlechter wollen wir keineswegs infrage stellen, aber die Umständlichkeit doch begrenzen. Deshalb verwenden wir in jedem Kapitel durchgehend entweder die weibliche oder die männliche Bezeichnung.
- Stärker als in der ersten Fassung haben wir in den Einführungen und in den Methoden die besonderen Erfordernisse des Religionsunterrichts berücksichtigt.

Trier, im März 2013
Franz W. Niehl / Arthur Thömmes

1.
Damit uns die Augen aufgehen

Bilder im Religionsunterricht

Vom rätselhaften Nutzen der Bilder

Wir leben im visuellen Zeitalter. Aber lernen wir auch sehen? – Unser Bilderwissen ist ausgedehnt wie nie zuvor. Aber haben wir Zeit genug, uns mit einem Bild vertraut zu machen? – Diese Fragen deuten an, worum es in der religionspädagogischen Arbeit mit Bildern geht:

- Wie können wir der Bilderflut durch konzentriertes Betrachten begegnen?
- Wie kann der Dialog zwischen Bild und Betrachter zu einem fruchtbaren Moment im Lernprozess werden?

Lässt man sich auf diese Ansätze ein, stößt man sofort auf ein grundlegendes Problem: *Ist es überhaupt möglich, Bilder zu verstehen?* Können wir in Worten ausdrücken, was ein Bild darstellt? Diese Frage macht ein Dilemma jeder Interpretation bewusst: Ein Bild ist ein Kunstwerk eigener Art; was es bedeutet, lässt sich nicht bruchlos in die Sprache übertragen. Die Logik des Bildes ist offensichtlich eine andere als die Logik der Sprache.
Was aber ist nun die »Logik des Bildes«? Was unterscheidet Bilder von Texten?
Zunächst einmal: Ein Text entfaltet sich als Abfolge von Wörtern. Von einem Ausgangspunkt her (Ereignis, Frage, Problem) kommen wir zu einem Ziel (Er-

gebnis, Fazit, Pointe). Der Text verläuft linear; und im Lesen oder Hören verharren wir immer nur in einem Segment des Textes. Ganz anders verhält es sich bei Bildern: Simultan empfangen wir Sinneseindrücke: Formen und Farben. Damit kann ein Bild mehrere Aspekte eines Bildinhalts gleichzeitig ausdrücken; die Sprache könnte es nur im Nacheinander. – Ein Zweites kommt hinzu: Bilder sind »unbegrifflich«. Wir sind nicht auf die Vermittlungsarbeit der Sprache angewiesen, wenn wir sie betrachten. Was uns ergreift, liegt jenseits der Wörter.
In den letzten Jahrzehnten ist die Arbeit mit Bildern durch Computer und Internet beträchtlich bereichert worden: Im Internet stehen immer mehr Bilder bereit, und mit Computerprogrammen lassen sich Bilder präsentieren und bearbeiten, wie es bislang unvorstellbar war (sequenzielle Bildbetrachtung; Zoomen; Bildvergleich; Verfremden ...). Leider hat auch dieses Glück seine Kehrseite: Weil die digitale Welt sich täglich verändert, kann man ihren Reichtum nur nutzen, wenn man sich fortwährend mit ihren Möglichkeiten und Prozeduren beschäftigt.

Die Christen und die Bilder

In seinen Anfängen war das Christentum eine bilderfeindliche Religion. Vom Judentum übernahmen die Christen das Verbot, sich von Gott Kultbilder zu machen (Ex 20,4/Dtn 5,8). Dadurch unterschieden sie sich auch deutlich von ihrer heidnischen Umwelt; dort wurde die Götterwelt ohne Scheu dargestellt. Bei den Christen aber sollte das Wort im Mittelpunkt stehen, nicht das Bild. Dennoch eroberten sich Bilder vermehrt einen Platz in den sakralen Räumen der Christen. Die mittelalterliche Theologie fand dafür schließlich eine didaktische Begründung. Gregor der Grosse hat sie unmissverständlich formuliert: *Was für die Lesenden die Schrift ist, ist für die Augen der Ungebildeten das Bild.* Damit ist eine lange Periode christlicher Kunsttheologie charakterisiert: Den Analphabeten soll die Kunst helfen; die Gebildeten brauchen sie nicht! Das Bild steht hier ganz im Dienst des Wortes; es soll die Aussagen der Bibel und die Wahrheiten des Glaubens veranschaulichen.
Erst in der Neuzeit kann sich die Einsicht durchsetzen, dass Bilder ihren eigenen Wert haben. Und heute stellen wir sogar die Frage, ob Bilder die Symbolwelt des Glaubens nicht viel angemessener darstellen können als theologische Begriffe. Besitzen Bilder nicht eine Ausdruckskraft, wie Wörter sie niemals erreichen? – Damit wird das Verhältnis von Wort und Bild geradezu umgekehrt. Es könnte also sein, dass Christusbilder in ihrer Ausdrucksstärke und in ihrer Offenheit für die Gläubigen wertvoller sind als theologische Erklärungen.

Bilder im Religionsunterricht

Religionslehrerinnen und Religionslehrer, die mit Bildern arbeiten, tun in der Regel etwas, was sie nicht gelernt haben. Naturgemäß fehlt den meisten eine kunstpädagogische Ausbildung. Und dann ist die Versuchung verständlich, mit Bildern konsumentenhaft umzugehen. Oft sollen Bilder nur einen Text illustrieren oder eine These bestätigen. Dann aber wären sie unter Wert im Religionsunterricht eingesetzt. Denn Bilder können viel mehr. Sie können

- als Einstieg in ein Thema das Problembewusstsein wecken,
- nachdenklich machen und Diskussionen anstoßen,
- zu Identifikation und Auseinandersetzung einladen,
- das Wirklichkeitsverständnis erweitern,
- zu einer biblischen Erzählung oder zu einer Glaubensvorstellung hinführen,
- die Deutung einer biblischen Erzählung erleichtern oder erweitern,
- religiöse Vorstellungen aufbrechen und vertiefen,
- einladen, Spuren der Transzendenz zu entdecken,
- Schülerinnen und Schüler zu eigenen künstlerischen Versuchen anregen,
- Ruhepunkte bieten und zur Meditation einladen.

Wer ein Bild verstehen will, lässt sich auf eine offene Suchbewegung ein. Die Bildinterpretation kann man sich als spiralförmigen Weg vorstellen, auf dem das Gespräch zwischen Bild und Betrachter stufenweise an Intensität und Sicherheit gewinnt, aber nicht an ein Ende kommt.

Für den religionspädagogischen Hausgebrauch lassen sich zwei grundlegend verschiedene Zugänge zu Bildern unterscheiden:

- der Dialog zwischen Betrachter und Bild, d.h. die *bildimmanente Interpretation*, und
- *kontextuelle Auslegungen*, d.h. Auslegungsansätze, für die man Informationen braucht, die dem Bild selbst nicht entnommen werden können.

Schritte einer bildimmanenten Interpretation

SCHRITT 1
Die spontane Wahrnehmung — **Was sehe ich?**

Ohne konkreten Auftrag betrachten die Schülerinnen das Bild und berichten, was sie sehen und wie das Bild auf sie wirkt.

SCHRITT 2
Einfache Bildanalyse — **Wie ist das Bild gemacht?**

Die Schülerinnen werden angeleitet, schrittweise die Komposition des Bildes zu entdecken.

Aufbau des Bildes – Linienführung – Perspektive – Fläche und Raum
Formen und Farben – Hell / Dunkel – Licht / Schatten

SCHRITT 3
Resonanz beim Betrachter — **Was löst das Bild in mir aus?**

Bereichert durch die Bildanalyse prüfen die Schülerinnen noch einmal die Wirkung des Bildes. Welche Gefühle und Assoziationen weckt das Bild? Welche Stimmung erzeugt es? Welche Fragen löst es aus? Und wodurch entsteht diese Wirkung?

SCHRITT 4
Der Inhalt des Bildes — **Was stellt das Bild dar?**

Motiv (z.B. der Gekreuzigte, das Abendmahl, die Mannaspende, die Madonna ...)
Evtl.: (Bibel-) Text, auf den es sich bezieht ...

SCHRITT 5
Identifikationsversuche — **Wo bin ich im Bild?**

Mit welcher Gestalt kann ich mich (am ehesten) identifizieren? – Oder umgekehrt: Welche Gestalt stößt mich am stärksten ab? (Warum eigentlich?) – Welche Geste, welche Konstellation, welcher Raumeindruck wirken auf mich? (Warum?) – Wie passt die Stimmung des Bildes zu mir?

SCHRITT 6
Kreative Arbeit mit dem Bild — **Was lässt sich aus dem Bild machen? Wie können wir es bearbeiten?**

Kontextuelle Bildauslegungen

MOTIVGESCHICHTLICHE ZUGÄNGE

Man vergleicht motivgleiche Bilder und fragt: In welchem ikonografischen Zusammenhang steht das Bild? Wie unterscheidet es sich von anderen Bildern mit dem gleichen Motiv (z.B. Arche Noah, Abendmahl, David und Goliat)? – Was lässt sich daran erkennen?

BIOGRAFISCHE INTERPRETATION

Bilder sind – in unterschiedlichem Maß – verknüpft mit der Lebensgeschichte der Künstler. Deshalb ist es aufschlussreich zu prüfen: In welcher lebensgeschichtlichen Situation ist das Bild entstanden? Erlebte der Künstler damals eine Krise oder einen Wendepunkt seiner Biografie? – Was ergibt sich daraus für die Interpretation?

GEISTES- UND GLAUBENSGESCHICHTLICHE INTERPRETATION

Bilder atmen das Lebensgefühl ihrer Entstehungszeit. Verschiebungen im Weltbild markieren sie oft einleuchtender, als Texte es können. Welches Menschenbild entwirft ein Bild? – Welche Bilder von Gott oder Christus? – Und wie repräsentativ sind diese Bilder für die Epoche, der das jeweilige Bild entstammt?

POLITISCH-SOZIALE UND SOZIALGESCHICHTLICHE SICHT

Die politischen und wirtschaftlichen Verhältnisse dringen oft in die Bildwelten ein (Macht und Recht; Weltkriege und Nazizeit; Kolonialismus; Industrialisierung und Verelendung ...). – Es lässt sich also fragen: Welche Macht- und Besitzverhältnisse stellt das Bild dar? Welche Lebensbedingungen? Welche Wertungen sind erkennbar? Welche Beziehungen zwischen Religion und Politik?

PSYCHOLOGISCHE INTERPRETATION

Wie spiegeln Bilder seelische Konflikte? – So lautet die Leitfrage psychologischer Bildinterpretationen. Bewusste gegen unbewusste Kräfte der Seele, triebhafte Energien gegen Ich-hafte Strebungen, narzisstische Wünsche gegen emanzipatorische Kräfte – diese und andere Spannungen kann man in der Konstellation von Bildern wiederfinden. Dann wird das Nachdenken über ein Bild vielleicht zu einem Dialog mit den Entwicklungsmöglichkeiten der Betrachter.

1
Bildbefragung

ab 10 Jahre, 3–5 Minuten

EIGNUNG
Stimmt ein in das Bild; bereitet eine Interpretation vor.

BESCHREIBUNG
Zwei oder drei Schülerinnen werden aufgefordert, Fragen an ein Bild zu stellen. Dies tun sie abwechselnd, bis ihr Fragebedürfnis bzw. ihre Fantasie erschöpft sind.

VARIANTEN
- Die Lehrerin stellt die Fragen.
- Fragen werden als Wandzeitung festgehalten.
- Schülerinnen sammeln (in Partnerarbeit) Fragen, schreiben sie auf Pappe und befestigen sie an einer Wand.

HINWEISE
- Ausdrücklich geht es hier nicht um Antworten, sondern nur um Fragen: Neugierde, Aufmerksamkeit, Problembewusstsein sollen geweckt werden.
- Wer nichts sieht, kann auch nicht fragen. Je erfahrener Schülerinnen im Umgang mit Bildern werden, umso ergiebiger werden solche Bildbefragungen. Hilfreich sind deshalb am Anfang Bilder, die provokativ wirken und unmittelbar Fragen anstoßen.

2 Verzögerte Bildbetrachtung

6–18 Jahre, ca. 10 Minuten

EIGNUNG

Fördert die genaue Wahrnehmung, besonders bei vielschichtigen und detailreichen Bildern.

BESCHREIBUNG

Von einem größeren Bild wird zunächst nur ein Ausschnitt oder ein Detail vorgestellt und betrachtet. Schrittweise wird das Bild weiter aufgedeckt und so das ganze Bild erschlossen.

VARIANTEN

- Das Detail wird als Einzelbild vorgestellt.
- Indem schrittweise Bildsegmente aufgedeckt werden, wird ein Ratespiel veranstaltet: Wer erkennt zuerst, um welches Bild es sich handelt?

HINWEISE

- Wenn man mit einem Overhead-Projektor arbeitet, kann man mit zwei Winkel-Schablonen praktisch jeden Bildausschnitt auswählen.
- Präsentationsprogramme und Beamer können hier die Arbeit erleichtern.

3
Bilddetektive

alle Altersstufen, 5–20 Minuten

EIGNUNG

Fördert die genaue Beobachtung und die Aufmerksamkeit für Details.

BESCHREIBUNG

Die Schülerinnen erhalten eine Schablone, die nur einen kleinen Bildausschnitt frei lässt. Mit dieser Schablone sollen sie das Bild erkunden.

VARIANTEN

- Durch Suchaufträge wird die Entdeckung gelenkt (z.B.: Schaut euch mit der Schablone die Gesichter an!).
- Die Schablone kann – vor allem bei älteren Schülerinnen – aus zwei rechtwinkligen Pappwinkeln bestehen, die beweglich bleiben, sodass der Ausschnitt wachsen oder schrumpfen kann.
- Statt der Schablone kann ein »Nahrohr« verwendet werden, d.h. eine Rolle aus Papier oder Pappe, die den Blick verengt.

4
»Ich sehe was, was du nicht siehst!«

8–12 Jahre, ca. 10 Minuten

EIGNUNG

Leitet an zur sorgfältigen Detailbetrachtung.

BESCHREIBUNG

Das bekannte Spiel wird als lockerer Wettbewerb durchgeführt: Eine Schülerin umschreibt schrittweise ein Bildelement; wer es errät, darf weiterfragen.

HINWEISE

- Die Methode eignet sich besonders bei Bildern, die viele Elemente enthalten (z.B. Breughel, Babelturm).
- Das Spiel wird schnell lebhaft. Ein Schiedsrichter kann manchmal nützlich sein.

5
Den ersten Eindruck festhalten

10–18 Jahre, 10–20 Minuten

EIGNUNG

Stärkt den Dialog zwischen dem Bild und den Betrachtern; fördert die Urteilsbildung.

BESCHREIBUNG

Die Schülerinnen formulieren (schriftlich) ihre spontane Beurteilung eines Bildes.
Entweder:
1. *Was ich an dem Bild gut finde. – Warum mir das Bild gefällt.*
Oder:
2. *Was mich an dem Bild stört. – Warum ich das Bild schlecht finde.*
Auswertung im Klassengespräch. Danach analytische Rückfragen und Überprüfung des Urteils am Bild.

HINWEIS

Das Klassengespräch wird reichhaltiger, wenn die Beurteilungen in Kleingruppen geschrieben werden; freilich wird damit zugleich die Spontaneität eingeschränkt.

VARIANTE

Jeweils eine Hälfte der Klasse soll die positive bzw. die negative Beurteilung schreiben.

6 Bildbeschreibung

8–18 Jahre, ca. 5 Minuten

EIGNUNG

Fördert die Aufmerksamkeit für ein Bild.

BESCHREIBUNG

Eine Schülerin erhält ein Bild und berichtet, was sie darauf sieht. Erst dann wird das Bild der Lerngruppe vorgestellt und interpretiert.

VARIANTEN

- Eine Kleingruppe von zwei oder drei Schülerinnen stellt das Bild vor.
- Die Bildbeschreibung wird schriftlich ausgearbeitet und langsam vorgelesen.

7 Bildbeschreibung prüfen

8–14 Jahre, ca. 10 Minuten

EIGNUNG

Nötigt dazu, ein Bild genau zu betrachten.

BESCHREIBUNG

Die Schülerinnen erhalten eine Bildbeschreibung, die fehlerhaft ist. Ihre Aufgabe ist es, diese Fehler zu entdecken.

VARIANTEN

- Die Zahl der Fehler wird angegeben.
- Die Schülerinnen korrigieren die Bildbeschreibung.

8 Bildpuzzle

6–14 Jahre, 5–10 Minuten

EIGNUNG

Spielerischer Zugang, der zu vertieftem Sehen anleitet.

BESCHREIBUNG

Ein Bild wird zerschnitten. Die Schülerinnen setzen es wieder zusammen.

VARIANTE

Die Puzzle-Teile sind unvollständig. Die Lücken werden durch Zeichnen ergänzt.

HINWEISE

- Die Methode eignet sich auch für Partner- und Gruppenarbeit (dadurch wird zugleich die Vorbereitung einfacher, denn es müssen weniger Bilder zerschnitten werden).
- Mehrere Computerprogramme zur Bildbearbeitung bieten die Möglichkeit, Bilder in Puzzleteile zu zerlegen.
- Der (religiöse) Anspruch eines Bildes setzt der Methode Grenzen. (Ein Bild des Gekreuzigten eignet sich wohl kaum als Puzzle-Spiel.)

9
Bildentdeckung

8–18 Jahre, ca. 5 Minuten

EIGNUNG
Leitet an zu sorgfältigem Sehen.

BESCHREIBUNG
Zwei Schülerinnen sagen abwechselnd, was sie in einem Bild wahrnehmen. Dabei ist es ihnen überlassen, ob sie Farben, Formen, Motive oder Kompositionselemente nennen. Die anderen hören zu und ergänzen die Beobachtungen.

VARIANTE
Wird als Brainstorming mit (Teilen) der Lerngruppe durchgeführt.

HINWEIS
Wichtig für diese kreative Analysemethode ist, dass sie weder durch Leitfragen noch durch Kommentare gesteuert wird. Dann verrät die Methode ebenso viel über das Bild wie über die Lernenden.

10
Unterbrochene Bildbetrachtung

8–18 Jahre, 5–10 Minuten

EIGNUNG
Leitet an zu sorgfältigem Sehen.

BESCHREIBUNG
Ein Bild wird kommentarlos gezeigt (evtl. über Beamer oder Overhead-Projektor) und dann weggenommen.
Die Schülerinnen äußern spontane Eindrücke und – vielleicht durch Impulse

unterstützt – ihre Beobachtungen. Dann wird das Bild erneut betrachtet, die bisherigen Äußerungen werden geklärt und vertieft.

VARIANTE
Nachdem das Bild gezeigt wurde, erhalten die Schülerinnen den Auftrag, es aus dem Gedächtnis nachzuzeichnen.

HINWEIS
Die Methode dient der Schärfung des Sehens. Wenn Schülerinnen falsche Äußerungen über das Bild machen, so müssen sie nicht korrigiert werden. Es können auch Fragen offenbleiben; sie fördern nachher das sorgfältige Betrachten.

11 Details nachzeichnen

6–18 Jahre, 10–20 Minuten

EIGNUNG
Fördert die sorgfältige Wahrnehmung.

BESCHREIBUNG
Nach einer Vorlage werden ein oder mehrere Bildelemente nachgezeichnet (z.B. Hände, das Schiff, ein Kopf ...).

VARIANTEN
- Nach eigenen Vorstellungen das Detail zu einem Bild vervollständigen.
- Vergleich des Details mit einer Darstellung desselben Elements in einem anderen Bild (z.B. Arche; Dornenkrone in zwei Bildern des Gekreuzigten).

HINWEIS
- Einfacher wird die Aufgabe, wenn (jüngere) Schülerinnen Elemente nach einer Bildvorlage pausen. Auch dann geht es darum, die Erfahrung und den Eindruck zu besprechen.

12
Die »Syntax« eines Bildes optisch hervorheben

ab 10 Jahre, 5–10 Minuten

EIGNUNG

Hilft, die formale Struktur eines Bildes deutlicher wahrzunehmen; Vorbereitung der Interpretation.

BESCHREIBUNG

Durch einfache Formen der Bildbearbeitung wird die Komposition des Bildes durchsichtig gemacht.
So können die Schülerinnen die »Sprache des Bildes« leichter durchschauen und sie lernen, Bilder analytisch zu betrachten.

Beispiele

Durch grafische Zeichen (Linien, Pfeile, Kreise, Dreiecke etc.) werden Kompositionselemente des Bildes hervorgehoben.

- Durch Abdunkeln oder Aufhellen bzw. durch Entfernen können zentrale Bildelemente in ihrer Funktion betrachtet werden (z.B. Personen; korrespondierende Formen und Farben etc.).
- Durch Farbmanipulationen kann die Wirkung der Farben untersucht werden etc.

HINWEIS

Diese intensive Art der Bildanalyse wird erheblich erleichtert, wenn Bildbearbeitungsprogramme zur Vorbereitung und zur Präsentation genutzt werden.

13
Bilder aufräumen

10–18 Jahre, 15–30 Minuten

EIGNUNG

Weckt Kreativität und veranschaulicht, wie ein Bild konstruiert ist.

BESCHREIBUNG

Ein Bild wird in seine Elemente zerschnitten und diese Einzelteile werden neu gruppiert und aufgeklebt.
Dabei können unterschiedliche Gesichtspunkte gewählt werden. Etwa: Farben (Rot zu Rot etc.), Sachgruppen (Personen, Tiere, Pflanzen) oder Formen, je nachdem, was vom Bild her sinnvoll ist. Dadurch entstehen oft überraschende Nachbarschaften und es fällt ein Blick auf die Kompositionstechnik des Bildes.

VARIANTE

Die Schülerinnen zeichnen, malen oder kleben für diese Gruppen neue Bildumgebungen.

HINWEISE

- Diese verspielte Methode wurde vom Schweizer Kabarettisten Ursus Wehrli entwickelt; er hat darüber mehrere Bücher im Züricher Verlag *Kein und Aber* veröffentlicht.
- Im Religionsunterricht ist das Aufräumen von Bildern eine nette Nebenbeschäftigung. In Vertretungsstunden und am Schuljahresende kann es entlasten. Naturgemäß ist diese Methode für hochrangige religiöse Bilder weniger geeignet.

14
Bilder ergänzen

alle Altersstufen, 15 – 30 Minuten

EIGNUNG

Weckt die eigene Kreativität und bereitet eine intensive Bildbetrachtung vor.

BESCHREIBUNG

Ein Bildsegment oder ein Bildelement wird den Schülerinnen ausgehändigt mit der Aufforderung, daraus ein vollständiges Bild zu gestalten.
Ebenso kann ein Bild mit markanten Lücken ausgehändigt werden, die von den Schülerinnen gefüllt werden.
Abschließend können die Ergebnisse mit der jeweiligen Vorlage verglichen werden.

VARIANTE

Die Schülerinnen wählen selbst das Bildelement aus, das sie zu einem neuen Bild ergänzen wollen. Dabei können – vor allem jüngere Schülerinnen – auch ein »Nahrohr« verwenden, d.h. ein zusammengerolltes Blatt Papier, mit dem sie ihr Bildelement suchen.

HINWEIS

Bei diesen wie bei ähnlichen Aufgaben geht es nicht um einen Wettbewerb mit dem Original. Vielmehr haben die Schülerarbeiten ihr eigenes Gewicht.

15 Bilddiktat

10–14 Jahre, ca. 5 Minuten

EIGNUNG
Bereitet auf das sorgfältige Betrachten von Bildern, die klar gegliedert sind, vor.

BESCHREIBUNG
Die Lehrerin beschreibt langsam ein Bild, indem sie Komposition und die entscheidenden Bildinhalte anschaulich darstellt. Währenddessen zeichnen die Schülerinnen das Bild mit. Die Ergebnisse werden gesichtet und mit dem Original verglichen.

VARIANTE
Die Schülerinnen erhalten ein Blatt, das schon einige Bildelemente enthält (etwa den architektonischen Rahmen oder die Landschaft). Sie vervollständigen die Skizze während des Bilddiktats.

16 Interpretation nach Leitfragen

10–18 Jahre, 5–20 Minuten

EIGNUNG
Fördert sorgfältige Wahrnehmung und begünstigt reflektiertes Urteilen.

BESCHREIBUNG
Durch gezielte Fragen wird der Blick der Schülerinnen gelenkt und es werden Interpretationsmöglichkeiten erschlossen.

VARIANTE
Die Leitfragen werden angeschrieben bzw. projiziert oder auf einem Blatt ausgehändigt, anschließend Stillarbeit.

17
Interview mit dem Bild

14 – 18 Jahre, 15 – 30 Minuten

EIGNUNG
Hilft, den Problemgehalt eines Bildes bzw. seiner Entstehungsgeschichte zu erfassen.

BESCHREIBUNG
Eine oder mehrere Schülerinnen stellen Fragen an das Bild; »Experten« antworten.

HINWEISE
- Die Lehrerin kann Interviewpartnerin sein, aber auch eine Schülerin, die sich gründlich mit dem Bild befasst hat, oder eine Kunsterzieherin.
- Das Bild muss entweder durch seinen Inhalt oder durch seine Rätselhaftigkeit Anstoß zum Fragen geben.

18
Mit Umrisszeichnungen arbeiten

alle Altersstufen, 5 – 20 Minuten

EIGNUNG
Ermöglicht vertieftes Verständnis eines Bildes; fördert die Fähigkeit, Farben und ihre Wirkung wahrzunehmen; lädt ein zur Kreativität.

BESCHREIBUNG
Von einem (farbigen) Bild erhalten die Schülerinnen eine Konturenskizze. Sie ermöglicht unterschiedliche Schritte der Bilderschließung.

Beispiele
- Die Umrisszeichnung wird betrachtet und analysiert, ehe das Bild im Ganzen vorgestellt wird.

- Von einem Bild, dessen Wirkung in hohem Maß von der Farbgebung abhängt, erhalten die Schülerinnen eine Umrisszeichnung. Diese sollen sie ausmalen. Die verschiedenen Arbeiten werden verglichen und ihre unterschiedliche Wirkung besprochen. Zuletzt wird das Original herangezogen und die Wirkung der Farben wird besonders sorgfältig betrachtet.
- Die Schülerinnen vervollständigen die Umrisszeichnung und vergleichen ihre Arbeiten mit dem Original.

HINWEISE

- Mit Bildbearbeitungsprogrammen lassen sich verschiedene Farbgestaltungen eines Bildes durchspielen. Diese manipulierten Bilder werden dann mit dem Original verglichen.
- Mit PowerPoint oder anderen Präsentationsprogrammen kann man unterschiedliche Stufen der Bildreduktion zeigen und bearbeiten lassen.

19 Bilder vergleichen

8–18 Jahre, 10–30 Minuten

EIGNUNG

Der Wandel des Lebensgefühls bzw. des Menschenbilds oder der Wandel religiöser Vorstellungen können wahrgenommen und beurteilt werden.

BESCHREIBUNG

Die Schülerinnen vergleichen zwei motivgleiche Bilder: Welche Gemeinsamkeiten gibt es? Welche Unterschiede lassen sich entdecken? – Die Beobachtungen werden ausgewertet.

VARIANTEN

- Bilder werden nicht im Ganzen verglichen, sondern nur im Hinblick auf ein Teilmotiv oder auf einen wichtigen Aspekt (z.B. auf Bildern vom Babelturm: der Bauzustand).
- Drei oder mehr Bilder werden verglichen, die charakteristische Änderungen der Wahrnehmung bzw. des Lebensgefühls anzeigen (z.B. die Gestaltung von

Adam und Eva in mehreren Bildern, die die Versuchungsszene im Paradies darstellen).

HINWEISE

- Wenn die Bilder den Schülerinnen nicht zur Verfügung stehen, ist es praktisch, mit zwei Overhead-Projektoren zu arbeiten.
- Wer mit PowerPoint arbeitet, hat eine ganze Palette von Möglichkeiten (Zoomen / Überblendung / parallele Einblendung von Details etc.).

20 Bilder vorstellen

13–18 Jahre, 10–20 Minuten

EIGNUNG

Fördert das Problembewusstsein; erleichtert den Zugang zu einem neuen Thema.

BESCHREIBUNG

Zu einem Thema, das für die Schülerinnen von besonderem Interesse ist, bringen sie ein Bild mit.
Sie stellen es der Klasse vor und begründen dabei auch ihre Wahl.

VARIANTEN

- Schülerinnen stellen Fotos vor, die sie selbst gemacht haben.
- Schülerinnen suchen ausdrucksstarke Bilder im Internet; evtl. Präsentation über einen Beamer.

HINWEIS

Je nach der Größe der Klasse beansprucht diese Methode viel Zeit. Deshalb kann es sinnvoll sein, dass nur eine Kleingruppe Bilder auswählt und vorstellt.

21 Vorbereitete Bildauslegung

10–18 Jahre, 5–10 Minuten

EIGNUNG

Fördert kontextuelles Bildverstehen.

BESCHREIBUNG

Die Lehrerin stellt den biografischen oder kulturgeschichtlichen Zusammenhang dar, in dem ein bestimmtes Bild angesiedelt ist. Danach interpretieren die Schülerinnen das Bild mithilfe dieser Informationen.

VARIANTEN

- Die Information wird medial mit einem erläuternden Text mitgeteilt, besser vielleicht: durch Tonaufnahmen, Video.
- Einige Schülerinnen erarbeiten mithilfe des Internet – als Hausaufgabe – die biografischen bzw. kulturgeschichtlichen Zusammenhänge und teilen sie der Klasse mit. (Je nach Alter und Erfahrung der Schülerinnen empfiehlt es sich, ihnen passende Links zu nennen.)

HINWEIS

Die Gefahr einer kontextuellen Auslegung dieser Art liegt darin, dass die Bedeutung eines Bildes zu sehr eingeengt wird.

22
Vergleich Bild – Text

alle Altersstufen, 5–10 Minuten

EIGNUNG
Ermöglicht eine vertiefte Auseinandersetzung mit einem (biblischen) Text.

BESCHREIBUNG
Nach einer Analyse des Bildes wird das Verhältnis zwischen Bild und Text geklärt:

- Welche Szene stellt das Bild dar? (Warum diese?)
- Welche Informationen gibt das Bild, die der Text nicht enthält? (Was bedeutet das?)
- Wie legt das Bild den Text aus?

Diese Methode ist besonders fruchtbar, wenn die Schülerinnen vorher selbst ein Bild zum (biblischen) Text gestaltet haben. Dann können sie auch ihre Lösungen (und ihre Vorentscheidungen) in das Gespräch einbeziehen.

23
Bilder nachstellen

alle Altersstufen, 10–45 Minuten

EIGNUNG
Durch Inszenierungen werden die Komposition und der Stimmungsgehalt eines Bildes erfasst.

BESCHREIBUNG
- Das Bild wird betrachtet; Schwerpunkt der Aufmerksamkeit: Gesichtsausdruck, Haltung und Körpersprache der dargestellten Personen.
- Unter der Anleitung eines »Regisseurs« stellt eine Gruppe von Schülerinnen das Bild nach (evtl. mehrfach).
- Die Darsteller, Regisseure und Betrachter berichten von ihren Eindrücken.

HINWEIS

Die Methode kann ausgeweitet werden zum fächerübergreifenden Projekt: Ein großes Bild mit vielen Personen wird dargestellt, und Landschaft/Mobiliar und Kostüme werden (im Ansatz) dem Bild entsprechend gestaltet (z.B. Abendmahl, Szenen der Bergpredigt).

24
Zu einem Bild eine Geschichte schreiben

10 –18 Jahre, 20–40 Minuten

EIGNUNG

Fördert den Dialog mit dem Bild; kann Identifikationsprozesse auslösen; eignet sich zur Vorbereitung einer Textauslegung.

BESCHREIBUNG

Ausgewählt wird ein ausdrucksstarkes Bild, das die Fantasie anregt. Die Schülerinnen sollen zu diesem Bild eine Geschichte schreiben.

Beispiel

Im Rahmen einer Unterrichtsreihe über Gewalt erhalten die Schülerinnen – ohne den Bildtitel – eine Kopie des Gemäldes »Kain erschlägt Abel« von TIZIAN. Es stellt einen wüsten Kampf dar; der Bezug zum biblischen Text ist aber nicht sofort zu erkennen. Die Schülerinnen bekommen folgenden Arbeitsauftrag:
Dieses Bild von zwei kämpfenden Männern hat der italienische Maler Tizian (ca. 1490 – 1576) gemalt. Schau dir das Bild genau an und schreibe eine Geschichte dazu.
Die Ergebnisse werden im Klassengespräch diskutiert. Nach entsprechender Überleitung kann die biblische Erzählung gelesen und ausgelegt werden.

VARIANTE

Statt der Geschichte werden Sprech- und Denkblasen entworfen und in das Bild eingeklebt.

25 Bildmeditation

alle Altersstufen, 5 – 10 Minuten

EIGNUNG

Einstimmung zu Beginn einer Stunde oder als Ruhepunkt in einer Unterrichtsreihe.

BESCHREIBUNG

Ein Bild wird ausgehändigt oder projiziert. Dazu spricht die Lehrerin Impulse zur Meditation.

VARIANTEN

- Schülerinnen entwerfen den Meditationstext.
- Nach einiger Erfahrung mit der Methode wählen Schülerinnen selbst Bild und Meditationstext aus.

26 Bilder ausmalen

8 – 18 Jahre, 10 – 30 Minuten

EIGNUNG

Fördert die Konzentration und das Farbempfinden.

BESCHREIBUNG

Eine Schwarz-Weiß-Vorlage wird farbig ausgemalt.
Als Vorlagen eignen sich Holzschnitte und Kupferstiche, aber auch Mandalas und Umrisszeichnungen farbiger Bilder.

HINWEISE

- Diese Methode steht bei Kunsterziehern nicht in hohem Ansehen, da sie auf den ersten Blick keine kreativen Prozesse auslöst. Misstrauisch gegenüber dieser Einschätzung macht aber die Begeisterung, mit der Kinder und Jugendliche ausmalen. – Die Methode kann auch durchaus anspruchsvoll sein: Man kann die Schülerinnen auffordern, Farben bewusst auszuwählen, damit die Bildaussage vertieft wird.

- Das Ausmalen eines Mandalas schafft Stille und Konzentration.

HILFSMITTEL

Bildvorlagen, Malstifte; für anspruchsvollere Aufgaben auch Wasserfarben.

27 Ergänzungscollage

13–18 Jahre, 20–40 Minuten

EIGNUNG

Fördert die Auseinandersetzung mit einem Bild, konfrontiert (religiöse) Überlieferungen mit heutiger Lebenswirklichkeit.

BESCHREIBUNG

Ein Bild (oder ein zentraler Bildausschnitt) wird auf einen großen weißen Karton geklebt. Durch Malen und Kleben stellen die Schülerinnen eine neue Bildumgebung her. Besonders interessant ist die Konfrontation eines traditionellen Motivs mit heutiger Wirklichkeit.

Beispiel

Ein Holzschnitt von der »Heimkehr des verlorenen Sohnes« aus einer alten Bibel erhält einen zeitgenössischen Kontext.

VARIANTE

Elemente heutiger Bildwelten werden in traditionelle Bilder eingefügt (z.B. die Welt der modernen Frau in ein Marienbild, die Versuchung Jesu heute, moderne Liebespaare im Paradies etc.).

HINWEIS

Da die Aufgabe viel Zeit erfordert, eignet sie sich für Gruppenarbeit oder als Hausaufgabe.

28 Bilder auswählen

alle Altersstufen, 10 – 20 Minuten

EIGNUNG

Ermutigt zur Wertung und zur persönlichen Stellungnahme.

BESCHREIBUNG

Aus einer Sammlung von Bildern suchen Schülerinnen diejenigen aus, die ihnen am ausdrucksvollsten bzw. am angemessensten erscheinen; z.B.: Aus mehreren Darstellungen des Kampfes zwischen David und Goliat diejenigen auswählen, die am besten ausdrücken, worum es in der biblischen Erzählung geht; oder: Aus vielen Bildern eines auswählen, das am besten ausdrückt, was »Glück« ist. – Die Entscheidung wird den anderen erläutert.

VARIANTEN

- Schülerinnen tragen selbst die entsprechenden Bilder zusammen. (Dabei kann das Internet als Fundus genutzt werden.)
- Die ausgewählten Bilder werden im Klassenraum als kleine Kunstausstellung präsentiert.

HINWEIS

Wenn man öfter mit dieser Methode arbeitet, ist es hilfreich, sich eine »Bildkartei« anzulegen: Großformatige Bilder, die man in Illustrierten, Ausstellungskatalogen oder im Internet findet, werden in Klarsichtfolien gesammelt oder foliert.

29
Bildtitel suchen

8–18 Jahre, 5–15 Minuten

EIGNUNG

Der Impuls, den ein Bild auslöst, bzw. seine Identifikationsmöglichkeiten werden bewusst gemacht und geklärt.

BESCHREIBUNG

Die Schülerinnen suchen – evtl. in Gruppenarbeit – mehrere Titel für ein Bild und entscheiden sich für den nach ihrer Meinung besten. Gegenüber der Lerngruppe begründen sie ihre Wahl.

VARIANTE

Titelvorschläge werden vorgegeben. Die Schülerinnen wählen denTitel aus, den sie für den besten halten.

30
Kunstausstellung

alle Altersstufen, mehrere Stunden

EIGNUNG

Fördert das Qualitätsbewusstsein, die ästhetische Wahrnehmung und die Motivation.

BESCHREIBUNG

Die Erträge einer Unterrichtsreihe oder eines Projekts werden in Bildern festgehalten und präsentiert. Als Räume eignen sich: Klassenraum, Flur, Treppenhaus und Foyer der Schule. Inhaltlich sind der Fantasie kaum Grenzen gesetzt.

Beispiele

- Grundschulkinder malen Bilder von Jesus, ihre Darstellungen werden auf Stellwänden präsentiert und Eltern vorgestellt.
- Eine Foto-AG nimmt Christophorus-Darstellungen an Häusern und den Kirchen der Region auf und präsentiert sie im Treppenhaus der Schule.
- Eine Lerngruppe malt Szenen der Josef-Erzählung und schmückt damit ihre Klasse.

HINWEISE

- Kunstausstellungen brauchen Publikum. Daher sollte man bei der Planung schon überlegen, welche Anlässe sich anbieten bzw. wie Gäste eingeladen werden können.
- Die Methode eignet sich besonders für fächerübergreifende Arbeit: Sachkunde, Kunstunterricht, Werken.

31 Unser Leporello

8–14 Jahre, eine oder zwei Stunden

EIGNUNG

Dient der Vertiefung und Veranschaulichung einer längeren Erzählung.

BESCHREIBUNG

Eine längere Erzählung wird als Bilderfolge gestaltet:

- In einem ersten Schritt werden die Szenen, die gemalt werden, festgelegt und aufgeteilt.
- Dann wird die Gestaltungsform festgelegt (Größe der Bilder, Maltechnik, Materialien ...).
- Arbeitsteilig werden die Bilder (in Gruppen) wie vereinbart gemalt.
- Das Leporello/die Leporellos werden zusammengeklebt, mit Einband und Bändchen versehen.

HINWEISE

- Es eignen sich besonders längere biblische Erzählungen (Josef in Ägypten, David, Jona, die Passionsgeschichte) oder Legendenkränze (Franziskus, Elisabeth).
- Als Gemeinschaftsarbeit kann ein »Riesenleporello« angefertigt werden (großer Pappkarton), das in der Klasse aufgestellt wird.
- Eine Zusammenarbeit mit dem Kunstunterricht bietet sich an.

HILFSMITTEL

Pappe oder Malpapier, Stifte, Klebestreifen, Band

32 Steckbrief

8–13 Jahre, 10–15 Minuten

EIGNUNG

Fördert das Bildgedächtnis und dient der immanenten Wiederholung.

BESCHREIBUNG

Aus einer größeren Anzahl von Bildern (z.B. Bilder im Schulbuch) wird ein (bereits bekanntes) Bild indirekt vorgestellt. Es werden etwa Details zur Entstehungsgeschichte, zum Bildinhalt, zu Formen und Farben etc. genannt.
Die Schülerinnen spielen Detektive: Sie finden heraus, welches Bild gemeint ist.

VARIANTEN

- Die verhüllende Beschreibung (»der Steckbrief«) wird schriftlich ausgehändigt.
- Verschiedene Steckbriefe werden gleichzeitig in Einzel- oder Partnerarbeit bearbeitet.
- Das Spiel wird als Wettbewerb gestaltet.

33 Bilddialoge

8–14 Jahre, 10–40 Minuten

EIGNUNG

Fördert Identifikation und Auseinandersetzung.

BESCHREIBUNG

Zu einem Bild, das zwei oder drei Personen in einer exemplarischen Konstellation zeigt (z.B. Eltern – Kind, Mächtiger – Unterlegener ...), erarbeiten die Schülerinnen einen fiktiven Dialog zwischen den Personen. Der Dialog wird vorgelesen oder auch szenisch nachgestellt.

VARIANTEN

- Statt des Dialogs werden Sprechblasen gefüllt und in das Bild eingeklebt.
- Nachdem die schriftliche Fassung im Unterricht erarbeitet wurde, werden einige Schülerinnen gebeten, ihren Dialog auf einen Kassettenrekorder zu sprechen und in der nächsten Stunde der Klasse vorzuspielen.

HINWEISE

- Diese Methode lässt sich verknüpfen mit der Methode »Bilder nachstellen« (➤ Methode 23). Etwa so: Das Bild wird gestellt, dann treten Schülerinnen zu den einzelnen Figuren und sprechen die Dialogtexte.
- Statt des Dialogs wird ein innerer Monolog einer Bildfigur geschrieben oder es werden entsprechende Denkblasen geschrieben.
- Entscheidend für das Gelingen ist die Bildauswahl. Ideal sind Szenen, in denen die Schülerinnen Konstellationen ihres Lebens wiedererkennen.

34
Bild bearbeiten

12–18 Jahre, 20–40 Minuten

EIGNUNG
Fördert die Kreativität und zugleich die Auseinandersetzung mit einem Thema.

BESCHREIBUNG
In ein Bild werden durch Malen oder Kleben neue Bildelemente eingefügt.

VARIANTEN
- Man verständigt sich mit den Schülerinnen über die Intention der Bearbeitung.
- Die Form der Bearbeitung wird vereinbart (z.B. Übermalen oder Collagieren mit Elementen aus dem Schulalltag etc.).

35
Bild übermalen

10–18 Jahre, 15–30 Minuten

EIGNUNG
Fördert das Bildverständnis durch Gestalten; begünstigt die Konzentration auf zentrale Bildelemente.

BESCHREIBUNG
Die Schülerinnen erhalten eine Bildkopie. Sie sollen Teile des Bildes (mit Farbe) überdecken. Dabei soll aber sichtbar bleiben (und dadurch hervorgehoben werden), was ihnen an dem Bild wichtig ist. – Die Künstler erläutern ihre Werke.

HILFSMITTEL
Farbstifte oder Wasserfarben, die gut decken. – Mehrere Programme zur Bildbearbeitung können auch zum Übermalen eingesetzt werden.

36
Sich einen Platz im Bild suchen

10–18 Jahre, 20–30 Minuten

EIGNUNG
Fördert die persönliche Beziehung zum Bild.

BESCHREIBUNG
Die Schülerinnen werden eingeladen, sich in ein Bild hineinzudenken (in die Landschaft oder den Raum, in die Personengruppe ...).
Nun überlegen sie sich, welchen Platz sie im Bild einnehmen möchten: Eher am Rand oder in der Mitte? Wollen sie sitzen oder stehen? Möchten sie etwas sagen oder lieber schweigen? etc. und vielleicht können sie sich zum Schluss in das Bild hineinzeichnen.

HINWEISE
- Diese Methode verlangt eine meditative Einstellung zum Bild. Durch Impulse und behutsames Fragen kann die Lehrerin den Weg dazu ebnen.
- Man kann Arbeitskarten vorbereiten, auf denen – passend zum Bild – die entsprechenden Schritte erläutert werden.

37
Weitermalen

8–16 Jahre, 15–30 Minuten

EIGNUNG
Weckt bei problemhaltigen Bildern Fantasie für Konfliktlösungen.

BESCHREIBUNG
Die Schülerinnen werden aufgefordert, zu einem Bild oder zu einer Bildsequenz das darauffolgende Bild zu malen:
Wie könnte die Geschichte jetzt weitergehen?

VARIANTEN

- Statt eines Bildes wird eine gemalte Kurzgeschichte bzw. eine Sequenz von Comic-Bildern vorgestellt, die ergänzt wird (z.B. Bildgeschichten von O.E. Plauen oder Peanuts-Geschichten).
- Das »Weitermalen« beschränkt sich auf das Ausfüllen der Sprechblasen des letzten Bildes.

38 Reizwortaufgabe

12–16 Jahre, 10–15 Minuten

EIGNUNG

Lädt ein zur Identifikation und Auseinandersetzung.

BESCHREIBUNG

Ein Bild wird kommentarlos aufgehängt, und stumm schreibt die Lehrerin ein Interpretationsstichwort an die Tafel (z.B. Einsamkeit).
Die Schülerinnen erhalten den Auftrag, in begrenzter Zeit einen Text zu schreiben, der Beziehungen herstellt zwischen dem Reizwort und dem Bild.

VARIANTE

Es werden mehrere »Reizwörter« an die Tafel geschrieben.

HINWEIS

Diese Methode, die Konzentration erfordert, ist besonders hilfreich bei der Arbeit mit Bildern (Fotos), in denen Schülerinnen ihre Lebenssituation oder ihre Grundstimmung erkennen.

39
Briefe an die Künstlerin

10–18 Jahre, 15–30 Minuten

EIGNUNG
Fördert die Bildanalyse; stärkt das eigene Urteil.

BESCHREIBUNG
Zu einem Bild, das Kontroversen ausgelöst hat oder schwer verständlich schien, schreiben Schülerinnen der Künstlerin einen Brief. Sie schildern, was sie beschäftigt, und stellen Fragen.

HINWEISE
Was macht man, wenn die Briefe geschrieben sind? Einige Möglichkeiten:

- Die Lehrerin sammelt die Briefe, wertet sie aus und erörtert in der nächsten Stunde, welche Antworten man von der Künstlerin erwarten könnte. (Dabei kann die Lehrerin in der Rolle der Künstlerin auftreten.)
- Diese Expertenrolle könnten auch ältere und an der Sache interessierte Schülerinnen übernehmen. (Welche gruppendynamischen Probleme könnten sich dabei ergeben?)
- Falls ein Kunsterzieher dafür gewonnen werden kann, könnte er die Briefe sichten und (mündlich oder schriftlich) auf die Fragen der Lerngruppe eingehen.
- Falls das Bild von einer zeitgenössischen Künstlerin stammt, könnte man ihr die Briefe (bzw. ein Resümee) schicken und es ihr freistellen, ob sie darauf antwortet.

40
Mit Karikaturen arbeiten

Karikaturen haben noch keinen gefestigten Platz im Religionsunterricht. Als unordentliche Kinder der Neuzeit werden sie meist recht stiefmütterlich behandelt. Oft dienen sie nur der freundlich-heiteren Garnierung des Unterrichts. Dabei steckt viel mehr in ihnen:

- Als polemische Zeichnungen helfen sie, Konflikte in Gesellschaft und Kirche deutlicher wahrzunehmen.
- Als gezeichnete Argumente fordern Karikaturen auf, Ideologisierungen und Machtmissbrauch zu durchschauen.
- Als Waffe aus der Hand eines Zeichners ergreifen Karikaturen Partei und provozieren eine Stellungnahme des Betrachters.
- Als Symbolbilder machen Karikaturen Wirklichkeit durchsichtig.
- Als heiter-ironische Zeichnungen lockern sie auf und lösen Verkrampfungen.

Diese inneren Werte entfalten Karikaturen im Religionsunterricht aber nur, wenn mit ihnen auch methodisch angemessen gearbeitet wird:

- Die Auseinandersetzung mit einer Karikatur sollte in einem thematischen Zusammenhang stehen.
- Karikaturen lassen sich verzögert betrachten, d.h. man verdeckt oder entfernt Bildelemente, sodass der Blick von einem Detail aufs Ganze gelenkt wird.
- Man kann Karikaturen zunächst in einer bearbeiteten Fassung präsentieren.
- Zu Karikaturen werden Überschriften gesucht.
- Sprech- und Denkblasen werden in eine Karikatur eingefügt.
- Karikaturen werden umgezeichnet in eine neue Umgebung, in eine neue Situation.
- Über die Tendenz einer Karikatur (und damit über ihre Wahrheit) wird ein Streitgespräch inszeniert.

Bei der Arbeit mit Karikaturen gibt es nützliche Helfer: Tageslichtprojektor, Beamer, Rechner und PowerPoint.

41
Videoprojekt I (Spielhandlung)

ab Klassenstufe 8

EIGNUNG

Weckt kreative Fähigkeiten; fördert Teamgeist; ermöglicht Identifikation und Auseinandersetzung mit Problemen.

BESCHREIBUNG

Die Arbeit am Video hat vier Phasen:

1. Klärung des Themas

- Brainstorming: Sammeln von Ideen
- Wie soll der Film heißen?
- Exposé: grobes Konzept, das wesentliche Handlungselemente enthält

2. Drehbuch

- Gruppenarbeit (arbeitsteilig): Gestaltungsideen, evtl. Beschaffen von Informationen auf der Grundlage des Exposés
- Treatment: Die Handlungsfolge wird schriftlich festgelegt
- Drehbuch: Szenenfolge (nummeriert), Beschreibung der einzelnen Szenen in drei Spalten: Bild (Was sieht man?), Kamera (Wie wird gefilmt?), Ton (Was hört man? / Was wird gesprochen?)

3. Dreharbeiten (auf der Grundlage des Drehbuchs):

- Auswahl der Spieler, Proben
- Festlegung der Drehorte; Herstellen bzw. Besorgen von Kulissen und Requisiten
- Training der Aufnahmetechnik: Kameraführung, Perspektive, Tonaufnahmen
- Durchführung der Dreharbeiten

4. Filmgestaltung

- Filmmaterial sichten und bewerten
- Schnittplan erstellen
- Schnitt, evtl. Nachdrehen, Nachvertonen
- Gestaltung von Filmtitel und Abspann

42
Videoprojekt II (Dokumentation)

ab Klassenstufe 8

EIGNUNG

Weckt kreative Fähigkeiten; fördert die Auseinandersetzung mit einem Thema.

BESCHREIBUNG

Mit den Schülerinnen wird das Projekt: »Wir machen ein Video über ...« geplant und durchgeführt. Dabei sind zwei Grundsätze wichtig:

- Vor Beginn muss die Lehrkraft die didaktischen Chancen des Projekts vorläufig geklärt haben und sich vergewissern, dass das Thema auch videogerecht bearbeitet werden kann.
- In allen Phasen sollen die Schülerinnen die Planung und die Durchführung maßgeblich bestimmen.

Ähnlich wie bei der Spielhandlung lassen sich vier Phasen der Arbeit unterscheiden.

1. Klärung des Themas

- Wie soll der Film heißen?
- Worauf kommt es uns an?
- Welche Absicht haben wir? – Was soll dem Zuschauer auf jeden Fall deutlich werden?
- Die Filmidee wird schriftlich festgehalten.

2. Erstellung eines Filmskripts

- Sammeln und Strukturieren von Einfällen zur Filmidee: mögliche Szenen, Bilder, Grafiken, Interviews
- Beschaffen von Informationen und Materialien
- Grobgliederung des Films, evtl. als bewegliche Wandtapete
- Filmskript: Szenen, Drehorte, Interviewpartner, Standfotos, Grafiken; Kameraarbeit und Ton, Texte

3. Dreharbeiten

- Was brauchen wir alles? (Requisiten, Technik ...)

- Welche Termine müssen vereinbart werden?
- Verteilung der Arbeiten: Kamera, Interviews, Regie, Anfertigen von Schaubildern, Computeranimationen, Laufschriften, Titel etc.

4. Filmgestaltung
- Filmmaterial sichten, auswerten und schneiden
- Nachvertonung
- Titel und Abspann

In der Vorbereitungszeit ist es hilfreich, wenn einige Schülerinnen mit dem Medium vertraut gemacht werden. Ideal wäre ein Nachmittag oder ein Wochenende, an denen in die Videotechnik eingeführt wird. Auch Eltern mit Videoerfahrung können beraten (aber Vorsicht: Am Ende machen die Väter den Film!). Oder ausgewählte Videos zu Hause anschauen und analysieren.
Schon während der Planung kann leicht verloren gehen, welches Ziel die Arbeit eigentlich hat. Deshalb sollte ab und zu daran erinnert werden, »worauf es uns ankommt«.
Zu Beginn der Dreharbeiten sollte ein Arbeitsschema verabredet sein, aus dem hervorgeht, wer welche Arbeiten übernommen hat und wie die Beiträge koordiniert werden. Das fertige Video braucht Betrachter: die eigene Klasse, Parallelklassen, ein Elternabend ...

Verwendete Literatur

Berg, Horst-Klaus/Weber, Ulrike, Kreativ mit Kunst arbeiten. 23 Ideen, in: ru. Ökumenische Zeitschrift für den Religionsunterricht 3/99, 102–108
Burrichter, Rita, Mit Bildern der Kunst arbeiten, in: Rendle, Ludwig, Ganzheitliche Methoden im Religionsunterricht (Neuausgabe), München 2007, 218–229
Dies./Gärtner, Claudia, Mit Bildern lernen. Eine Bilddidaktik für den Religionsunterricht, München 2013
Fendrich, Herbert, Wozu sind Bilder gut?, in: Katechetische Blätter 116 (1991), 123–131
Goecke-Seischab, Margarete Luise, Christliche Bilder verstehen. Themen – Symbole – Traditionen, München 2004
Dies., Bildnerisches Gestalten – Mit Farben, Formen und Materialien arbeiten, in: Rendle, Ludwig, Ganzheitliche Methoden im Religionsunterricht (NA), München 2007, 207–217
Lange, Günter, Umgang mit Kunst, in: Adam, G./Lachmann, R. (Hg.), Methodisches Kompendium für den Religionsunterricht. Göttingen 2010/2006, Band 1, 247–261

2.
Music is my life

Musik im Religionsunterricht

Vielschichtig und widersprüchlich ist die Musik. Sie lässt sich nicht auf einen Nenner bringen und entzieht sich der begrifflichen Beschreibung. Sicher aber ist, dass Musik Wirkungen hat. Sie belebt, sie weckt Aggressionen, sie bringt zur Ruhe, macht nachdenklich und beflügelt unsere Fantasie. Sie erzeugt und verstärkt Stimmungen, sie beeinflusst unsere Gefühle und unsere Gedanken. Und vielleicht ist sie sogar ein Heilmittel für unsere Sprachlosigkeit.

Musik live – Musik aus Konserven

Wer bis in die 1920er-Jahre Musik hören wollte, musste sie selbst machen oder irgendeine Musikaufführung besuchen. Musik gab es nur »live«. Die technische Entwicklung aber hat das Musikleben revolutioniert: Rundfunk, Schallplatten, Musikkassetten, Filme und Fernsehen, CDs, DVDs und nicht zuletzt der portable MP3-Player sorgen dafür, dass praktisch jeder Zugang zur Musik hat. Umfangreiche Musiksammlungen können heute preiswert gespeichert und jederzeit abgerufen werden. Dadurch kann Musik überall und zu jeder Zeit gehört werden. Und mit Sicherheit hat sich dabei auch unsere Wahrnehmungsfähigkeit verändert:

- Hören wir wirklich, was wir hören?
- Lassen wir noch Stille zu bei all den Möglichkeiten des Musikkonsums?
- Behält das einzelne Musikstück noch seinen Reiz und seinen Wert?

Diese kritischen Anfragen sollen aber die positiven Seiten nicht überdecken: Musik ist demokratisch geworden; leicht zugänglich für jedermann. Und die moderne Technik erweitert auch die Möglichkeiten, mit Kindern und Jugendlichen zu singen (z.B. Playback- und Karaoke-CDs).

Musik als Identifikationsmittel

Durch ihre allgemeine Verbreitung bewährt sich Musik als soziales Identifikationsmittel: Es gibt intensive Wechselwirkungen zwischen den unterschiedlichen Stilrichtungen der Popmusik und den verschiedenen Szenen der Jugendkultur. Musikalische Vorlieben markieren geradezu die Grenzen nicht nur zwischen den verschiedenen Gruppierungen der Jugendlichen, sondern auch zwischen den Generationen. Kinder und Jugendliche identifizieren sich mit ihrer Musik und grenzen sich dadurch auch von den Erwachsenen ab. Die Beatles-Generation etwa ist klar getrennt von der Techno- oder Rap-Generation.
Musik wird so zum Markenzeichen einer sozialen Gruppe oder einer Generation; sie ist identitätsstiftend, wird zum Gruppenmerkmal. So ist Musik ein Medium, in dem (junge) Menschen sich selbst wiedererkennen. In der Musik können sie sich mit sich selbst und mit ihrer Welt auseinandersetzen.

Musik im Religionsunterricht

Ähnlich vielschichtig wie die Musik selbst sind die Chancen, die der Religionsunterricht nutzen kann:

- Er kann vertraut machen mit alter und neuer religiöser Musik.
- Das gemeinsame Singen, Musizieren, Tanzen und Spielen kann die Fähigkeit stärken, Musik intensiv und konzentriert wahrzunehmen; es fördert kommunikative und soziale Kompetenzen. Hier kann Musik auch Prozesse religiösen Lernens und die religiöse Ausdrucksfähigkeit unterstützen.
- Populäre Musik kann den Jugendlichen helfen, sich mithilfe dieses Mediums auszudrücken und dadurch Sprachlosigkeit zu überwinden. Denn für Jugendliche ist Musik die Sprache, die sie besonders gut verstehen; sie drückt ihr Lebensgefühl in Rhythmen, Melodien und Texten aus. Die zeitgenössischen musikalischen Propheten bieten vielfältige Anregungen, um mit jugendlichen Sinnsuchern ins Gespräch zu kommen, Fragen zu stellen und nach Antworten zu suchen.
- Beim Einsatz von Liedern im Religionsunterricht steht oft der Text im Vordergrund. Aber auch Rhythmus, Melodie und die Auswahl der Instrumente verdienen Aufmerksamkeit. Sie können den Text emotional und atmosphärisch verstärken. Sie können dem Text aber auch einen neuen Akzent verleihen und ihn so überraschend neu interpretieren.
- Rein instrumentale Musik wird von Jugendlichen selten gehört. Dennoch kann sie im Religionsunterricht wertvoll sein. Sie lädt ein zur Meditation, weckt Stimmungen und Gefühle und kann Ruhepunkte im Unterricht setzen.

43
Musik ist Geschmackssache

alle Altersstufen, bis zu 45 Minuten

EIGNUNG

Lädt zur kritischen Auseinandersetzung mit dem eigenen Musikgeschmack und dem anderer Menschen ein; ermuntert dazu, genauer hinzuhören; fördert gegenseitiges respektvolles Verhalten.

BESCHREIBUNG

Die Schüler bringen einen Musik- bzw. Liedtitel mit, der sie begeistert und den sie gerne hören. Sie erzählen, warum sie gerade diesen Titel ausgewählt haben, was ihnen an der Musik und dem Text gefällt.

HINWEISE

- Es sollte deutlich werden, dass es bei dieser Methode nicht um das unkritische Konsumieren von Musik geht.
- Auch sollten die Lehrer den Kindern und Jugendlichen ihre Musik lassen und das Zensieren vermeiden.
- Die Methode eignet sich gut zum gegenseitigen Kennenlernen.

VARIANTE

- Die Lieder werden mit Instrumenten und eigenem Gesang vorgestellt.
- Der Lehrer schreibt den Satz »Sag mir, welche Musik du hörst, und ich sage dir …« an die Tafel. Die Schüler vervollständigen den Satz (z.B. … wer du bist!, … wie du tickst!).
- Mithilfe von Leitfragen unterhalten sich die Schüler über die Bedeutung von Musik in ihrem Leben. Etwa: Wie viel Zeit hörst du durchschnittlich Musik am Tag? Welchen Musikstil hörst du am liebsten? Wer ist dein Lieblingsinterpret? Welcher Musiktitel hat dich bisher am längsten begleitet und vielleicht auch beeinflusst? Hat Musik einen Einfluss auf deine Lebenseinstellung oder deinen modischen Stil? Ist Musik für dich nur Unterhaltung oder hörst du sie bewusst?

44
Lieder, die im Ohr bleiben

alle Altersstufen, bis zu 45 Minuten

EIGNUNG
Schaffen eines Gemeinschaftsgefühls; Beziehungen zu anderen durch gemeinsames Singen Anknüpfen und Erleben.

BESCHREIBUNG
Mithilfe der Karaoketechnik (Instrumentalversion + Liedtext) werden gemeinsam Lieder eingeübt und gesungen.
Neben der Möglichkeit mit CDs bzw. DVDs können auch Playstationversionen (SingStar, We sing) genutzt werden.

HINWEISE
- Es sollten vor allem Lieder gesungen werden, die die Kinder und Jugendlichen mögen, sonst wird das Singen zur Qual.
- Eine Zusammenarbeit mit dem Musiklehrer ist sinnvoll.
- Von Kinderliedermachern (Detlev Jöcker, Rolf Zuckowski, Reinhard Horn etc.) gibt es gute Liedsammlungen, die neben dem Text- und Notenmaterial auch CDs mit Gesang oder als Playbackversion enthalten.
- Eine Liedblattsammlung kann angelegt und ständig erweitert werden.

VARIANTEN
- Ein Liedheft wird ausgeteilt. Kinder, die ein Instrument spielen können, dürfen dieses mitbringen und den Gesang musikalisch untermalen.
- Lieder werden ausgesucht (Wunschparade) und gemeinsam gesungen.
- Es werden religiös wertvolle Lieder (Spirituals oder Oldies wie »Die Erde ist schön«, »Du bist das Licht der Welt« ...) gesammelt und gesungen.

45
Lieder einüben

alle Altersstufen, ca. 10 Minuten

EIGNUNG

Fördert Konzentration und Gedächtnis; Freude am Erlernen neuer Lieder.

BESCHREIBUNG

Ein unbekanntes Lied soll eingeübt werden. Dabei ist es unerlässlich, dass der Lehrer Melodie und Text sicher beherrscht. Er summt die Melodie einige Male vor, die Schüler summen mit, bis sie einigermaßen sicher sind. Dann singt er Schritt für Schritt (nach Sinneinheiten) den Text zur Melodie.

HINWEISE

- Beim Einüben der Melodie kann ein Instrument (Flöte, Klarinette, Klavier) sehr hilfreich sein.
- Bisweilen verfügen Schüler über höhere musikalische Qualitäten als der Lehrer. Hier bietet sich die Gelegenheit, diese Fähigkeiten in den Unterricht einzubeziehen.

VARIANTEN

- Das neue Lied wird mehrere Male von einer CD vorgespielt, anschließend mitgesummt und mitgesungen.
- Zunächst wird der Text eingeübt. Dabei kann ein rhythmisches Sprechen hilfreich sein. Dann erst wird die Melodie mit dem Text verbunden.
- Die Melodie wird rhythmisch geklatscht, dann gesummt oder auf eine Lautsilbe (la, lu, lo) und schließlich mit Text gesungen.
- Der Song wird mit Text und Melodie Schritt für Schritt (nach Sinneinheiten) eingeübt. Bei einer spielerischen Variante wird das Lied in Abschnitten reihum gesungen.
- Zu vielen Liedern stehen Playbackfassungen zur Verfügung. Ein Musiker kann diese auch einspielen.

46
Musik drückt Gefühle aus

alle Altersstufen, bis zu 45 Minuten

EIGNUNG
Darauf achten, welche Gefühle Musik auslöst; Gefühle erleben und ausdrücken.

BESCHREIBUNG
Es werden Musiktitel mit unterschiedlichem Rhythmus und verschiedenen Musikstilen (Rock, Pop, Hip-Hop, Heavy Metal, Balladen, Techno, Klassische Musik) gespielt. Die Schüler schließen die Augen und lassen die Musik auf sich wirken. Im Anschluss an die Übung formulieren alle die Gefühle, die die Musik bewirkt hat (Ruhe, Aggression, Entspannung).

Mögliche Leitfragen:
Welche Gefühle löst die Musik in mir aus? Beschreibe die Wirkung mit einem Satz bzw. Wort! Beschreibe den Rhythmus, die Stimme des Sängers, die Melodie!

HINWEIS
Es sollte eine behutsame Einführung in die Übung gegeben werden (Sitzhaltung, Atmung).

VARIANTE
Die Übung kann auch mit Orff'schen Instrumenten oder Naturgeräuschen durchgeführt werden.

47
Lieder erzählen Geschichten

6–12 Jahre, bis zu 45 Minuten

EIGNUNG
Neue Zugänge zur Bibel schaffen; sich mit dem Inhalt der Lieder beschäftigen.

BESCHREIBUNG
Ein Titel wird angehört. Die Schüler sprechen über den Inhalt und darüber wie die Musik den Text ausdrückt.

HINWEIS
Es gibt eine Vielzahl an Sacro-Pop-Musicals bzw. Mini-Musicals zu religiösen bzw. biblischen Themen. Sie greifen bestimmte Themen auf (Schöpfung, Hoffnung) oder stellen eine Person der Bibel (David, Josef, Jona, Paulus) oder eine Heiligengestalt (Franziskus, Hildegard von Bingen) in den Mittelpunkt (KONTAKTE Musikverlag, Schott music etc.).

48
Lieder in Szene setzen

6–12 Jahre, 20–30 Minuten

EIGNUNG
Fördert die Identifikation mit den Personen bzw. der Handlung eines Liedes.

BESCHREIBUNG
Ein Lied erzählt eine Geschichte aus der Bibel (z.B. von Zachäus, Kain und Abel, Josef). Die einzelnen Szenen, die in den Strophen geschildert werden, werden von Schauspielern nachgespielt. Dabei können auch Gegenstände (z.B. ein Baum) pantomimisch dargestellt werden.

HINWEISE

- Es ist ratsam, die gesungene Geschichte zunächst zu erzählen und darüber zu reden.
- Danach werden die Rollen verteilt (Wer spielt wen?). Dabei wird auch viel über die Charaktere der einzelnen Personen deutlich.

VARIANTE

Die Geschichten werden mit Puppen oder als Schattenspiel gespielt.

49 Musik und Bewegung

alle Altersstufen, bis zu 45 Minuten

EIGNUNG

Erleben, wie befreiend es sein kann, sich nach der Musik zu bewegen; ausprobieren, dass ich mit dem Körper nachempfinden kann, was Musik ausdrückt; Anregung zu fantasievollem Gestalten (Tanz, Bewegung, Gestik, Pantomime).

BESCHREIBUNG

Die Schüler setzen die Musik, die sie hören, in Bewegungen um. Dabei werden verschiedene Musikrichtungen und -rhythmen abwechselnd gespielt. Im Anschluss an die Übung werden die Erfahrungen besprochen.

HINWEISE

- Die Beteiligung an dieser Übung sollte freiwillig sein, denn nicht alle haben den Mut, sich frei zu bewegen.
- Die gewählten Ausdrucksformen sollten nicht bewertet werden.

VARIANTEN

- Die Bewegungen richten sich nach dem Text des Liedes (z.B. pantomimische Bewegungen nach einem gesungenen Vaterunser).
- Der Text wird durch rhythmische Bewegungen des Körpers unterstrichen.

50
Texte und Melodien erfinden

ab 8 Jahre, bis zu 45 Minuten

EIGNUNG

Fördert die kreative Auseinandersetzung mit Inhalten; fördert die eigene Sprachgestaltung.

BESCHREIBUNG

Zu einer bekannten Melodie formulieren die Schüler einen neuen Text. Das Thema des neuen Textes wird vom Lehrer vorgegeben.

HINWEIS

Es können alte Volkslieder oder neue geistliche Lieder, aber auch Melodien aus dem Bereich der Rock- und Popmusik verwendet werden.

VARIANTE

Sehr musikalische Schüler können auch selbst eine Melodie erfinden und dazu einen eigenen Text formulieren.

51
Musik selbst machen

alle Altersstufen, bis zu 45 Minuten

EIGNUNG

Schafft neue Zugänge zur Musik; die Chancen des kreativ-selbsttätigen Musizierens und Singens erfahren.

BESCHREIBUNG

Die Schüler bringen Instrumente (Flöte, Gitarre, Trommel, Rassel, Keyboard etc.) mit. Sie einigen sich darauf, welcher Titel zusammen gespielt werden soll. Jeder versucht, sich in seiner Art und mit seinen Talenten einzubringen.

HINWEISE

- Musik muss nicht immer perfekt sein, viel wichtiger ist es, dass sie Spaß macht.
- Eine Zusammenarbeit mit dem Musiklehrer ist empfehlenswert.

VARIANTE

Zur musikalischen Gestaltung eines Schul- bzw. Klassengottesdienstes trifft sich eine Kleingruppe aus der Klasse; andere Gruppen könnten dann die weitere Gestaltung (Fürbitten, Meditation, Spiel) übernehmen.

52 Hip-Hop-Werkstatt

ab 6 Jahre, bis zu 45 Minuten

EIGNUNG

Fördert die sprachliche und rhythmische Fantasie; Anregung zur Improvisation.

BESCHREIBUNG

Auf ein Hip-Hop-Playback wird ein eigener Sprechgesang erfunden. Er behandelt ein Thema des Religionsunterrichts.

HINWEISE

- Ein Reimlexikon kann bei der Ausarbeitung der Texte hilfreich sein (z.B. www.2rhyme.ch/).
- Religions-, Deutsch-, Kunst- und Musiklehrer könnten hier in einem fächerübergreifenden Projekt zusammenarbeiten.
- Der Hip-Hop-Rhythmus wird mit dem Körperinstrumentarium (stampfen, klatschen, patschen, schnalzen) von einer Gruppe eingeübt.
- Moderne Computersoftware bietet vielfältige Möglichkeiten der Musikproduktion (z.B. MAGIX music maker / kostenpflichtige Schulversion unter www.magix.de; audacity / eine von vielen kostenfreien Anwendungen).

53
Populären Songs auf den Grund gehen

ab 10 Jahre, bis zu 45 Minuten

EIGNUNG

Fördert die kritische Auseinandersetzung mit den Texten populärer Musik. Themen und Inhalte werden mithilfe von Liedern vorbereitet, vertieft, wiederholt oder zusammengefasst.

BESCHREIBUNG

Zu einem Thema des Religionsunterrichts wird ein aktueller Musiktitel der populären Musik vorgestellt, angehört und besprochen.

HINWEISE

- Es ist sinnvoll, sich auf einen Titel zu beschränken, um die bewusste und kritische Auseinandersetzung mit dem Inhalt des Liedes einzuüben.
- Diese Methode kann als Einstieg in ein neues Thema gewählt werden. Manche Pop-Songs können aber auch als roter Faden für eine ganze Unterrichtseinheit dienen.
- Achtung: Hier sind Schüler die Experten! Es ist daher sinnvoll, dass die Schüler einen thematisch passenden Musiktitel aussuchen und vorstellen.

VARIANTEN

- Die Schüler schreiben einen Brief an den Interpreten, in dem sie erläutern, was der Song in ihnen bewirkt hat.
- Der Inhalt des Songs wird szenisch in einem Rollenspiel dargestellt.
- Die Schüler stellen Fragen zum Text und suchen nach Antworten.
- Der Lehrer schreibt vor dem Anhören des Liedes einzelne Sätze oder Wörter des Liedtextes auf ein Blatt. Darauf notieren die Schüler Ideen, Fragen oder Kommentare.
- Der Lehrer schreibt den Refrain des Songs an die Tafel. Die Schüler überlegen, welches Thema in dem Lied behandelt wird.
- Die Schüler lesen zuerst den Liedtext, überlegen dann, welche Musik dazu passen könnte, und vergleichen ihre Vorstellungen mit der Originalmusik.

54
Nach Musik malen

ab 6 Jahre, bis zu 45 Minuten

EIGNUNG
Weckt und fördert die Fantasie; Veranschaulichung von Tönen und Melodien.

BESCHREIBUNG
Musik läuft im Hintergrund. Filzschreiber, Wachsstifte, Wasserfarbe und Kartonpapier stehen zur Verfügung. Die Schüler lassen sich von der Musik inspirieren und setzen sie in Farben und Formen um. Anschließend werden die Bilder aufgehängt und vorgestellt.

HINWEISE
- Bei dieser Übung geht es nicht um die Produktion ausstellungsreifer Kunstwerke. Dementsprechend werden die Bilder auch nicht benotet.
- Bei der Übung wird nicht gesprochen.

VARIANTE
2 bis 3 Schüler malen gemeinsam ein Bild (ohne sich zu unterhalten).

55
Eine Geschichte vertonen

ab 6 Jahre, bis zu 45 Minuten

EIGNUNG
Fördert die Fähigkeit, einen Text zu interpretieren; Freude im Umgang mit Musik und Geräuschen.

BESCHREIBUNG
Mithilfe von Orff'schen Instrumenten und Gegenständen aus dem Umfeld (Wasser, Steine, Papier etc.) wird eine biblische Geschichte vertont.

HINWEISE

- Für diese Übung eignet sich eine größere Zahl biblischer Erzählungen (z.B. die Schöpfungsgeschichte, die Noacherzählung, die Geschichte vom Babelturm, die Geschichte von Jona, die Stillung des Seesturms).
- Alle Schüler sind beteiligt, da jeder eine Aufgabe übernimmt.
- Im Internet stehen eine Vielzahl an Samples zur freien Verfügung, die mit einem Bearbeitungsprogramm (z.B. das kostenlose virtuelle Tonstudio »audacity«, ➤ Methode 52) zu einer Soundcollage zusammengefügt werden können.

VARIANTEN

- In Kleingruppen kann eine Geschichte oder ein Text ganz unterschiedliche klangliche Interpretationen erhalten, die im Plenum vorgestellt werden.
- Gut eignet sich auch ein Keyboard mit entsprechender Geräuschdatenbank.

56
Vom Text zum Lied

ab 10 Jahre, bis zu 45 Minuten

EIGNUNG

Lotet das Verhältnis von Sprache und Musik aus; weckt die musikalische Fantasie.

BESCHREIBUNG

Der Text eines (religiösen) Liedes wird gelesen und interpretiert.
Die Schüler werden aufgefordert, eine Melodie für diesen Text zu entwerfen. Wie würden sie ihn vertonen?
Je nach Reifegrad der Vorschläge wird der Text mit dieser Melodie gesungen.
Danach wird die (bekannte) Vertonung des Textes vorgestellt, eventuell eingeübt.
Diese Version wird mit der Komposition der Schüler verglichen.
Dabei wird untersucht, wie die Musik jeweils den Charakter des Textes verändert.

HINWEISE

- Gesangbücher, aber auch Liederbücher, die bei Jugendlichen verbreitet sind, bieten interessante Texte, deren Interpretation sich lohnt. Möglich sind auch Psalmen und in höheren Klassen Spruchgut der Bibel (Kohelet, Propheten).

- Die Kompositionsleistung der Schüler sollte beim Vergleich mit der »professionellen« Vertonung nicht abgewertet werden. Es geht nicht um Bewertung, sondern um Sensibilisierung.

VARIANTE
Schon nach der Interpretation des literarischen bzw. biblischen Textes wird die Vertonung eingeführt und ihre Wirkung analysiert.

57
Techno ist Meditation

ab 14 Jahre, bis zu 45 Minuten

EIGNUNG
Den Rhythmus spüren, Musik fühlen und verinnerlichen.

BESCHREIBUNG
Ein Titel aus der Technoszene wird mit geschlossenen Augen angehört. Welche Bilder und Fantasien entstehen dabei?
Wer will, kann die Musik in Bewegung umsetzen. Das anschließende Gespräch sollte sich vor allem mit der Wirkung der Klänge und Rhythmen auseinandersetzen.

HINWEIS
Techno war prägend für die Jugendkultur der 1990er-Jahre, was sich neben der Musik auch im Kleidungsstil zeigte. Auch heute hat diese Musikrichtung noch viele Anhänger. Die Musik versetzt Jugendliche in eine Art Trance; diese Wirkung wird häufig durch Drogen (z.B. Ecstasy) unterstützt. Techno, das sind nicht nur Rhythmus und Musik, sondern auch eine Lebenseinstellung (feiern, Spaß haben und abtanzen), bekannt unter dem Slogan »love, peace and unity«.

VARIANTE
Die Schüler interviewen Raver über die Wirkung von Techno und bringen diese Interviews im Vorfeld der Übung ein.

58
Mit Musik meditieren

ab 6 Jahre, 10–15 Minuten

EIGNUNG
Konzentriertes und bewusstes Hinhören einüben; Musik als eine Hilfe zur Meditation erfahren.

BESCHREIBUNG
Die Schüler schließen die Augen und lassen sich auf die Stille ein. Im Hintergrund erklingt Musik. Wer will, macht sich auf die Suche nach inneren Bildern und Gefühlen. Die Erfahrungen werden nach der Übung besprochen.

HINWEISE
- Die Teilnahme an dieser Übung ist freiwillig. Wer sich nicht darauf einlassen will, bleibt leise, damit die anderen nicht gestört werden.
- Die Schüler können bei der Übung sitzen oder liegen.

VARIANTE
Eine erstaunliche Wirkung kann leise Musik im Hintergrund bei einer stillen Beschäftigung der Schüler haben.

59
Malen mit Liedern

ab 10 Jahre, bis zu 45 Minuten

EIGNUNG
Einsichten und Eindrücke zu einem Lied ins Bild setzen; Aussagen eines Liedes bildnerisch gestalten.

BESCHREIBUNG

Die Schüler entwerfen ein Plakat zu einem Lied. Zunächst wird das Lied angehört oder gesungen. Danach werden in Kleingruppen auf einem Arbeitsblatt die wichtigsten Aussagen des Liedes unterstrichen. Mithilfe von bunten Stiften wird das Lied in ein Bild umgesetzt.
Die verschiedenen Bilder werden präsentiert und zunächst von anderen interpretiert. Die Eigeninterpretation der einzelnen Gruppen schließt sich daran an. Am Schluss wird das Lied nochmals angehört bzw. gesungen und mit »neuen« Augen und Ohren wahrgenommen.

HINWEIS

Die einzelnen Kleingruppen sollten nicht zu groß sein (max. sechs Personen).

VARIANTEN

- Die Schüler erarbeiten eine Bildfolge (z.B. Comic) zu dem Lied.
- Mithilfe von Spraydosen wird eine größere Fläche bemalt.
- Mit Knete oder Ton wird eine Figur oder ein Gegenstand geformt, der von der Musik inspiriert wurde.

60 Visualisieren

ab 12 Jahre, ca. 30 Minuten

EIGNUNG

Einsichten aus dem Leben mit Musik verknüpfen; Aussagen eines Liedes mit Bildern aus dem Leben verknüpfen.

BESCHREIBUNG

Die Schüler erhalten den Text eines Liedes. Gemeinsam wird die Musik bzw. das Lied angehört. Es werden Kleingruppen gebildet. Aus einer ausgelegten Fotosammlung suchen die Schüler Bilder und Fotos aus, die den Aussagen der Musik entsprechen.
Das Lied wird erneut angehört und/oder gesungen. Anschließend werden die Bilder zum Lied von den einzelnen Gruppen vorgestellt.

HINWEIS

Diese Übung verlangt eine gewisse Konzentrationsfähigkeit der Schüler. Sie sollten schrittweise darauf hingeführt werden.

VARIANTE

Jeder sucht sich *ein* Bild, das seiner Meinung nach zu der Musik passt. Er erläutert dies mit einigen Sätzen.

61 Songtexte visualisieren

ab 12 Jahre, ca. 90 Minuten

EIGNUNG

Fördert die Auseinandersetzung und Interpretation von Texten populärer Musik.

BESCHREIBUNG

Die Schüler schreiben sich Schlüsselbegriffe bzw. Schlüsselsätze aus dem Lied heraus. Dazu suchen sie im Internet passende Fotos. Mit einem Computerprogramm (z.B. Windows Movie Maker) wird zunächst der Song importiert. Über die Audiospur legen die Schüler passende Fotos und passen die Länge der Bildsequenz an. Es entsteht ein Film, der die entsprechenden Textpassagen visualisiert und interpretiert. Die Schüler präsentieren und besprechen ihre Ergebnisse.

HINWEISE

- Falls möglich kann der technische Teil in Zusammenarbeit mit dem EDV-Unterricht erstellt werden.
- Im Internet finden sich gute Fotodatenbanken (z.B. www.pixelio.de; www.piqs.de; seen.by.spiegel.de; www.fotodatenbank.com; www.aboutpixel.de; www.fotobase24.de; www.flickr.com; www.jugendfotos.de).

VARIANTEN

- Die Schüler suchen und fotografieren eigene Motive.
- Zum Abschluss einer thematischen Unterrichtseinheit suchen die Schüler in verschiedenen Gruppen passende Songs und erstellen einen Bilderfilm dazu.

62 Moritaten

ab 12 Jahre, ca. 90 Minuten

EIGNUNG
Sozialkritik einüben in Form von Lied, Text und Bild.

BESCHREIBUNG
Es gab Zeiten, da zogen Bänkelsänger durch das Land und erzählten den Menschen musikalische Geschichten. In Form von Moritaten (tragisches Singspiel) hielten sie den Menschen den Spiegel vor. Bilder zu den einzelnen Strophen verdeutlichten den Gesang.
Nach diesem Muster können Schüler selbstständig eine Moritat erarbeiten. Sie erfinden eine Geschichte in einfachen und kurzen Sätzen, dichten einen Refrain und malen große Bilder dazu. Bei einer Schulveranstaltung (Schulfest, Gottesdienst) kann das Singspiel vorgetragen werden.

HINWEISE
- Es gibt viele bekannte Lieder, die sich als Vorlage gut eignen (Sabinchen war ein Frauenzimmer, Vogelhochzeit), sodass nur noch der Text erfunden werden muss. Die Melodien sollten möglichst einfach sein. So kann das Publikum beim Vortrag schnell mit einbezogen werden.
- Die Aufgabe gelingt nur, wenn die Schüler sich mit dem Thema, das besungen wird, intensiv auseinandergesetzt haben.

VARIANTE
Die Bilder werden auf eine Tapete geklebt oder gemalt, die beim Vortrag langsam aufgerollt wird.

63
Musik-Werkstatt

ab 10 Jahre, 90 Minuten

EIGNUNG

Experimentieren mit Musik.

BESCHREIBUNG

Mit den Schülern wird ein Problem oder ein Thema vereinbart (z.B. »Vom Chaos zur Ordnung«). Dann beginnt die Experimentierphase: Traditionelle Instrumente (Keyboard, Gitarre, Flöte, Orff'sches Instrumentarium), selbst gebaute Instrumente aus Löffeln, Dosen und Steinen sowie »körpereigene Instrumente« (klatschen, patschen, schnalzen, pfeifen, stampfen, brummen) stehen zur Verfügung. Jeder kann sich zunächst frei entfalten und mit seinem Instrument experimentieren.

Es bilden sich verschiedene Instrumentengruppen (Rhythmus, Melodie etc.).

Eine gemeinsame Partitur wird erarbeitet, ein neues Musikstück, in dem alle mitwirken (denn: Jeder Mensch ist musikalisch!).

Es werden Zeichen abgesprochen, Einsätze festgelegt und die Abfolge eingeübt.

HINWEIS

Neben dem Spaß, den diese Übung sicherlich bereitet, sollte die Frage nach der Aussage des gemeinsamen Werkes unbedingt angesprochen werden.

VARIANTE

Verschiedene Gruppen versuchen mit den ihnen zur Verfügung stehenden Instrumenten ein Lied zu interpretieren. Die verschiedenen Fassungen eines Liedes werden im Plenum präsentiert.

64
Musikvideos anschauen

ab 12 Jahre, bis zu 45 Minuten

EIGNUNG

Visuelle Zugänge, die zu einem vertieften Verständnis führen; kreative Auseinandersetzung mit einem Lied.

BESCHREIBUNG

Die Schüler betrachten das Musikvideo eines Songs, der vorher im Unterricht besprochen wurde.
Vier Leitfragen dienen als Grundlage für das anschließende Gespräch:
Was sehe ich? Was höre ich? Was denke ich? Was fühle ich?

HINWEISE

- Musikvideos sind mittlerweile ein fester Bestandteil in der Musikindustrie. Dabei gibt es Videos, in denen sich die Interpreten inszenieren, und solche, die Geschichten erzählen oder einen Text veranschaulichen. Für den Religionsunterricht eignet sich besonders die zweite Gattung.
- Videoclips finden sich in den gängigen Videoportalen im Internet (YouTube, Clipfish, GoogleVideo, MyVideo). Über die Suchfunktion lassen sich nach Eingabe der entsprechenden Suchbegriffe geeignete Filme finden.

VARIANTEN

- Die Schüler suchen gezielt nach religiösen Symbolen im Film.
- Die Schüler schauen sich das Video ohne Ton an und lassen die Bilder auf sich wirken.
- Die Schüler erstellen eine PowerPoint-Präsentation zu dem gewählten Song.

65 Musikvideos produzieren

ab 12 Jahre, ca. 3 Doppelstunden

EIGNUNG

Weckt kreative Fähigkeiten; fördert die Auseinandersetzung mit einem Thema.

BESCHREIBUNG

Die Schüler sammeln zunächst Ideen für die filmische Umsetzung des Songs und schreiben ein Drehbuch. Neben dem Inhalt (Szenenfolge) enthält es Anweisungen für Regie und Technik.
An den festgelegten Drehorten wird der Film gedreht und anschließend am Computer bearbeitet. Dabei muss darauf geachtet werden, dass die Szenen zu den Musiksequenzen passen.

HINWEISE

- Weiterführende Hinweise sind bei der Methode »Videoprojekt« (➤ Methode 41 und 42) zu finden.
- Es ist sinnvoll, die Videoproduktion als Projekt anzulegen, in dem es unterschiedliche Aufgabenbereiche gibt (Drehbuch schreiben, Technikteam, Gestaltung des Labels ...).

VARIANTE

Es werden einzelne Szenen besprochen und an Gruppen verteilt. Unabhängig voneinander werden kurze Sequenzen (z.B. mit dem Handy) aufgenommen und zu einem Film zusammengeschnitten.

66 Getanztes Gebet

alle Altersstufen, bis zu 45 Minuten

EIGNUNG

Ganzheitlicher Zugang zu einem Gebet; körperbezogene Selbsterfahrung; den Körper als Ausdrucksmittel benutzen und eine andere Gebetssprache entdecken.

BESCHREIBUNG

Das gesungene Gebet (z.B. Vaterunser) wird zunächst eingeübt. Die Schüler überlegen, wie Text und Melodie mit Körperbewegungen ausgedrückt werden können. So entsteht nach und nach ein getanztes Gebet.

HINWEISE

- Es gibt unterschiedliche gesungene Versionen des »Vaterunsers«. Neben den Fassungen aus dem Bereich des Neuen Geistlichen Lieds (z.B. Peter Janssens) sind auch Versionen aus dem Bereich der populären Musik im Internet zu finden (z.B. E Nomine).
- Die Beteiligung am Tanz sollte freiwillig sein. Nicht teilnehmende Schüler übernehmen andere Aufgaben (z.B. Gesang, Rhythmus).

VARIANTEN

- Die Tanzgruppe wird durch eine Gesangs- und Rhythmusgruppe unterstützt.
- Das getanzte Gebet wird für einen Gottesdienst eingeübt.
- Die Schüler entwickeln einen Freestyle-Tanz, bei dem die Bewegungen nicht festgelegt sind.

67
Liedpuzzle

6–14 Jahre, ca. 10 Minuten

EIGNUNG
Konzentriertes und bewusstes Hinhören einüben.

BESCHREIBUNG
Ein allen Schülern bekanntes Lied wird zunächst in mehrere Teile zerschnitten. Am besten eignen sich dazu Sinneinheiten.
Jeweils eine Gruppe erhält eine Liedsequenz.
Auf ein Zeichen des Lehrers singt jede Gruppe ihren Text. Die Aufgabe besteht darin, sich in der richtigen Liedreihenfolge aufzustellen.

HINWEIS
Je mehr Liedabschnitte gewählt werden, umso mehr Spaß macht das Puzzle.

VARIANTEN
- Die Melodie des Liedes wird gesummt oder mit einer Lautsilbe (la, lo, li) gesungen.
- Die Liedsequenzen werden nacheinander ausgetauscht, was hilfreich beim Einüben eines neuen Liedes ist.
- Es werden mehrere Lieder ausgewählt. Die Sänger mit demselben Lied suchen und finden sich.

68 Singspiel

alle Altersstufen, mehrere Doppelstunden

EIGNUNG

Kreative und vertiefende Auseinandersetzung mit einem Thema.

BESCHREIBUNG

Die Schüler übertragen eine biblische Geschichte in unsere Zeit (z.B. Der barmherzige Samariter, Kain und Abel). Dazu erfinden sie Personen und Situationen, die sie in mehrere Szenen einbinden.
Die Geschichte wird anschließend in die Form eines Theaterstücks (Szenen, Dialoge, Handlungsanweisungen) umgeschrieben.
Die Schüler suchen Lieder aus, die zwischen den einzelnen Szenen gesungen werden.

HINWEIS

Mit einem Beamer können passende Hintergrundbilder projiziert werden.

VARIANTE

Mithilfe eines Audioprogramms (z.B. audacity, ➤ Methode 52 und 55) werden Geräusche und Musik aufgenommen und bearbeitet, die während der Aufführung eingespielt werden.

69
Musikalische Themenshow

ab 12 Jahre, ca. 3 Doppelstunden

EIGNUNG
Kreative, informative und unterhaltsame Auseinandersetzung mit einem Thema.

BESCHREIBUNG
Nach der Auseinandersetzung mit einem Thema machen sich die Schüler auf die Suche nach musikalischen Materialien:

1. populäre Songs
2. Musikvideos
3. Instrumentalmusik (mit Texten verknüpft)
4. Lieder für ein gemeinsames Singen
5. musikalischer Ausdruckstanz

Ein Regieteam koordiniert die Beiträge und erstellt einen Plan für die Themenshow. Ein Moderator führt durch die Show.

HINWEISE
- Durch die Verknüpfung von thematischen Beiträgen mit Showelementen erhalten die Zuschauer einen informativen und gleichzeitig unterhaltsamen Zugang zu einem Themenbereich. Dabei kann das Publikum (möglichst viele andere Klassen) mit einbezogen werden.
  Wichtig ist bei einer Show, dass die Technik gut vorbereitet ist (z.B. Computer, Beamer, CD-Player, Leinwand).
- Schüler mit musikalischen Talenten sollten vor der technischen Präsentation die Gelegenheit zur Darbietung haben.

VARIANTE
Es wird ein Schulwettbewerb ausgeschrieben. Nach der Präsentation werden die besten Beiträge von einer Jury ausgewählt.

70
Segenslied

6–12 Jahre, 15 Minuten

EIGNUNG

Vertrauen in Gottes schützende Kraft wecken; zur Ruhe kommen.

BESCHREIBUNG

Der Lehrer summt das Segenslied zunächst leise vor. Nach und nach stimmen die Schüler ein, bis die Melodie verinnerlicht ist.

Anschließend singt der Lehrer den Text zur Melodie, bis er von den Schülern beherrscht wird.

Die Schüler setzen im dritten Schritt das Lied in Bewegungen und Gesten um.

HINWEIS

Das Segenslied sollte nicht lange analysiert, sondern in erster Linie verinnerlicht werden.

VARIANTE

Das Segenslied wird zu einem festen Ritual und wird am Anfang oder am Schluss der Religionsstunde gesungen.

Gott ist mit dir

Text und Melodie: Arthur Thömmes

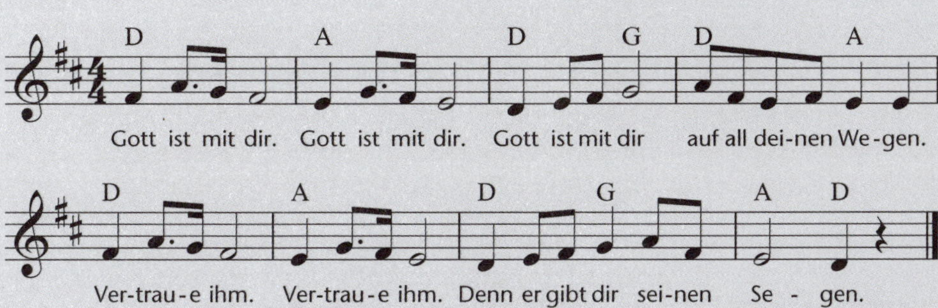

71
Rhythmuskanon

6–12 Jahre, 10–20 Minuten

EIGNUNG
Ganzheitlicher Zugang zu einem biblischen Text.

BESCHREIBUNG
Die Schüler wählen aus einer bekannten biblischen Geschichte (z.B. Adam und Eva, David und Goliat, Hochzeit zu Kana, Der barmherzige Samariter, Arbeiter im Weinberg) typische Begriffe aus (z.B. aus »Der verlorene Sohn«: Vater, Sohn, Not, Heimkehr, Freude).
Es werden fünf Gruppen gebildet. Jede Gruppe erhält ein Wort. Nun beginnt der Kanon. Die erste Gruppe sagt ihr Wort viermal hintereinander. Es folgt die zweite Gruppe etc. Es werden immer wieder neue Akzente gesetzt (durch vereinbarte Zeichen): laut, leise, Betonung der ersten Silbe ...

HINWEIS
Besonders eindrucksvoll wird der Kanon, wenn viele Verben verwendet werden, die Gefühle ausdrücken.

VARIANTE
Jede Gruppe spricht jeweils einen ganzen Satz.

Verwendete Literatur

Bubmann, Peter, Landgraf, Michael, Musik in Schule und Gemeinde. Grundlagen – Methode – Ideen, Stuttgart 2006
Thömmes, Arthur, Gott in der populären Musik. Ein persönlicher Guide in unterrichtstauglichen Songs, in: Jahrbuch der Religionspädagogik Nr. 25, Neukirchen 2009, 230–238
Thömmes, Arthur, Engel in der popilären Musik, in: Katechetische Blätter 137 (2012), 423–426
Thömmes, Arthur, Der Stern, der nicht leuchten wollte. Ein fächerübergreifendes Theaterprojekt zur Weihnachtszeit, Mühlheim 2008
Thömmes, Arthur, Gott ist ein Rockstar. Populäre Musik im Religionsunterricht, München 2008

3.
Im Haus der Sprache

Sprachbezogenes Lernen im Religionsunterricht

Wir wohnen im Haus der Sprache so selbstverständlich, dass wir leicht übersehen, wie geräumig und komfortabel dieses Haus ist. Dabei hätten wir allen Grund zu staunen; denn die Sprache erfüllt eine Reihe wichtiger Aufgaben:

Wir nutzen die Sprache,

- wenn wir ausdrücken, was uns beschäftigt *(expressive Funktion)*,
- wenn wir darstellen, was wir wahrnehmen, wissen oder meinen *(referenzielle Funktion)*,
- wenn wir denken oder etwas lernen *(kognitive Funktion)*,
- wenn wir das Bewusstsein unserer selbst, unsere Gefühle und Reaktionen erfassen und formen wollen *(introspektive oder spirituelle Funktion)*,
- wenn wir mit anderen sprechen und die Beziehung zu ihnen gestalten *(kommunikative und soziale Funktion)*,
- wenn wir andere beeinflussen wollen *(appellative Funktion)*,
- wenn wir uns Erzählwelten ausdenken und wenn wir neue Bilder, Sprachformen und Wörter erfinden *(kreative oder poetische Funktion)*,
- wenn wir über die Sprache nachdenken *(metasprachliche Funktion)*.

Ferdinand de Saussure (1857–1913) verdanken wir die Einsicht, dass die Sprache in zweierlei Gestalt auftritt:
Einmal existiert die Sprache – unabhängig von den einzelnen Sprechern – als

lebendiges und reichhaltiges System von Zeichen, d.h. von Wörtern und Regeln. Dieses Zeichensystem nennt DE SAUSSURE »*langue*«.
Andererseits kommt die Sprache erst dann zum Vorschein, wenn sie von den Mitgliedern der Sprachgemeinschaft gesprochen oder geschrieben wird. Diese Realisierung des sprachlichen Zeichensystems nennt DE SAUSSURE »*parole*«.

Vertieft man sich in diese Unterscheidung, so erkennt man, dass *zwischen der Sprache und den Sprechern eine intensive Wechselbeziehung* besteht: Jedes Mitglied der Sprachgemeinschaft bedient sich des großen Reservoirs der Sprache, wenn es sich schriftlich oder mündlich äußern will. Zugleich aber ist die Sprache als Repertoire von Zeichen und Regeln darauf angewiesen, dass es eine Sprachgemeinschaft gibt, also Menschen, die dieses Reservoir erschaffen, benutzen und weiterentwickeln. Die Sprecher bringen die Sprache hervor – und zugleich ist die Sprache die Bedingung dafür, dass die Mitglieder der Sprachgemeinschaft überhaupt etwas aussagen oder denken können.

Für die Schule und auch für den Religionsunterricht ergeben sich daraus wichtige Folgerungen: Weil das Reservoir der Sprache so überwältigend groß ist, kann der einzelne Sprecher es nie ausschöpfen; deshalb bleiben wir alle im Hinblick auf die Sprache immer Lernende. Indem wir Sprache für uns erwerben und erweitern, bearbeiten wir zugleich das Reservoir der Sprache. Als winziger Teil der Sprachgemeinschaft ist jeder dafür verantwortlich, dass die deutsche Sprache lebendig und anschaulich bleibt, dass sie ihre Fähigkeit behält, differenziert und reichhaltig auszudrücken, was in unserer Kultur zu klären ist. Deshalb soll Schule in allen Fächern die Sprachentwicklung fördern und die Sprache pflegen.

Der Religionsunterricht hat darüber hinaus noch eine spezielle Pflicht: Er soll die Schülerinnen und Schüler befähigen, die Sprache des (christlichen) Glaubens – wenigstens ansatzweise – zu verstehen und im eigenen Sprachgebrauch zu verwenden. Leider kann hier nicht dargestellt werden, was die Besonderheiten der religiösen Sprache sind. Es muss der Hinweis genügen, dass sich vier Ebenen der religiösen Sprache unterscheiden lassen:

- die Ebene der *Wörter*, z.B. Gott, Schöpfung, Erlösung, Auferstehung, Reich Gottes;
- die Ebene der *Stilmittel*, z.B. Metapher, Paradoxon, absoluter Komparativ;
- die Ebene der *Motive*, z.B. Flut, Wüste, Berg, wunderbare Rettung, Berufung;
- und die Ebene der *Gattungen*, z.B. Mythen, Wundererzählungen, Psalmen, Theophanien.

Entsprechend den Lehrplänen und unterstützt von den Lehrbüchern soll der Religionsunterricht die Schülerinnen schrittweise mit religiöser Sprache vertraut machen. Dabei kommt den Religionslehrerinnen eine Schlüsselrolle zu: An ihrem Sprachgebrauch können die Lernenden modellhaft erleben, wie die Sprachformen des Glaubens unsere Vorstellungswelt erweitern und bereichern. Freilich stoßen die Religionslehrerinnen dabei fast immer auf ein Problem, das sie nicht lösen können: Für die meisten Schülerinnen ist die religiöse Sprache eine Fremdsprache, die sie nur selten – nämlich nur im Religionsunterricht – verwenden. Sollte man deshalb sagen, eine religiöse Sprachbildung sei vergebliche Liebesmüh? Oder sollte man umgekehrt sagen: Gerade deshalb hat der Religionsunterricht hier eine Chance, die sonst niemand nutzt?

Das Kapitel »Im Haus der Sprache« wird in drei Unterkapitel geteilt:

Miteinander sprechen

Sehr geehrte Leserin, sehr geehrter Leser,
in diesem Kapitel geht es um Sprechen und Verständigung im Religionsunterricht. Da wäre es doch ein methodischer Widerspruch, wenn wir mit einem Lehrtext beginnen würden. Deshalb haben wir uns eine überschaubare Fachkonferenz ausgedacht. Natürlich sind die Personen in diesem Stück erfunden; aber sie haben Doppelgänger im wahren Leben.
Wir wünschen Ihnen viel Freude bei der Lektüre!

DOROTHEE: Hallo, Sabine! Hallo, Martin! Ihr wisst ja, dass wir an unserer Schule im nächsten Monat den Studientag »Kommunikation« durchführen. Deshalb sollten wir uns schon mal Gedanken machen, was das für uns im Religionsunterricht heißt.

MARTIN: Also ich finde: Da wird ein Modethema bedient, und der normale Unterricht fällt wieder hinten runter. Mein Beitrag zum Thema ist ganz simpel: Ich drücke mich klar und anschaulich aus. Meine Schüler wissen immer, um welches Thema es geht, und ich versuche altersgemäß zu formulieren. Das ist gute Kommunikation!

SABINE: Nun block doch nicht gleich ab! Ich vermisse bei deiner Position die Schülerinnen. Die sollen bei dir brav zuhören und sich merken, was du sagst. Für mich ist aber auch wichtig, dass möglichst viele Schülerinnen zu Wort kommen. Gemeinsam sollten wir die Probleme, um die es geht, erörtern und gute Lösungen suchen. Deshalb rede ich im Unterricht so wenig wie möglich. Ich wähle bewusst Methoden, bei denen die Schülerinnen miteinander ins Gespräch kommen.

MARTIN: Und dann reden wir fröhlich über alles und jedes. Und keiner darf fragen, was die Schüler dabei lernen.

DOROTHEE: Das ist aber heftig!

SABINE: Und außerdem ist es falsch. Du glaubst vielleicht: Wenn du einen guten Lehrervortrag hältst, lernen deine Schüler viel dabei. Psychologisch gesehen ist das naiv. Wenn du nur inhaltsorientiert arbeitest, weißt du doch nie, ob das, was du für gut und wichtig hältst, auch für deine Schüler gut und wichtig ist. Und vor allem behalten die Schüler das Gelernte viel besser, wenn sie es sich selbst erarbeiten.

DOROTHEE: Also ich finde eure Debatte jetzt ziemlich einseitig. Unterricht wird für mich nur dann gut, wenn die Schülerinnen genauso wichtig sind wie die Inhalte.

MARTIN: Klingt gut. Aber was heißt das praktisch?

DOROTHEE: Ich mache mir in der Vorbereitung klar, worum es in dieser Stunde geht, welche Ziele ich erreichen will und welche Texte oder Bilder mir dabei helfen. Dann überlege ich, wie die Schülerinnen abwechslungsreich arbeiten können: Was können sie selbst erarbeiten? Worüber könnten sie diskutieren? Wie können sie die Ergebnisse sichern? – So komme ich in jeder Stunde auf drei bis fünf Gesprächsformen und verliere die Inhalte trotzdem nicht aus dem Blick.

SABINE: Genau das ist es! Die Schülerinnen sollen sich selbst einbringen können. Ihre Erlebnisse und Erfahrungen sind die Grundlagen für einen ertragreichen Unterricht. Dadurch werden die Schülerinnen auch selbstbewusster und sie lernen immer besser, sich miteinander zu verständigen.

MARTIN: Gott erhalte uns den pädagogischen Optimismus! – Wisst ihr: Ich glaube nicht, dass Menschen sich durch Unterricht wesentlich ändern. Im Grunde bleiben sie immer dieselben!

DOROTHEE: Das ist mir zu einseitig. Denk an uns Religionslehrer! Du kannst deinen Unterricht als Lernprozess betrachten. Und wenn du bereit ist, auf Rückmeldungen zu hören und dazuzulernen, dann veränderst du dich auch.

MARTIN: Man soll ja nicht über Kollegen reden, aber ihr kennt alle den Ralf. Der unterrichtet in meiner Klasse Mathe. Der ist bestimmt kein übler Kerl. Aber meine Schüler haben ihm schon ein Dutzend Mal gesagt, dass er zu viel und zu laut redet. Und was macht er? – Er bleibt, wie er ist, schreit weiter und redet ohne Ende.

SABINE: Trotzdem bin ich überzeugt, dass jeder sein Gesprächsverhalten verbessern kann. Also, ich habe viel gelernt durch TZI. Ganz wichtig ist für mich, dass ich meine Schülerinnen nicht abkanzele. Auf Probleme und Störungen reagiere ich mit Ich-Botschaften. Und nicht mit Abwertungen und Beschuldigungen.

MARTIN: Tut mir leid, Sabine. Über diese Brücke gehe ich nicht. Neulich komme ich zufällig in der fünften Stunde in deine Klasse. Es war keine Lehrkraft da, und am Pult stand eine Schülerin; sie hat ihre Englischlehrerin imitiert. Ihr kennt die Kollegin ja. Das Mädchen fuchtelte also mit den Händen in der Luft herum und sagte schnell und ein bisschen hysterisch: *Nein, Kinder, nein! So geht das wirklich nicht! So kann ich doch nicht unterrichten! Ich habe mich ordentlich vorbereitet und jetzt will ich auch ordentlich unterrichten. Aber so geht das nicht, ich fühle mich gestört und langsam werde ich sauer!* – Eine Szene der blanken Hilflosigkeit. Lauter Ich-Botschaften, und völlig nutzlos!

DOROTHEE: Wie schrecklich für die Kollegin! – Dein Einwand leuchtet mir aber ein. Wenn eine Lehrkraft von den Schülerinnen nicht respektiert wird, helfen ihr auch die besten Kommunikationsregeln nicht viel.

MARTIN: So ist es. Wenn du als Lehrperson nicht authentisch bist und wenn du nichts von deinem Fach verstehst, kannst du einen Handstand auf dem Pult machen, die Schüler akzeptieren dich nicht. Mein Grundsatz ist simpel: Rede klar und anschaulich und nimm die Schüler ernst. Das ist gute Kommunikation!

SABINE: Aber es ist nicht genug! Ein gutes Gesprächsklima ist mir genauso wichtig. Mein oberster Grundsatz lautet: Bei mir wird niemand bloßgestellt! Die Schülerinnen sollen in meinem Unterricht selbstbewusst und frei werden.

MARTIN: Sabine, ich wünsche dir viel Erfolg dabei. Aber ich bin skeptisch; in zwei Religionsstunden kannst du die Schule nicht umkrempeln!

DOROTHEE: Jetzt wissen wir aber immer noch nicht, was wir am Studientag machen könnten.

SABINE: Vielleicht sollten wir mal ...

72
Fragen stellen

Antworten ist leicht; die richtigen Fragen zu stellen, das ist die Kunst.

EIGNUNG

Lehrerfragen

- steuern den Lernprozess,
- weisen den Schülerinnen eine Position im Lerngeschehen zu,
- fordern die Schülerinnen zum Mit- und Nachdenken auf,
- überprüfen das Wissen und das Verständnis der Schülerinnen.

HINWEISE

- Lernpsychologisch lassen sich vier Arten von Fragen unterscheiden: Wissensfragen, Denkfragen, gefühlsbezogene Fragen und Fragen, die sich auf den Lernprozess beziehen.

Gute Fragen können sich entwickeln,
wenn die Vorstellungswelt und das Frageinteresse der Schülerinnen im Unterricht zur Geltung kommen.

Gute Fragen können sich entwickeln
in einer Unterrichtsatmosphäre, die die Fragwürdigkeit eines Themas zum Vorschein bringt und dadurch zum Fragen motiviert.

Lehrerinnen, die gute Fragen stellen,

- formulieren *klar* und *eindeutig,*
- stellen nur *eine* Frage auf einmal,
- stellen *keine Scheinfragen,*
  keine Ratefragen,
  keine suggestiven Fragen,
- vermeiden *invertierte Fragen,*
- formulieren *angemessen* im Hinblick auf das Leistungsvermögen der Lerngruppe,
- unterlassen Fragebombardement und Frage-Antwort-Ping-Pong.

- Von den Antwortmöglichkeiten her unterscheidet man: enge und weite Fragen, offene und geschlossene Fragen:
  Eng: Wann wurde Luther geboren?
  Weit: Welche Folgen hatte die Reformation?
  Offen: Wie wirkt dieses Bild auf euch?
  Geschlossen: Was sieht man im Hintergrund?
- Kettenfragen nerven die Schülerinnen!
- Schülerinnen schämen sich gelegentlich, auf primitive Fragen zu antworten (Beispiel: Welche Farbe hat das Meer auf diesem Bild? – Besser ist hier die Frage: Warum ist das Meer auf diesem Bild gelb? – oder der Impuls: Der Maler hat das Meer gelb gemalt!).

73 Das Lehrgespräch (Das fragend-entwickelnde Verfahren)

10–20 Minuten

EIGNUNG

Das Lehrgespräch hilft den Schülerinnen, einen Sachverhalt oder ein Problem zu verstehen; es fördert ihre Argumentationsfähigkeit.

BESCHREIBUNG

Ausgehend von einem klar umrissenen Problem oder Thema lenkt die Lehrerin das Gespräch so, dass die Schülerinnen sich in das Thema hineindenken können und im Austausch miteinander Lösungen des Problems entwickeln können.

Die Schritte des Lehrgesprächs

1. *Das Thema des Gesprächs wird bestimmt.*
   Die Lehrerin macht eine deutliche thematische Vorgabe bzw. bestätigt die von den Schülerinnen stammenden Vorschläge:
   - Sie stellt eine Frage.
   - Sie formuliert ein Problem oder eine Aufgabe.
   - Sie fordert auf, einen Sachverhalt zu klären.

2. *Das Gespräch nimmt seinen Lauf:*
   - Vorkenntnisse der Schülerinnen werden eingebracht.
   - Problemformulierungen werden überarbeitet; Problemlösungen bedacht.
   - Alternativen werden diskutiert.
   - Sachinformationen werden von der Lehrerin bei Bedarf angeboten.
3. *Die Gesprächsergebnisse werden zusammengefasst, gesichert und vertieft:*
   - Bevorzugte Lösungen werden markiert.
   - Konsens wird festgestellt bzw. Dissens bestätigt.
   - Konsequenzen werden durchdacht.

Beispiel

- Warum wurden die Evangelien geschrieben?
- Brauchen wir in Deutschland eine Kirchensteuer?
- Welche Rolle spielt der Papst für die katholische Kirche?

Zur Beurteilung des Lehrgesprächs

- Das Lehrgespräch verlangt eine klare Lenkung, deren Stärke die Flexibilität ist.
- Das Lehrgespräch stellt die normale Kommunikation auf den Kopf: Derjenige, der etwas weiß, befragt diejenigen, die es nicht wissen! Dadurch liegt über dem fragend-entwickelnden Verfahren der Schleier der Künstlichkeit.
- Besonders unnatürlich wird ein Lehrgespräch, wenn die Lehrerin in mehreren Anläufen versucht, einen Sachverhalt zu klären, die Schülerinnen die Lösung aber partout nicht finden. – Ehe es zu dieser ermüdenden Situation kommt, ist es sinnvoll, die Methode zu wechseln: Ein kurzer Lehrervortrag hilft dann weiter!
- Problematisch wird das Lehrgespräch auch dann, wenn es in ein kurzschrittiges Frage-und-Antwort-Spiel ausartet. Durch weite und offene Fragen kann das vermieden werden.
- Manche Lehrerinnen wollen »demokratisch« unterrichten und möchten alle Schülerbeiträge positiv aufnehmen und wirken lassen. Diese Einstellung ist ehrenwert, kann aber zum Scheitern des Lehrgesprächs führen: Ein gutes Lehrgespräch ist zielorientiert, und die Lehrerin führt deutlich Regie. Für die Lernenden soll Klarheit bestehen über die Absicht des Gesprächs, und (Zwischen-)Ergebnisse sollen festgehalten werden.

74 Lehrervortrag

alle Altersstufen, 5–15 Minuten

Es genügt nicht, dass man zur Sache spricht.
Zu den Menschen muss man sprechen.
Stanislaw Jerzy Lec

EIGNUNG

Informiert in kurzer Form über Ereignisse oder Zusammenhänge; fördert die Konzentration und erweitert das kognitive Wissen der Schülerinnen.

BESCHREIBUNG

Ereignisse oder komplizierte Zusammenhänge, die den Schülerinnen nicht bekannt sind, werden von der Lehrerin – nach entsprechender Vorbereitung – klar und anschaulich dargestellt.
Ein guter Lehrervortrag

- ist übersichtlich gegliedert und umreißt gleich zu Beginn sein Thema,
- findet eine Balance zwischen Kürze und Redundanz. Er verweilt und fasst zusammen, schreitet dann aber auch rasch wieder weiter,
- richtet sich an die Zuhörer, ist anschaulich und gelegentlich narrativ,
- findet dabei ein Gleichgewicht zwischen nüchterner Darbietung und theatralischer Erregung.

HINWEISE

- Der Lehrervortrag unterscheidet sich deutlich von Zusammenfassungen oder Erläuterungen, die eine Lehrerin spontan im erarbeitenden Unterricht einfließen lässt. Der Lehrervortrag ist eine geplante und vorbereitete Form konzentrierter Information.
- Der Lehrervortrag ist in Misskredit geraten, weil er als typische Ausprägung eines autoritären und lehrerzentrierten Unterrichts angesehen wurde. Dabei wird übersehen, dass der Lehrervortrag eine Reihe von Vorzügen hat:
  Ein Lehrervortrag kann lebendiger sein als eine Information auf dem Papier. Er ist eine Beziehung zwischen Personen; die Lehrerin achtet deshalb darauf, dass sie adressatengerecht spricht. Ein (guter) Lehrervortrag stiftet Konzentration. Er schafft eine gemeinsame Grundlage für den nächsten Arbeitsschritt.

Der Lehrervortrag gibt ein Sprachniveau vor, von dem die Schülerinnen lernen können.

- Gute Lehrervorträge fallen nicht vom Himmel. Sie wollen erarbeitet und am besten auch geübt werden (Probevortrag zu Hause). Je nach Temperament empfiehlt sich das freie Sprechen, das Sprechen nach einer Stichwort-Gliederung oder gar – zur Not – ein Vortrag, der von einem bereitliegenden Manuskript als »Netz« abgesichert ist.
- Ohne gründliches Sachwissen steht der Lehrervortrag auf tönernen Füßen.
- Praktischer Hinweis: Zuerst Ruhe herstellen, damit konzentriertes Zuhören möglich wird, unbekannte Begriffe, vorher erläutern (eventuell an der Tafel anschreiben) oder einige wenige im Vortrag erklären.

75
Schülerfragen einbeziehen

EIGNUNG

Die Schülerfrage ist in der Regel eine echte Frage. Sie weist die Lehrerin auf Interessen und Wahrnehmungsformen der Schülerinnen hin und kann motivierend auf die Lerngruppe wirken.

BESCHREIBUNG

Schülerfragen können spontan aus dem Unterricht erwachsen.
Der Unterricht kann aber auch bewusst so arrangiert werden, dass er Fragen der Schülerinnen herausfordert.

HINWEISE

- Es erfordert hohes methodisches Geschick, unvorhergesehene Schülerfragen angemessen zu berücksichtigen. Die natürliche Reaktion der Lehrenden ist oft das Gefühl der Störung: *Mit dieser Frage gerät meine Unterrichtsplanung ins Schleudern!* – Wichtig ist daher die Haltung aufmerksamer Gelassenheit. Dann können Schülerfragen den Lernprozess bereichern, ohne dass der Unterricht seine Zielklarheit einbüßt.
- Wenn Schülerfragen ausdrücklich im Lernprozess eingeplant werden, ist es auch erforderlich, den Fragen nachzugehen, sie zu strukturieren und von da aus den weiteren Gang des Unterrichts zu gestalten.

76
Das gelenkte Schülergespräch

5–30 Minuten

EIGNUNG

Hilft den Schülerinnen, einander wahrzunehmen und ihre Erfahrungen zu klären.

BESCHREIBUNG

Über ein Problem, das für die Schülerinnen von Bedeutung ist, sprechen die Schülerinnen miteinander. Die Lehrerin hilft vor allem, das Gespräch zu strukturieren. Sie führt behutsam, aber hilfreich Regie: Sie greift ein, wenn das Gespräch abzugleiten oder zu versanden droht; sie gibt zusätzliche Informationen; sie ermutigt und unterstützt Schülerinnen, die sich mit sprachlichen Äußerungen schwertun.

Dabei vermeidet die Lehrerin Eingriffe, die zensieren oder gar abqualifizieren. Auf keinen Fall redet sie den Schülerinnen ihre Überzeugungen aus; sie fördert vielmehr ihre Urteilsfähigkeit und stärkt die Suche nach einem eigenen Standpunkt.

Wer unterrichtet, hat die Aufgabe und die Chance, die Kunst der Gesprächsführung immer besser zu erlernen. Elemente des Gelingens sind:

- *die Nähe zu den Schülerinnen,*
- *die innere Freiheit der Lehrenden,*
- *eine Balance zwischen Zielklarheit und Gelassenheit,*
- *der Wechsel von Verweilen und Beschleunigung.*

HINWEIS

Wie ein Schülergespräch aufgebaut sein könnte, s. folgende Seite.

Wie könnte ein Schülergespräch aufgebaut sein?

Das Schülergespräch lebt von der Meinungs- und Redefreiheit. Dennoch soll es strukturiert, ja sogar vorbereitet sein. Es ist keineswegs ein beliebiges Geplauder. Der Gliederungsvorschlag kann dazu Anregungen geben:

1. *Das Thema wird benannt und umrissen.*
   Z.B. ein Konflikt in der Klasse, Auseinandersetzungen in der Familie oder unter Freunden; Probleme in Gesellschaft, Politik und Kirche, die die Schülerinnen bewegen.

2. *Die eigenen Erfahrungen der Schülerinnen werden bewusst gemacht und der Klasse mitgeteilt.*
   Z.B. durch (Erfahrungs-)Berichte mehrerer Schülerinnen, durch kurze Statements, durch Rollenspiele, durch Medien (Briefe, Tagebuchnotizen, Zeichnungen ...).

3. *Die so konkretisierten Erfahrungen werden diskutiert und bearbeitet.*
   Z.B. Vergleich unterschiedlicher oder gegensätzlicher Erfahrungen der Schülerinnen; Diskussion wissenschaftlicher Thesen zum Problem oder statistischer Analysen (die die Lehrerin vorbereitet hat und in der passenden Gesprächssituation einspielt); Erörterung von Gegenpositionen in der öffentlichen Debatte; Karikaturen etc.

4. *Die im Klassenverband erarbeiteten Einsichten werden auf ihre Konsequenzen hin untersucht.*
   Z.B. Was bedeuten unsere Überlegungen für unser Verhalten? Wie lassen sich die Verhältnisse beeinflussen und verändern?

Literatur: Meyer, 291

77 Impulse geben

BESCHREIBUNG

Die Impuls-Steuerung ist eine Methode der Gesprächsführung, bei der die Lehrerin auf Fragen (bewusst) verzichtet und stattdessen durch knappe Denkanstöße den Gesprächsfluss lenkt.
Impulse können vielfältig sein:

- *Mimik und Gestik*
  Achselzucken, Finger heben, ermunterndes Nicken, Kopf hin- und herwiegen, belebende oder dämpfende Handbewegungen ...
- *Äußerungen des Zweifels*
  Ob das wirklich stimmt? – Vielleicht nicht ...
- *Äußerungen zum Gesprächsverlauf*
  Wir haben noch keine Antwort auf unsere Frage gefunden! – Sehen das alle so? – Das sollten wir genauer klären! – Ich glaube, wir kommen vom Thema ab! – Das scheint euch sehr zu ärgern ...
- *Aufforderungen*
  Darüber müssen wir jetzt genauer nachdenken! – Die Frage von eben sollten wir jetzt noch einmal aufgreifen. – Vergesst aber nicht die Rolle des Vaters (zum Gleichnis vom verlorenen Sohn).
- *Denkanstöße*
  »Reizwort« an die Tafel schreiben; stumm einen Aphorismus anschreiben, eine fremde Position oder Meinung ins Gespräch einbringen ...
- *Medien*
  Karikaturen, Kurztexte, Gegenstände, Bilder ...

HINWEIS

Manche Fachleute glauben, die Steuerung des Unterrichts durch Impulse sei fruchtbarer als die Lenkung durch Fragen. Eine Lehrerin, die Impulse gibt, würde den Schülerinnen einen größeren Raum für ihre eigenen Überlegungen und Anregungen eröffnen.

78 Erzählen

6–18 Jahre (also durchaus auch: Berufsbildende Schule und gymnasiale Oberstufe), 5–20 Minuten

EIGNUNG

Wer erzählt, stiftet Identifikationsangebote: Er lässt die Hörerinnen fremde Schicksale miterleben und lädt sie dadurch ein, ihre eigenen Erfahrungen und Sehnsüchte zu überprüfen.

HINWEISE

Vier Grundformen des Erzählens können wir unterscheiden:

- Das *freie Erzählen*
  Zu einem Stichwort, zu einem Problem, zu einem Bild wird eine Erzählung erfunden.
- Die *Erlebniserzählung*
  Eigene oder fremde Erlebnisse werden anderen erzählt.
- Das *Erzählen nach literarischer Vorlage*
  In Anlehnung an einen gegebenen Text wird eine Erzählung gestaltet. Dabei kann es sich um eine texttreue Nacherzählung handeln, aber auch um eine freie Nachgestaltung (Wechsel der Perspektive oder der Erzählhaltung, Verfremdung, Aktualisierung). Dafür bietet sich ein breites Spektrum von Texten an: biblische Erzählungen, Legenden und Weisheitsgeschichten, andere literarische Texte, Erzähltraditionen der Weltreligionen.
- Die *Sacherzählung*
  Hier wird ein Sachverhalt erzählend dargestellt. Etwa: Episoden aus dem Leben des heiligen Franziskus; Wie Juden das Pascha-Fest feiern; Ereignisse aus der Kirchengeschichte; Geschichtserzählungen zur Bibel oder Darstellungen der Entstehungssituation biblischer Texte.

Ein Weg zum anschaulichen Erzählen

- Wer gut erzählen will, muss in die Geschichte verliebt sein, die er erzählt. Der erste Vorbereitungsschritt besteht also darin, sich in die Geschichte einzuleben, sich ihre Atmosphäre und ihren Charakter vertraut zu machen. (Daraus erwächst wie von selbst die Frage: Was hat diese Geschichte mit mir zu tun? Mit welcher literarischen Gestalt kann ich mich am ehesten identifizieren? Was weckt Widerstände in mir?)
- Darin liegt schon ein Schlüssel für den zweiten Vorbereitungsschritt: die Form der Präsentation entwickeln.
- Wer Geschichten erzählt, inszeniert sich und die Geschichte gleichzeitig. Und hier gilt es, das angemessene Mischungsverhältnis zu finden. (Hilfreich sind daher Probeerzählungen: vor einem Kassettenrekorder, vor der Videokamera, vor hilfsbereitem Publikum ...)
- Die Erzählung selbst sollte
  - anschaulich und konkret sein,
  - das Erlebnisvermögen der Hörer einbeziehen (kindgemäß – aber nicht kindertümlich),
  - einen Spannungsbogen haben und auf eine Pointe zulaufen.
- Schon wenn der Erzähler seinen Vortrag einübt, sollte er sich vor Augen halten, für wen er erzählt. (Nützlich kann es sein, sich einzelne Schülerinnen und Schüler vorzustellen: Für Saskia und für Daniel im sechsten Schuljahr erzähle ich jetzt.)
- Für den Anfänger ist es hilfreich, mit kurzen Erzählungen zu beginnen. Oft lohnt es sich, die eigene Version der Erzählung schriftlich auszuarbeiten und sie dann zu memorieren. Zumindest der Anfang und das Ende – die Pointe! – sollten ausformuliert und gut im Gedächtnis verankert sein.
- Für den Vortrag sind notwendig:
  - eine Atmosphäre der Konzentration,
  - lebendige, manchmal auch dramatische Stimmführung,
  - Wechsel von Pausen, von Innehalten und Beschleunigung,
  - Blickkontakt mit den Zuhörern.
- Trotz dieser Sorgfalt sollte der, der erzählt, offen bleiben für spontane Reaktionen und Improvisationen. Im Ernstfall verraten die Gesichter der Zuhörerinnen nämlich, in welchem Stil die Erzählung am besten weitergeführt werden soll.

Was geschieht beim Erzählen?

Wenn jemand Geschichten aus seiner Jugend erzählt, dann berichtet er keineswegs, was damals wirklich geschehen ist. Es scheint nur so. Der Erzähler modelliert seine Erlebnisse, sodass eine Vergangenheit für ihn entsteht, der er zustimmen kann. Dabei entwickelt er auch eine Rolle für sich selbst. Je nach Charakter entstehen auf diese Art Heldengeschichten, heitere Episoden, tragische Erzählungen. – Indem wir Anekdoten aus unserem Leben erzählen, indem wir Selbstgespräche führen, erarbeiten wir uns eine Vergangenheit, aus der schließlich unsere Geschichte, unsere Biografie wird. So entwirft jeder für sich seine eigene Welt, in der er sich beheimatet weiß. Wer wir sind, entdecken wir dadurch, dass wir anderen und uns selbst unsere Geschichte erzählen.

Wenn nun fremde Geschichten in unser Bewusstsein treten, entsteht ein Dialog zwischen unserer eigenen Erzählwelt und den zunächst fremden Erzählungen: Filme, Märchen und Romane, Gedichte und Bilder sind Elemente einer zweiten – kulturell vermittelten – Erzählwelt, die mit unseren Erzählungen konkurriert. Wer etwa einen Film sieht, der ihn stark bewegt, der tritt in eine symbolische Kommunikation mit den Gestalten dieses Films. Und probeweise schlüpft er dabei in eine fremde Identität. Im Film erlebt er nämlich, wie es wäre, wenn er ein anderes Leben hätte. Die erzählte Bildwelt des Films lockert dabei vielleicht seine eigene Identität ein wenig, und er sieht seine Welt mit anderen Augen. Dadurch werden Reifungsprozesse möglich: An den Bildwelten und Personen des Films kann spielerisch geklärt werden, wie sich das eigene Leben noch entwickeln und erweitern könnte.

Damit wird die Bedeutung von Erzählungen deutlich: Unser Bild von uns, unsere Identität entwickeln sich weiter, wenn es zu einem Dialog kommt zwischen unserer eigenen Erzählwelt und den Erzählwelten unserer Kultur.

Zu diesen Erzählwelten gehört auch der christliche Glaube: Er stellt uns eine »zweite Welt« von Bildern und Erzählungen vor Augen. In den Bildern von der Schöpfung, in der Geschichte von der Sintflut und der Arche, in der Erzählung von David und Goliat können Kinder nacherleben, wie Ordnung das Chaos bannt, wie Bedrohung und Rettung erlebt werden. In den Bildern von Christus und in den Legenden von Heiligen wird für sie erlebbar, was Erlösung, Heilung und Glück bedeuten. Wenn nun diese Bild- und Erzählwelten des Glaubens den Horizont bilden, in dem immer wieder nach Lebensformen und Leitbildern gesucht wird, dann entsteht eine offene Wechselbeziehung zwischen den prägenden Erlebnissen und Erfahrungen der Kinder und den Überlieferungen des Glaubens. Dann wird der Glaube zu einem Impuls, das eigene Leben neu zu sehen, und die eigene Lebenswelt wird zum Schlüssel, die Glaubensüberlieferung besser zu verstehen. Jeder Reifungsschritt wirkt dann zurück auf das Verständnis der Bilder und Erzählungen des Glaubens, und jede tiefere Auslegung des Glaubens stößt den Prozess der Subjektwerdung wieder an.

79
Aktives Zuhören

EIGNUNG
Hilft in emotional belasteten Gesprächen; fördert ein Klima der Anteilnahme und Verständigung.

BESCHREIBUNG
»Aktives Zuhören« ist eine Kommunikationsform, die der Psychologe CARL ROGERS (1902 – 1987) im Rahmen seiner Gesprächstherapie entwickelt hat. Es ist ein anteilnehmendes Zuhören; dabei sollen die emotionalen Anteile in der Mitteilung eines anderen deutlich und ohne Zensur wahrgenommen werden.

HINWEISE
- Ein erstes Element des Gelingens ist die Körpersprache: Zuwendung zum Sprecher, Blickkontakt und Ruhe signalisieren, dass man bereit ist, vorurteilsfrei eine fremde Meinung zu hören.
- Rückmeldungen zeigen dem anderen, dass man intensiv versucht, ihn zu verstehen. Dazu gehören: paraphrasierende Wiederholung des Gesagten; Vergewisserung, dass man richtig verstanden hat; Verbalisieren des emotionalen Eindrucks.
- Aktives Zuhören scheitert, wenn die innere Bereitschaft zu einem einfühlsamen und partnerschaftlichen Gespräch fehlt.
- Aktives Zuhören misslingt, wenn es zur methodischen Masche wird und wenn es zur dauernden Psychologisierung des Unterrichts führt.

Was für erfolgreiches aktives Zuhören erforderlich ist

Damit aktives Zuhören erfolgreich ist, müssen Lehrer über bestimmte Verhaltensregeln verfügen. Ohne sie werden sie unaufrichtig, gönnerhaft oder manipulativ wirken, und selbst ihr genaues aktives Zuhören wird den Schülern mechanisch, unnatürlich und hölzern erscheinen.

1. Der Lehrer muss dem Schüler zutrauen, seine Probleme letzten Endes selbst lösen zu können. Finden Schüler nicht schnell eine Lösung, sind sie weitschweifig und klingen wenig überzeugend, [...] dann brauchen die Lehrer den Glauben an den *Prozess* und müssen daran denken, dass aktives Zuhören dazu da ist, um das Finden von Lösungen zu erleichtern – ein Prozess, der Tage, Wochen, ja Monate dauern kann.
2. Der Lehrer muss in der Lage sein, die von Schülern ausgedrückten Probleme *ehrlich anzunehmen*, wie sehr sie sich auch von den Gefühlen unterscheiden mögen, die Schüler nach Ansicht des Lehrers haben »sollten«.
3. Der Lehrer muss verstehen, dass Gefühle oft schnell wechseln. Sie existieren nur *für den Augenblick*. Aktives Zuhören hilft dem Schüler, seine momentanen Gefühle zu zeigen, die sich ändern können. »Auch das wird vorübergehen« trifft auf die meisten menschlichen Gefühle zu.
4. Der Lehrer muss den Schülern bei ihren Problemen helfen *wollen* und sich *Zeit* dafür nehmen. [...]
5. Lehrer müssen jedem Schüler, der Sorgen hat, »nahe« sein und doch eine Distanz bewahren. Das heißt, Lehrer müssen die Gefühle erleben, *als ob* es ihre eigenen wären, aber nicht zulassen, dass sie ihre eigenen *werden* (und sie beunruhigen).
6. Lehrer müssen verstehen, dass Schüler selten dazu fähig sind, andere sofort am wirklichen Problem teilhaben zu lassen. Aktives Zuhören hilft den Schülern ihre Situation zu klären [...] und sich von zweitrangigen Problemen zu entfernen. [...]
7. Lehrer müssen das, was Schüler ihnen über sie selbst und ihr Leben anvertrauen, vertraulich behandeln. Zu häufig klatschen Lehrer über Schüler und besprechen die Probleme der jungen Menschen offen mit anderen Lehrern. Nichts wird die Beziehung schneller zerstören.

   Aktives Zuhören ist kein Trick, den der Lehrer in seinem Repertoire hat, um Schüler aufzurichten, wenn sie ein Problem haben. Es ist eine spezifische Methode, um eine bessere Lehrer-Schüler-Beziehung herzustellen.

Aus: Thomas Gordon, Lehrer-Schüler-Konferenz, Reinbek 1981, S. 73–74

80
Religiöse Begriffe klären

10–18 Jahre, 10–15 Minuten

EIGNUNG

Trägt dazu bei, dass die Verständigung über Inhalte des Glaubens gelingt; verhindert, dass religiöse Begriffe als leere Worthülsen beliebig verwendet werden.

BESCHREIBUNG

Bei passenden Gelegenheiten wird jeweils geklärt, was die religiösen Begriffe, die gerade gebraucht werden, bedeuten. Unter Berücksichtigung der Pluralität der (Schüler-)Meinungen werden diese Begriffserklärungen festgehalten und in späteren Unterrichtsphasen wieder herangezogen.

HINWEISE

- Wie jedes schulische Fach braucht der Religionsunterricht Fachbegriffe. Ohne sie sind sachgerechte Arbeit und Verständigung über fachspezifische Inhalte nicht möglich. (Dazu gehören Realien: Bibel, Apostel, Reformation, Konzil, Altar etc. – und ebenso zentrale Inhalte des Glaubens: Erlösung, Auferstehung, Gott etc.)
- Eine unvermeidliche Schwierigkeit liegt darin, dass wichtige religiöse Vorstellungen Metaphern sind und deshalb nicht in einer begrifflich klaren Definition aufgehen.
- Da in christlichen Gemeinschaften beträchtliche Pluralität herrscht, bietet es sich häufig an, einen religiösen Begriff durch mehrere Erklärungen zu umschreiben. (Etwa: Manche Christen verstehen unter Auferstehung ... – Andere Christen verstehen darunter ...) Dazu sollten die Schülerinnen auch hermeneutische Begriffe zur Unterscheidung kennenlernen. (Etwa: supranaturales und existenziales Verständnis der Auferstehung etc.)
- Für die Verständigung im Unterricht können Schülerlexika oder Glossare in Schulbüchern hilfreich sein. Ältere Schülerinnen können auch im Internet recherchieren.

81
Brainstorming (Geistesblitze)

10–18 Jahre, 5–15 Minuten

EIGNUNG

Die kreative Methode hilft, das Vorverständnis eines Problems zu klären oder Ideen für ein Vorhaben zu sammeln.

BESCHREIBUNG

Zu einem Stichwort oder zu einer Frage äußern Schülerinnen spontan alles, was ihnen dazu einfällt.

Was sie sagen, wird nicht zensiert, auch nicht kommentiert. Ihre Einfälle werden in Stichworten festgehalten. Danach wird das Ensemble der Ideen betrachtet und ausgewertet. Durch Rückfragen wird eventuell geklärt, was nicht ohne Weiteres verständlich ist. Die einzelnen Elemente werden geordnet und gewichtet. Der Situation entsprechend wird vereinbart, was mit den Ergebnissen geschieht (nächste Schritte in der Unterrichtsplanung, Projekt ...).

VARIANTEN

- Das Brainstorming kann im Klassenverband durchgeführt werden. Zwei Schülerinnen notieren die zugerufenen Stichworte an der Tafel.
- Analog: In Gruppenarbeit werden Stichworte auf Wandzeitungen geschrieben und dann aufgehängt.
- In Einzelarbeit werden Ideen auf Karten geschrieben und dann für alle sichtbar angeheftet. (Nur sinnvoll bei kleinen Gruppen, da sonst zu viele Doppelungen entstehen.)

82
Das Streitgespräch

14–118 Jahre, 20–140 Minuten

EIGNUNG

Hilft, einen umstrittenen Sachverhalt zu klären und den ethischen Anspruch einer Entscheidung bewusst zu machen.

BESCHREIBUNG

Nach festen Regeln und mit klaren Rollen setzen sich Schülerinnen argumentativ mit einem Problem auseinander.
Die Rollen:

- Die *Gesprächsleiterin* eröffnet und schließt die Diskussion; erteilt das Wort und achtet darauf, dass die Spielregeln einer fairen Diskussion eingehalten werden.
- Die *Befürworter* erläutern, begründen und verteidigen ihre Position.
- Die *Gegner* versuchen eine Gegenposition zu untermauern und die Argumente der Befürworter zu entkräften.
- Die *Beobachter* äußern sich nach Abschluss der Diskussion; sie bewerten die Überzeugungskraft der Argumente, den Verlauf und das Ergebnis der Diskussion.

HINWEISE

- Eine Diskussion ist nur sinnvoll, wenn das Thema für die Schülerinnen diskussionswürdig ist.
- Ohne Sachkenntnis kann nicht diskutiert werden. (Falls nicht vorausgesetzt werden kann, dass die Schülerinnen schon genug wissen, ist eine vorgeschaltete Erarbeitungsphase sinnvoll. Dafür können in Gruppenarbeit Hintergrundinformationen und Argumente für bzw. gegen die These gesammelt werden. Z.B. Deutschland sollte mehr Asylsuchende aufnehmen! – Zur Vorbereitung werten die Schülerinnen arbeitsteilig Pressestimmen zum Thema aus.)
- Es soll allen Beteiligten klar sein, dass sie eine Rolle spielen. Was in der Debatte vertreten wird, muss nicht die eigene Überzeugung sein.
- Deshalb ist es notwendig, dass die Diskussion deutlich inszeniert wird: Sitzordnung und Rollenverteilung sollen schon optisch einen Unterschied zum Klassenunterricht markieren.
- Auch für Diskussionen brauchen Schülerinnen Übung und Erfahrung. Des-

halb kann es hilfreich sein, wenn die Lehrerin am Anfang die Diskussionsleitung übernimmt und so Modell-Lernen ermöglicht.

- Wenn die Diskussion zu früh erlahmt, können die Lehrerin oder Mitschülerinnen weitere Argumente »einflüstern«: Sie treten hinter eine Diskussionsteilnehmerin und flüstern ihr noch ein weiteres Stichwort zu.
- Häufig wird die Auswertung des Streitgesprächs stiefmütterlich behandelt. Dadurch wird auch das Publikum in seiner Rolle vernachlässigt. Deshalb: Zeit lassen für ein Unterrichtsgespräch nach der Diskussion.

83 Pro-und-Kontra-Debatte

12–18 Jahre, 20–40 Minuten

EIGNUNG

Der Streitwert eines Problems wird bewusst gemacht, die Urteilsfähigkeit der Lernenden wird gestärkt.

BESCHREIBUNG

Zu einem Thema, das starke Emotionen auslöst, wird eine Debatte nach festen Regeln durchgeführt.

Beispiel

Darf man erlauben, dass alte und kranke Menschen Sterbehilfe erhalten?

Zunächst äußern sich Schülerinnen, die diese Frage positiv beantworten, dann jene Schülerinnen, die die Sterbehilfe ablehnen. Sie begründen jeweils ihre Urteile, und die Klasse stimmt anschließend über die Streitfrage ab (Ja – Nein – Enthaltung).

VARIANTEN

- Im Klassenunterricht werden Pro- und Kontra-Argumente auf Wandzeitungen zusammengestellt und danach wird diskutiert.
- Die Pro-und-Kontra-Debatte wird regelrecht inszeniert: Pro- und Kontra-Partei haben sich vorbereitet und halten ihre Plädoyers vor der Klasse. Die Klasse hat jeweils Rückfragerecht und stimmt dann ab.

- Als Hausaufgabe arbeitet je eine Pro- und Kontra-Anwältin ein Plädoyer aus und trägt es zu Beginn der Debatte vor.

HINWEISE

- In jedem Fall ist es gut, dass die Phasen »Plädoyer«, Diskussion und Abstimmung klar getrennt sind.
- Man kann auch eine Abstimmung vor und eine nach den Plädoyers durchführen und so den Stimmungswandel in der Lerngruppe festhalten.

84 Interview

EIGNUNG

Vermittelt Einsichten in die Lebenswirklichkeit anderer; bezieht Erfahrungen in den Unterricht ein.

BESCHREIBUNG

Ein oder zwei Schülerinnen befragen – nach entsprechender Vorbereitung – eine Expertin.

VARIANTEN

- Die Expertin kann eine Mitschülerin sein, die durch ihre Freizeitbeschäftigung oder durch ein besonderes Erlebnis etwas Interessantes mitteilen kann (z.B. Was macht ihr in eurer Jugendgruppe? Was habt ihr bei eurem Besuch in Taizé erlebt? Was habt ihr beim Kirchentag erlebt?).
- Interviews können auch außerhalb des Unterrichts aufgenommen (Kassettenrekorder) und in der Klasse abgespielt werden. Die Reporter berichten dann auch über die Umstände, unter denen das Interview zustande kam.
- Auch die Lehrerin kann die Rolle einer Expertin übernehmen.

85
Interview mit einem Unbekannten

16–18 Jahre

EIGNUNG
Identifikation mit Leben und Werk eines anderen; sich hineindenken in eine fremde Zeit und einen fremden Lebensentwurf.

BESCHREIBUNG
Eine Schülerin hat sich intensiv mit dem Leben und dem Werk einer historischen Person beschäftigt (z.B. Teresa von Avila, Franz von Assisi, Don Bosco, Anne Frank). Im Unterricht repräsentiert sie nun diese Gestalt und die Mitschülerinnen versuchen in einem Interview, diese fremde Person näher kennenzulernen.

HINWEISE
- Diese anspruchsvolle Methode ist am ehesten für die gymnasiale Oberstufe geeignet. Die Schülerinnen brauchen Vorbereitungszeit, oft auch Hinweise auf geeignete Literatur oder auf Informationen im Internet.
- Die Aufgabe wird leichter, wenn zwei Schülerinnen sich gemeinsam mit einer Person befasst haben, sodass sie sich auch im Interview abwechseln und wechselseitig unterstützen können.

86
Schülerrückmeldungen

10–18 Jahre, ca. 5 Minuten

EIGNUNG
Fördert die gemeinsame Verantwortung der Lehrerinnen und Schülerinnen für den Unterricht; ergänzt die Selbstwahrnehmung der Lehrkraft durch die Sicht der Schülerinnen und hilft ihr, den eigenen Unterrichtsstil weiterzuentwickeln.

BESCHREIBUNG

Am Ende einer Unterrichtsstunde oder einer Unterrichtseinheit beurteilen Schülerinnen den Verlauf, die Atmosphäre und den Ertrag des Unterrichts. Dafür gibt es eine Reihe von erprobten Verfahren. Das einfachste: Die Schülerinnen erhalten ein Blatt mit zwei Spalten: *Was ich positiv fand – Was ich negativ fand.* Differenzierter sind verschiedene Fragebögen (s. Beispiel unten).

HINWEISE

- Schülerrückmeldungen sind keine Einladungen zum Lehrermobbing und keine Lehrerbewertungen. Sie sind eine strukturierte Form der Realitätskontrolle, die zur Verständigung über den Unterricht beitragen soll.
- Schülerrückmeldungen sollen ausgewertet und das Ergebnis mit den Schülerinnen besprochen werden.
- Es wäre unangemessen, wenn Schülerrückmeldungen zu einem Selbstzweck würden und weite Teile der Unterrichtszeit beanspruchen würden.

Meine Meinung über diese Stunde

1. Das Thema dieser Stunde war aus meiner Sicht:
   ❑ wichtig ❑ (neutral) ❑ unwichtig
2. Die Stunde war aus meiner Sicht:
   ❑ interessant ❑ (neutral) ❑ langweilig
   ❑ zu schwer ❑ angemessen ❑ zu leicht
3. Es fiel mir leicht, in dieser Stunde aufmerksam zu sein.
   ❑ stimmt ❑ überwiegend ❑ stimmt nicht
4. Mir war klar, was ich in dieser Stunde lernen sollte.
   ❑ stimmt ❑ überwiegend ❑ stimmt nicht
5. Das Klima der Stunde war:
   ❑ gut ❑ (neutral) ❑ schlecht
6. Wir Schüler und Schülerinnen konnten am Unterricht angemessen mitwirken.
   ❑ stimmt ❑ überwiegend ❑ stimmt nicht
7. Ich konnte, wenn ich es wollte, meine Ideen und Meinungen einbringen.
   ❑ stimmt ❑ überwiegend ❑ stimmt nicht
8. Im Ganzen fand ich die Stunde:
   ❑ gut ❑ mittelmäßig ❑ schlecht
9. Was ich sonst noch sagen wollte: (Bitte kurz fassen!)

87
Fragemeditation

14–18 Jahre, 10–15 Minuten

EIGNUNG

Ermöglicht eine intensivere Wahrnehmung der eigenen Prägung.

BESCHREIBUNG

Langsam, sodass genügend Zeit zum Nachdenken bleibt, trägt die Lehrerin eine Reihe von Fragen vor, die für Erfahrungen oder (Glaubens-)Vorstellungen der Jugendlichen bedeutsam sind. Schweigend gehen die Schülerinnen den Impulsen nach. Wer will, kann sich während der Fragemeditation Notizen machen.

HINWEISE

- Das Entscheidende ereignet sich bei einer Fragemeditation in der Schweigephase, nicht in der anschließenden Besprechung.
- Als Lehrerin unterschätzt man leicht die Zeit, die Schülerinnen zum Nachdenken brauchen. Deshalb sind Blickkontakt und angemessene Pausen zwischen den Fragen wichtig.
- Es steht jeder Schülerin frei, ob sie sich nach der Fragemeditation äußern will oder nicht.
- Wie lang und intensiv der Meinungsaustausch nach der Fragemeditation ist, hängt vom Gesprächsinteresse der Schülerinnen ab.

Anmerkung: Die Anregung zu dieser Methode stammt von Max Frisch. In seinem zweiten Tagebuch präsentiert er mehrfach existenziell bedeutsame Fragebögen (Max Frisch, Tagebuch 1966–1971, Frankfurt a.M., 1972, S. 9; 58; 145; 179; 216; 258; 319; 382; 403 und 424).

Einladung zum Nachdenken

1. Versuchen Sie sich zu erinnern:
   - Wie haben Sie sich Gott vorgestellt, als Sie noch klein waren?
   - Wer hat Ihnen damals von Gott erzählt? – Wie hat das auf Sie gewirkt?
   - Gibt es ein Bild oder eine Erzählung, die Ihre Vorstellung von Gott stark beeinflusst haben?
   - Welche Atmosphäre atmet die Gottesvorstellung Ihrer Kindheit (hell – dunkel; drohend – befreiend; fremd – vertraut; abstoßend – liebenswert ...)?

2. Wie beurteilen Sie aus heutiger Sicht Ihre religiöse Erziehung?

3. Hat sich Ihre Gottesvorstellung seit Ihrer Kindheit in wesentlichen Punkten verändert?
   Falls ja: Welche Einsichten oder Erlebnisse haben diese Veränderungen ausgelöst?
   In welche Richtung hat sich Ihre Gottesvorstellung verschoben?

4. Ist Gott in Ihrer Vorstellung eher ein Mann oder eine Frau?

5. Welche der folgenden Umschreibungen kommt dem Bild am nächsten, das Sie sich heute von Gott machen: Beschützer, Tyrann, Sonne, Hoffnung, Aufseher, Grund des Lebens, Richter, Liebe, Helfer, Garant der Ordnung, Feuer, Tröster, Freund, Gewissen, Licht ...
   Falls keine dieser Bezeichnungen von Gott Ihrer Vorstellung entspricht, welche Begriffe fallen Ihnen ein, wenn Sie an das Wort »Gott« denken?

6. Wie wichtig ist der Glaube an Gott heute für Sie?

7. Falls Sie an Gott glauben: Wie wirkt sich dieser Glaube in Ihrem Leben aus?

8. Falls Sie nicht an Gott glauben, stört es Sie, dass es Leute gibt, die es tun? Warum?

9. Welche Einsicht war für Sie wichtig oder überraschend?

10. Worüber würden Sie jetzt gern mit anderen sprechen?

88
»Dazu möchte ich sagen ...«

6–18 Jahre, 10–20 Minuten

EIGNUNG
Fördert die Urteilsfähigkeit; stärkt das Selbstbewusstsein und die Toleranz in der Gruppe.

BESCHREIBUNG
Ein strittiges Thema oder ein Konflikt werden dargestellt (Lehrervortrag, Zeitungsartikel, Leserbrief, Film ...). Die Schülerinnen werden aufgefordert, einzeln dazu Stellung zu nehmen und ihre Meinung zu äußern. Erst danach wird im Rundgespräch das Problem vertieft und die Diskussion abgerundet.

HINWEISE
- Die Schülerinnen sollten im Kreis sitzen und sich anschauen können.
- Hilfreich ist ein »Hoheitszeichen«, etwa eine Stahlkugel oder ein Wollknäuel. Wer das Zeichen hat, besitzt das Rederecht und darf ungestört ausreden. Wer fertig ist, gibt das Zeichen weiter; falls die nächste nichts sagen möchte, gibt sie schweigend das Zeichen einer anderen.
- Diese Methode eignet sich auch am Ende einer Unterrichtsreihe für ein Bilanzgespräch.

Verwendete Literatur

Cohn, Ruth C., Es geht ums Anteilnehmen, Freiburg [2]1993
Dies./Therfurth, Christina, Lebendiges Lehren und Lernen. TZI macht Schule, Stuttgart 1993
Gordon, Thomas, Lehrer-Schüler-Konferenz, Hamburg 1977 (mehrere Auflagen)
Hartkemeyer, Johannes F. und Martina, Die Kunst des Dialogs. Kreative Kommunikation entdecken. Erfahrungen, Anregungen, Übungen, Stuttgart 2005
Müller, Alois, Kommunikation üben, in: Rendle, Ludwig, Ganzheitliche Methoden im Religionsunterricht – Neuausgabe, München 2007, 116–134
Schulz von Thun, Friedemann, Miteinander reden. 3 Bde. Reinbek 1981–1998 (versch. Auflagen)
Weisbach, Christian-Rainer, Professionelle Gesprächsführung, München 2001

Schreiben: arbeiten und spielen mit Wörtern

Welche Vorzüge hat das Schreiben gegenüber dem mündlichen Ausdruck?

- Wer etwas aufschreibt, erweitert und entlastet damit sein Gedächtnis.
- Wer etwas schriftlich darstellt, nötigt sich zu gedanklicher Klarheit.
- Wer etwas für andere schreibt, lernt, sich verständlich und adressatengerecht auszudrücken.
- Wer etwas für sich selbst schreibt (etwa ein Tagebuch), kann dadurch seine Erlebnisse und Erfahrungen festhalten und vertiefen.
- Wer Geschichten erfindet oder Gedichte schreibt, weckt seine sprachliche Fantasie und erweitert seine Vorstellungswelt.

Wie verändern Computer, Internet und Handy unser Schreibverhalten?

Unübersehbar haben sich Stellenwert und Formen des Schreibens durch die neuen Medien verändert. Der handgeschriebene Brief wird zur Rarität – E-Mails dagegen haben Hochkonjunktur. Telefonate und SMS-Botschaften ermöglichen intensive Kommunikation, und das Schreiben am Computer ist Standard geworden. Die Vorteile sind beträchtlich; und wahrscheinlich wird heute mehr geschrieben als früher. Aber es gibt zumindest zwei Verlierer: die schöne Handschrift und das Handwerk sorgfältigen Schreibens: Wortschatz, Satzbau und Rechtschreibung leiden unter der raschen Kommunikation.

Welche Rolle spielt das Schreiben im Religionsunterricht?

Schreiben erfüllt im Religionsunterricht mehrere Zwecke:

- Unmittelbar dient es dem Fortgang der jeweiligen Lerneinheit. Schülerinnen machen sich Notizen, füllen Arbeitsblätter aus, arbeiten schriftlich Thesen aus etc.
- Anspruchsvoller sind längere schriftliche Arbeiten. Sie können das Gelernte zusammenfassen oder neu ordnen; sie können auch persönliche Stellungnah-

men sein. Sie verlangen größere Sorgfalt und Klarheit und sind wichtige Elemente des Lernprozesses.

- Daneben steht der poetische Sprachgebrauch, das kreative Schreiben. Hier werden Erfahrungen vertieft und erweitert, hier wird das Wünschen geübt. Schülerinnen denken sich Geschichten aus, schreiben lyrische Texte etc.

Der Formenreichtum des Schreibens erweitert sich noch, wenn die soziale Dimension im Religionsunterricht einbezogen wird: Schüler können *für sich* schreiben, sie können *an andere* schreiben oder *mit anderen* schreiben.

Weil Schreiben so wichtig ist, verdient es auch im Religionsunterricht geübt und gefördert zu werden. Wenn die verwertbaren Reste des Religionsunterrichts aber nur fliegende Blätter sind, Kopien von Kopien vielleicht, wird es Schülerinnen schwerfallen, darin den Wert ihrer schriftlichen Arbeiten zu erkennen. Deshalb sollten ein Heft oder wenigstens ein Schnellhefter selbstverständliche Arbeitsmittel im Religionsunterricht sein; und ihre Pflege sollte den Lehrerinnen wichtig sein. – Man kann sogar noch mehr tun: Ein »Klassenheft«, in das Arbeitsblätter abgeheftet bzw. eingeklebt und gute (Haus-)Aufgaben eingetragen werden, wird gepflegt und wandert (als Maßstab für Qualität) von Schülerin zu Schülerin.

Wie sollten die Religionslehrerinnen mit Fehlern in schriftlichen Arbeiten umgehen?

Sprachliche Fehler (Rechtschreibung, Wortgebrauch, Satzbau etc.) sind auch im Religionsunterricht Fehler. Die Fachnote wird davon nicht abhängig gemacht, aber die Religionslehrerin korrigiert diese Fehler und trägt dadurch zur Spracherziehung bei. Denn der Religionsunterricht beteiligt sich an der allgemeinen Bildungsaufgabe, die Schreibfähigkeit der Schülerinnen zu wecken und zu stärken. Deshalb ist es auch gut, wenn Deutsch- und Religionslehrerinnen sich über die Schreiberziehung austauschen. Was sollten die Schülerinnen der jeweiligen Lerngruppe können? Welche Schreibleistungen sind vor allem zu fördern?

89
Erzählen und Berichten

8–18 Jahre, 5–20 Minuten

EIGNUNG
Hilft Schülerinnen, ihre Erlebnisse und Erfahrungen zu klären; bringt Erfahrungen in den Religionsunterricht ein.

BESCHREIBUNG
Die Schülerinnen stellen schriftlich dar, was sie beobachten und erleben.

HINWEISE
Was Schülerinnen mit Sorgfalt und Anstrengung geschrieben haben, verdient immer Wertschätzung und Anerkennung. Oft ist es hilfreich, wenn die Lehrerin ihre Erwartungen relativiert und stattdessen zuerst fragt, was den Schreiberinnen wichtig ist.
Die Fähigkeit zu schreiben entwickelt sich nicht linear und gleichförmig, sondern in Stufen:

- Das Grundschulkind ringt damit, das, was seinen Vorstellungen entspricht, angemessen auszudrücken. Im Allgemeinen ist es davon überzeugt, dass es in seiner Darstellung zutreffend wiedergibt, was tatsächlich der Fall ist (Ereignis, Sachverhalt, Problem).
- Zwischen dem 9. und dem 13. Lebensjahr entwickelt sich nach und nach die Fähigkeit, das Dargestellte perspektivisch zu sehen und damit zu relativieren.

Beispiele
Wie Streit entsteht; Wie ich mich einmal verlaufen habe (als Zugang zum Gleichnis vom verlorenen Schaf); Was ich von einem guten Freund / einer guten Freundin erwarte; Was mich an unseren Schulgottesdiensten stört – was mir an ihnen gefällt …

90
Schreiben nach Mustern

8–18 Jahre, 10–20 Minuten

EIGNUNG

Fördert kreative Fähigkeiten und Konzentration; weckt Freude an der Sprache; bietet die Möglichkeit, persönliche Eindrücke und Erfahrungen auszudrücken.

BESCHREIBUNG

Zu einem vereinbarten Thema schreiben die Schülerinnen Texte in einer vorgegebenen sprachlichen Form.

HINWEISE

Eine feste, vorgegebene Sprachform weckt überraschenderweise schöpferische Energien. Die Lust zu schreiben kann erlebt werden, und auch das Glück des Gelingens. Aus Kindern und Jugendlichen werden dann Dichter.

Beispiele

1. Elfchen: Seit den 1990er-Jahren erfreut sich diese Sprachform großer Beliebtheit: Elf Wörter werden nach einem festen Pyramidenschema angeordnet:

Wort
Wort Wort
Wort Wort Wort
Wort Wort Wort Wort
Wort

2. Rondel: Der Charme dieser Gedichtform erwächst aus der Wiederholung: Das Gedicht hat 13 oder 14 Zeilen. Die ersten beiden Zeilen kehren in der Mitte als siebter (und achter) und am Schluss als letzter und vorletzter Vers wieder.
In einer Variante als Kurzform hat das Gedicht nur acht Zeilen.

3. Haiku: Aus der japanischen Literatur ist dieses Kurzgedicht zu uns gelangt. Es ist geradezu ein lyrisches Stenogramm. Ein Haiku besteht nur aus drei Zeilen und maximal 17 Silben. Oft verdichten Haikus eine Stimmung zu einem eindrucksvollen Bild.

BEISPIELE ZUR GESCHICHTE »DAVID GEGEN GOLIAT«

Die biblische Szene ist makaber: Nach seinem Triumph über Goliat schlägt David dem Riesen den Kopf ab und bringt die Trophäe zu König Saul.
Diese Szene wird – von unterschiedlichen Altersstufen – gestaltet als Elfchen, als Rondel und als Haiku:

Elfchen

David
der Sieger
mit Goliats Haupt
geht allein zum König
Saul

Rondel

Allein
Mit dem Haupt des Riesen
Geht der kleine Sieger
Allein
Zu König Saul
Und seinen Soldaten
Mit dem Haupt des Riesen
Allein

Haiku

Allein gehst du
mit dem Haupt des Toten
in deiner blutigen Hand

Was ändert sich jeweils im Vergleich mit der biblischen Erzählung?
Wie verschiebt sich der Blick?

91 Zuordnungsaufgaben

10–18 Jahre, 5–15 Minuten

EIGNUNG

Kenntnisse werden (neu) strukturiert und gefestigt.

BESCHREIBUNG

In einen vorgegebenen Ordnungsrahmen tragen Schülerinnen Elemente so ein, dass Zusammenhänge, Beziehungen oder Abläufe deutlich werden.

Das Leben des Franz von Assisi

1182 ______

1202 ______

1205 ______

1207 ______

1211 ______

1218 ______

1220 ______

1226 ______

(1228) ______

Ordne diesen Zahlen Ereignisse im Leben des Franz von Assisi zu!
Hilfsmittel: Lexikon, unser Religionsbuch, Internet

VARIANTEN

- Die Elemente (Begriffe) werden angegeben und die Aufgabe der Schülerinnen besteht lediglich darin, die richtige Zuordnung zu treffen (z.B. biblische Bücher dem Kanon des Alten bzw. Neuen Testaments zuordnen; einer Reihe biblischer Gestalten das Pendant zuordnen: Kain/..., David/..., Jakob/... etc.).
- Die Zuordnung wird durch eine Grafik unterstützt.
- Das Schaubild enthält schon einige Eintragungen, die von den Schülerinnen vervollständigt werden.
- Die Schülerinnen benutzen Hilfsmittel (Lexika, Internet etc.) und erarbeiten sich so das Wissen, das sie für die Zuordnungsaufgabe brauchen.

HINWEIS

Derartige Aufgaben lassen sich gut am Computer lösen.

92 Wörterpuzzle

8–12 Jahre, 10–20 Minuten

EIGNUNG

Spielerische Erarbeitung eines Lerninhalts; Wiederholung.

BESCHREIBUNG

Ein Lehrtext wird in Wörter oder Wortgruppen zerschnitten, die Teile werden gemischt, aufgeklebt und als Kopien ausgehändigt. Die Schülerinnen rekonstruieren danach den Text.

HINWEISE

- Gemessen am Ertrag beansprucht das Wörterpuzzle viel Zeit. Wird die Methode selten angewandt, macht sie den Schülerinnen aber Spaß. Sie eignet sich auch als Hausaufgabe.
- Mit Textverarbeitungsprogrammen lassen sich »Schütteltexte« (d.h. Texte, in denen die Wörter durcheinandergeraten sind) leichter herstellen.

93 Wörtersalat

10–16 Jahre, 10–20 Minuten

EIGNUNG

Hilft kognitives Wissen zu ordnen; kann begrenzt auch dazu beitragen, Erfahrungen zu strukturieren.

BESCHREIBUNG

Scheinbar bunt gewürfelt stehen zehn bis dreißig Wörter auf einem Blatt. Die Schülerinnen erhalten den Auftrag, diese nach bestimmten Gesichtspunkten zu ordnen.

HINWEIS

Die Methode kann außerordentlich differenziert und verfeinert werden.

Beispiele

- Nach entsprechenden Unterrichtsreihen erhalten die Schülerinnen der Klassenstufe 6 eine Liste mit 30 Wörtern. Sie sollen jeweils zehn Wörter heraussuchen, die zu Mose und zu David passen (zehn Wörter sind Füllwörter).
- 20 Wörter, die etwas mit Geld zu tun haben, stehen auf einem Blatt, die Schülerinnen der 10. Klasse sollen einen Problemzusammenhang damit herstellen.
- Etwa 30 Wörter bezeichnen Personen und Ereignisse der Kirchengeschichte; zugleich sind Jahreszahlen angegeben. Die Schülerinnen sollen die drei Elemente in eine zeitliche und sachliche Ordnung bringen.
- Hier können die Schülerinnen wieder mit dem Computer arbeiten (z.B. wordle.net / erstellt sog. Textclouds).

94 Lückentexte

8–18 Jahre, 5–20 Minuten

EIGNUNG

Appellieren an Scharfsinn und Fantasie; dienen bei Sachtexten der selbstständigen Erarbeitung eines Inhalts oder der Wiederholung; bei literarischen Texten führen sie zu vertieftem Textverständnis.

BESCHREIBUNG

Ein Text wird »verlückt«, d.h. entscheidende Wörter oder Satzteile fehlen. Die Schülerinnen füllen die fehlenden Stellen.

- Wenn die Schülerinnen sich einen Sachverhalt selbst erarbeiten sollen, kann man die fehlenden Wörter unter dem Text angeben.
- Dient der Text aber der Wiederholung, dann sollen die Schülerinnen selbstständig die fehlenden Wörter finden.
- Eine dritte Form besteht darin, für eine Lücke mehrere Wörter anzugeben, zwischen denen die Schülerinnen wählen können.

Bei literarischen Texten gewinnt die Methode einen anderen Charakter: Sie soll den Schülerinnen helfen, die Eigenart eines dichterischen Textes deutlich zu sehen. – »Richtig« ist also nicht jene Lösung, die mit dem Original übereinstimmt, vielmehr sollen die unterschiedlichen Lösungen der Schülerinnen akzeptiert und gewürdigt werden. Im Vergleich mit dem Original wird dann geprüft, welche Wirkung die jeweilige Lösung hat.

VARIANTE

Anfangsbuchstaben der Lösungswörter bilden ein neues Wort oder die Lösungswörter einen sinnvollen Satz (bei Sachtexten).

HINWEISE

- Vor allem Acht- bis Zwölfjährige arbeiten gern mit Lückentexten. Sie bewähren sich als spielerische Methode, Sachtexte zu bearbeiten, wenn sie nicht zu oft eingesetzt werden.
- Literarische Lückentexte sind gerade für ältere Schülerinnen attraktiv.
- Im Internet werden zahlreiche Lückentexte angeboten, die für den Religionsunterricht interessant sind.

95
Zitate in einen neuen Text integrieren

14–18 Jahre, 10–20 Minuten

EIGNUNG

Dient der Zusammenfassung und Vertiefung; kann auch zur Problemlösung eingesetzt werden.

BESCHREIBUNG

Am Ende einer Unterrichtsreihe erhalten die Schülerinnen ein Blatt, das vier bis sechs (kurze) Zitate enthält, die sich auf den Unterrichtsgegenstand beziehen oder die im Unterricht eine Rolle gespielt haben. Sie schreiben nun eine zusammenfassende Abhandlung, in der diese Zitate verwendet werden.

96
Inhaltsverzeichnis entwickeln

14–18 Jahre, 10–30 Minuten

EIGNUNG

Dient der Wiederholung; hilft, das erworbene Wissen zu strukturieren.

BESCHREIBUNG

Am Ende einer Unterrichtsreihe oder eines Kurses erhalten die Schülerinnen ein Arbeitsblatt, auf dem die wichtigsten Aspekte des Unterrichts in Stichworten – aber noch nicht geordnet – festgehalten sind. Ihre Aufgabe besteht darin, aus den Stichworten ein »Inhaltsverzeichnis« der Unterrichtsreihe zu erstellen.

VARIANTEN

- Es wird die grafische Skizze einer Lösung mitgegeben; die Schülerinnen füllen die Grafik, indem sie Kapitelüberschriften entwerfen und die Stichworte an den passenden Stellen eintragen.

- Die Ergebnisse werden zunächst in Kleingruppen verglichen und dann dem Plenum vorgestellt.

Literatur: Klippert, 187f.

97 Diktieren

8–18 Jahre, 3–5 Minuten

EIGNUNG

Dient der Sicherung des Lernprozesses und der Festigung wichtiger Inhalte; unterstützt das Gedächtnis.

BESCHREIBUNG

Kurze Texte bzw. wichtige Ergebnisse des Unterrichts (»Merksätze«) werden vorgesprochen und nachgeschrieben.

HINWEISE

- In der Kürze liegt der Wert.
- Kurzdiktate können unmittelbar aus dem Unterricht erwachsen. Sie können auch vorbereitete Merktexte sein.
- Die Methode hat ihren Wert, wenn sie den Lernprozess durchsichtig macht und Lernfortschritte markiert. Sie wird jedoch fatal, wenn sie zu oft eingesetzt wird.
- Es ist hilfreich, zunächst einen ganzen Satz vorzulesen und ihn dann in kleinen Abschnitten zu wiederholen.
- Wörter, mit denen Schülerinnen vermutlich Probleme haben, schreibt man an die Tafel.
- Schülerinnen, die nicht mitkommen, heben den Arm, das vermindert Rückfragen und Unruhe.
- Manche Schülerinnen, die Wert auf ein »schönes Heft« legen, tragen die »Merksätze« lieber zu Hause ein. Auf diese Möglichkeit kann man hinweisen.

98
Eine Wissenskarte erstellen (Mind-Mapping)

12–18 Jahre, 10–30 Minuten

EIGNUNG

Eine Wissenskarte (Mind-Map) hilft, Vorkenntnisse zu ordnen, Zusammenhänge und Probleme zu erkennen, Wissen zu festigen.

BESCHREIBUNG

Auf ein leeres Blatt (Querformat) wir der zentrale Begriff in die Mitte geschrieben und eingerahmt. Von diesem Begriff aus entwickeln die Schülerinnen Äste und Zweige, sodass eine Landkarte ihres Wissens entsteht. In einem weiteren Arbeitsschritt können Symbole und kleine Zeichnungen zugeordnet werden, die affektive Zusammenhänge hervorheben.

ERLÄUTERUNG

Es ist hilfreich, das Verfahren (vor allem beim ersten Mal) in mehreren Schritten zu gehen:

- Sammelt Ideen: Begriffe, die zum Thema gehören!
- Versucht, diese Begriffe in ein Schema mit Ästen und Zweigen einzutragen.
- Wenn es unübersichtlich wird, ein neues Blatt beginnen!
- Ein oder zwei Wissenskarten werden im Unterricht vorgestellt.
- Die Schülerinnen können daraufhin ihre Wissenskarte überarbeiten bzw. ergänzen.

HINWEISE

- Naturgemäß sind viele Spielarten möglich: Schülerinnen können Farbstifte benutzen; man kann mit Textmarkern arbeiten, es können unterschiedliche Bildstrukturen genutzt werden …
- Mit diesem Verfahren lässt sich am Ende einer Unterrichtsreihe das angesammelte Wissen bzw. das erworbene Problemverständnis klären und festigen.

99 Schreibzwang

10–18 Jahre, max. 5 Minuten

EIGNUNG

Einfälle sammeln und affektive Zusammenhänge aufdecken.

BESCHREIBUNG

Zu einem Stichwort, das Emotionen auslöst (Noten, Streit, Angst ...), schreiben Schülerinnen ohne Pausen ihre Assoziationen auf: »Ich nenne euch jetzt ein Wort. Und ihr schreibt sofort alles auf, was euch dazu einfällt. Nicht überlegen, nur schreiben! Der Stift steht nicht still, bis ich ›STOP!‹ sage.«

HINWEISE

- Da die Methode schreibgewandte Schülerinnen voraussetzt, ist sie vorwiegend geeignet für den gymnasialen Unterricht.
- Während der Schreibphase darf die Lehrerin sich – mit Maßen – als Einpeitscherin gebärden (»Nicht nachdenken – schreiben! Weiterschreiben!« ...).

100 Spiegeltexte schreiben

13–18 Jahre

EIGNUNG

Öffnet geläufige Texte; gibt Anstöße zum Nachdenken und zur Diskussion.

BESCHREIBUNG

Markante Texte aus der religiös-kirchlichen Tradition (Gebete; Bibel; Kirchenlied; mystische Texte) werden bereitgestellt. Die Schülerinnen wählen daraus einen Text bzw. einen Textabschnitt, den sie »umkehren«. Die Ergebnisse werden präsentiert und wertend besprochen. Je nach Gewicht und Qualität werden sie publiziert.

Beispiele

- Aus dem Gleichnis vom verlorenen Sohn
  »Dein Bruder war verloren und ist wiedergefunden; er war tot, jetzt lebt er wieder.«
  Spiegeltext: Du warst verloren und bist nicht gefunden worden; du bist tot und wirst es bleiben.
- Aus Psalm 22
  »Der Herr ist mein Hirt; nichts wird mir fehlen.«
  Spiegeltext: Ich bin der Hirte des Herrn; bei mir soll ihm nichts fehlen.

HINWEISE

- Da diese Methode zwar reizvoll, aber nicht geläufig ist, sollte ein Beispiel vorgeführt und im Klassengespräch kurz erläutert werden.
- Partnerarbeit ist empfehlenswert; sie vermindert Schreibblockaden.

101
Clustern (*cluster* = Knoten)

12–18 Jahre, 10–20 Minuten

EIGNUNG

Das Cluster hilft, assoziativ Zusammenhänge zu entdecken und Erfahrungen zu sichten.

BESCHREIBUNG

Das Cluster ist die kreative Variante der Wissenskarte. Zu einem zentralen Begriff werden Assoziationen notiert und zu Assoziationsstraßen verknüpft. Der Begriff muss für die Schülerinnen einen Reizwert haben, damit sie ihn von ihren Erfahrungen her füllen können. Das Cluster kann am Anfang einer Unterrichtsreihe stehen und den weiteren Lernprozess steuern.

HINWEISE

- Es versteht sich, dass die Schülerinnen unbeeinflusst arbeiten sollen. Sie entscheiden auch selbst, was sie der Klasse mitteilen. Die Ergebnisse werden weder eingesammelt noch zensiert.

- In der Besprechung kann auch der kreative Prozess geklärt werden: Was ist euch beim Schreiben aufgefallen? Was überrascht euch am Ergebnis? Was fiel euch sofort ein? Was war schwer einzuordnen? etc.
- Die Methode hilft auch in der religiösen Sprachbildung: Ein Cluster kann zeigen, welches Vorverständnis Schülerinnen von zentralen religiösen Begriffen (Gott, Jesus, Erlösung etc.) haben.

102
Leselupe – Texte verbessern

8–12 Jahre, 10–15 Minuten

EIGNUNG

Fördert die Schreibfähigkeit; erzieht zur Sorgfalt. Die Schülerinnen werden angeleitet, möglichst selbstständig Stärken und Schwächen ihrer Texte zu erfassen und ihre Arbeiten zu verbessern.

BESCHREIBUNG

Die Lehrerin verteilt mehrere Schülerarbeiten an Gruppen von zwei bis drei Schülerinnen. Sie lesen den Text aufmerksam und machen auf einem Begleitblatt Notizen zu folgenden Stichworten:

- Das hat uns gefallen:
- Was uns noch fehlt:
- Hier stört uns etwas:
- Unser Vorschlag für dich:

Die Verfasserin erhält ihre Arbeit zurück, dazu das Begleitblatt und überarbeitet danach ihren Text.

HINWEIS

Die Methode ist im Deutschunterricht gebräuchlich; ein kollegialer Meinungsaustausch ist daher empfehlenswert. Lohnen dürfte sich diese Methode nur bei Texten, die im Religionsunterricht auch bedeutsam sind.

103
Gelenktes Schreiben

8–18 Jahre, 20–30 Minuten

EIGNUNG
Schülerinnen verknüpfen einen Inhalt des Religionsunterrichts mit eigenen Erfahrungen und Vorstellungen.

BESCHREIBUNG
Durch ein kreatives Verfahren (Brainstorming ➤ Methode 81; Clustern ➤ Methode 101) werden Assoziationen zu einem Inhalt gesammelt. Die Schülerinnen erhalten den Auftrag, mit diesen Assoziationen einen Text zu entwerfen. Dabei wählen sie die Gattung frei: ein Brief, ein Dialog, ein Gedicht, ein Verhör etc.

HINWEISE
- Die Methode eignet sich gut als Hausaufgabe.
- Da kreative Fähigkeiten und sprachliche Ausdrucksfähigkeit nicht selbstverständlich entwickelt sind, fällt die Bewertung dieser Arbeiten oft schwer. Grundsätzlich verdient die Ausdrucksgestalt, die die Schülerinnen finden, Respekt und Anerkennung.

104
Briefe schreiben

12–16 Jahre, 15–30 Minuten

EIGNUNG
Sich hineinversetzen in exemplarische Problemsituationen; Lösung für Lebensprobleme entwerfen.

BESCHREIBUNG
Auf die Darstellung einer Problemsituation antworten Schülerinnen, indem sie dem Betroffenen einen fiktiven Brief schreiben.

HINWEISE

- In Blogs, aber auch im Leserbrief- und Beratungsteil von Jugendzeitschriften werden oft Konflikte dargestellt, die typisch sind für die Probleme Heranwachsender: Selbstzweifel; Streit mit den Eltern; Enttäuschungen in Beziehungen; Ängste und Minderwertigkeitsgefühle. Darin liegt eine Identifikationsmöglichkeit, die es Jugendlichen auch leicht macht, Fantasie zu entwickeln. Sie können – bezogen auf einen anderen – Wege entdecken, wie sich Konflikte und Probleme besser bewältigen lassen.
- Wenn die Briefe geschrieben sind, kann in Kleingruppen weitergearbeitet werden: Die Briefe werden ausgetauscht und diskutiert. Vielleicht bietet es sich an, dass die Kleingruppe als Ergebnis der Diskussion einen gemeinsamen Brief entwirft.

105
Meditatives Schreiben

ab 10 Jahre, 15–45 Minuten

EIGNUNG

Fördert die persönliche Aneignung eines Textes; kann Grundlage für die Planung des Unterrichts sein.

BESCHREIBUNG

Die Schülerinnen schreiben in Ruhe – evtl. begleitet von meditativer Musik – kurze Texte, die sie auch durch Zeichnungen ergänzen können.

Beispiel

Ein längerer Text (z.B. Bergpredigt, aus der Passionsgeschichte oder den Mosegeschichten, moderne Erzählung, Gedicht) wird in Abschnitten vorgelesen. Dabei werden Pausen eingelegt, in denen die Schülerinnen. ihre Reaktionen auf den Text festhalten, evtl. ergänzt durch Zeichnungen. Die Notizen der Schülerinnen werden zugänglich gemacht (Wandzeitung, Galerie …) und können Impulse für die weitere Gestaltung des Unterrichts geben.

Literatur: Kliemann, 27f.

106
Thesen entwerfen

14–18 Jahre, 15–30 Minuten

EIGNUNG

Fördert die Urteilsfähigkeit; schafft Klarheit angesichts komplexer Zusammenhänge, sichert Arbeitsergebnisse.

BESCHREIBUNG

Auf der Grundlage ihrer Sachkenntnis bzw. nach entsprechenden Klärungen im Unterricht erhalten die Schülerinnen den Auftrag, in einigen Thesen zu einer ethisch oder existenziell bedeutsamen Frage Stellung zu nehmen.

Beispiele

- Welche Maßnahmen sollte man ergreifen, um die Gewalt (an unserer Schule) zurückzudrängen? – Fasse deine Vorschläge in drei bis sechs Thesen zusammen.
- Warum nimmt die Zahl der Ehescheidungen in Deutschland zu? – Stellen Sie Ihre Meinung dazu in (ungefähr) fünf Thesen dar.
- Immer häufiger haben Oberstufenschülerinnen einen Job. Nehmen Sie dazu Stellung und fassen Sie Ihre Position in einigen Thesen zusammen.

HINWEISE

- Diese Aufgabe eignet sich in höheren Klassen als Einzel- bzw. Hausaufgabe.
- Es entwickeln sich aber ganz andere Lernprozesse, wenn – eingebettet in den Unterricht – in Gruppenarbeit solche Thesen erarbeitet werden.
- Bei entsprechender Motivation kann man beide Möglichkeiten verknüpfen: Aus Thesen, die in Einzelarbeit erstellt wurden, erarbeiten die Schülerinnen eine gemeinsame Thesenreihe.
- Dieses Verfahren kann noch einmal differenziert werden:
  a) Folgenden Thesen stimmen alle zu: ...
  b) Folgende Thesen werden von der Mehrheit in unserer Gruppe vertreten: ...
  c) Folgende Thesen vertritt eine Minderheit in unserer Gruppe: ...
- Thesen können auch in einem Weblog eingestellt und kollektiv bearbeitet werden (➤ Methode 109).

Literatur: Kliemann, 74ff.

107
Argumente kommentieren

12–18 Jahre, 10–20 Minuten

EIGNUNG
Fördert die Urteils- und Argumentationsfähigkeit; ermöglicht Distanz gegenüber gängigen Meinungen und Vorurteilen.

BESCHREIBUNG
Die Schülerinnen erhalten ein zweigeteiltes Blatt: In der linken Spalte sind Argumente zu einem bestimmten Problem aufgeschrieben. In die rechte Spalte soll jeder seine Meinung zu diesem Argument äußern und begründen. Die Ergebnisse werden im Klassengespräch erörtert.

VARIATION
Die Schülerinnen sammeln zuerst selbst Argumente, die Jugendliche zu einem bestimmten Problem oder Konflikt immer wieder vorbringen.

108
Partei ergreifen

12–18 Jahre, 20–60 Minuten

EIGNUNG
Schärft die ethische Urteilsfähigkeit; macht sensibel für Konflikte.

BESCHREIBUNG
Die Schülerinnen erhalten eine Fallbeschreibung, die ethische Fragen aufwirft und nicht leicht zu beurteilen ist.

Sie können entweder
- eine Anklageschrift *oder*
- eine Verteidigungsschrift verfassen.

Beispiel
Ein 18-jähriger Berufsschüler und eine 14-jährige Realschülerin sind befreundet. Er bittet sie um Fotos. Sie gibt ihm einige, darunter auch – auf seinen Wunsch – ein Nacktfoto. Nach einiger Zeit stellt er diese Bilder ins Netz. Das Mädchen wird zum Gespött an ihrer Schule. Kurze Zeit danach zerbricht auch die Freundschaft mit dem jungen Mann. Das Mädchen zeigt ihn an, weil er ihre Persönlichkeitsrechte mit den Fotos im Internet verletzt habe. Er behauptet, sie habe gewollt, dass Bilder von ihr ins Internet kommen, und sie habe ihm ausdrücklich die Auswahl überlassen. Die Strafanzeige sei nur ein Racheakt, weil er die Beziehung beendet habe.

- Wie beurteilt ihr das Verhalten des jungen Mannes?
- Wie beurteilt ihr das Verhalten des Mädchens?
- Schreibt eine Anklageschrift oder eine Verteidigungsschrift für den jungen Mann.

109 Unterrichtsbegleitend Blogs schreiben

ab 12 Jahren, einige Wochen

EIGNUNG
Ermöglicht es, eine Unterrichtsreihe zu begleiten und zu kommentieren; führt zum Meinungsaustausch in der Lerngruppe; gestattet es, Texte gemeinsam zu bearbeiten; lädt ein zur kreativen Arbeit.

BESCHREIBUNG
Es wird ein Weblog eingerichtet, in den die Schülerinnen Arbeitsergebnisse und Kommentare zu einer Unterrichtseinheit eintragen können. In ihren Blogs können die Teilnehmer die Eintragungen anderer kommentieren oder auch Texte anderer bearbeiten. Mit entsprechender Software (z.B. EtherPad) ist es auch möglich, dass Texte gemeinsam bearbeitet werden. Inhalte des Weblogs können sein:
- Bausteine der Unterrichtsreihe, die zur Auseinandersetzung einladen
- Zwischenergebnisse der Arbeit
- Kommentare zum Lernprozess
- Diskussionen zwischen den Schülerinnen

HINWEISE

Ehe die Arbeit im Weblog beginnt, sollten einige Fragen geklärt sein:

- Wer soll Zugang haben? (Passwort)
- Wer übernimmt die Aufgaben des Administrators? Welche Aufgaben und Rechte hat er? (Oft sind Schülerinnen in der Lage, diese Aufgabe zu übernehmen.)
- Werden die echten Namen benutzt oder Nicknames? D.h. wie offen oder wie anonym soll der Weblog angelegt sein? Falls die echten Namen verwendet werden: Werden die Blogs auch zensiert?
- Sollen die Eltern informiert werden? Wenn ja: Wie?
- Wie (schul-)öffentlich soll der Weblog angelegt werden? (Falls auch Personen Zugang erhalten sollen, die nicht zur Lerngruppe gehören: Wie werden sie informiert?)
- Wie attraktiv der Weblog wird, hängt vom Thema ab, aber auch von der Internetbegeisterung der Lerngruppe und von der Qualität der Einträge, die in der Anfangsphase eingebracht werden.

Über die Erfahrungen mit dem Weblog sollte am Ende der Unterrichtseinheit gesprochen werden. Dabei kann auch geklärt werden, was unverständlich war oder an Kontroversen deutlich wurde. (Nachträgliche Zensur ist aber zu vermeiden.) Diese Nachbesprechung ist besonders wichtig, wenn sich nicht alle Mitglieder der Lerngruppe am Chat beteiligt haben.
Wenn die Arbeit mit Blogs noch Neuland ist, sollte man sich zunächst beraten lassen (von Kollegen oder im Internet).

110 Publizieren

8 – 18 Jahre

EIGNUNG

Motiviert Lernende; kann der Festigung des Gelernten dienen; stärkt das Ansehen des Religionsunterrichts.

BESCHREIBUNG

Der Religionsunterricht bringt oft Erträge hervor, die nicht nur für die Lerngruppe interessant sind. Solche Erträge (Texte, Collagen, Bilder, Bildsequenzen) können in vielfältigen Formen veröffentlicht werden.

Beispiele

- Fotostrecke über den Besuch in einer Glockengießerei ins Internet stellen.
- Ein Interview mit einem interessanten Gast wird in der Lokalzeitung veröffentlicht.
- Bausteine einer Unterrichtsreihe über den Propheten Amos werden ins Internet eingestellt (evtl. über den Internetauftritt der Schule).
- Im Nachrichtenticker des Internetauftritts werden Projekte des Religionsunterrichts vorgestellt.
- Im Foyer oder Treppenhaus der Schule werden Erträge eines Kurses »Islam und Christentum« als Ausstellung präsentiert.
- Die Erträge einer Unterrichtsreihe zum Thema »Gewalt in der Schule« werden als PowerPoint-Präsentation gestaltet und schulintern vorgestellt.

HINWEISE

- Schülerinnen übernehmen die Aufgaben als Reporter oder Jungjournalisten im Allgemeinen gern, dennoch braucht der Religionsunterricht für derartige Formen der Öffentlichkeitsarbeit häufig Unterstützung von außen.
- Deutschlehrer, der Administrator des Internetangebots oder der Verantwortliche für die Schülerzeitung können hier helfen.

111
Reizwortaufgabe

8–18 Jahre, 15–30 Minuten

EIGNUNG

Führt in den Problemgehalt einer Unterrichtsreihe ein; unterstützt in der Anfangsphase die Unterrichtsplanung.

BESCHREIBUNG

Zu einem Stichwort, das zum Streitwert einer neuen Unterrichtsreihe gehört, schreiben Schülerinnen einen eigenen Text. Die Gattung kann festgelegt werden. Sie sollte zum Thema und zum Alter der Schüler passen (z.B. Erzählung, Gedicht, Streitgespräch ...).

Beispiele

- Erzähle eine Geschichte zum Stichwort »Taschengeld«. (5. Klasse)
- Schreibt ein Gedicht zum Stichwort »Abschied«. (10. Klasse)
- Schreiben Sie einen kurzen Text zum Thema »Gottesdienst«. (12. Klasse)

HINWEISE

- Reizwortaufgaben eignen sich gut als Hausaufgabe.
- Da nicht alle Schülerinnen sprachlich begabt sind, sollte eine Alternative angeboten werden.
- Bei älteren Schülerinnen kann an die Stelle eines »Reizworts« auch ein Aphorismus oder eine These treten.

112
Eine Info-Grafik gestalten

ab 14 Jahren, 1 – 3 Stunden

EIGNUNG

Dient der Veranschaulichung, der Wiederholung und Vertiefung.

BESCHREIBUNG

Am Ende einer Unterrichtsreihe übernimmt eine Schülerin oder eine Schülergruppe die Aufgabe, die wichtigsten Lerninhalte in einer Grafik übersichtlich darzustellen. Das Ergebnis wird allen Teilnehmern der Lerngruppe vorgestellt, mit ihnen besprochen und eventuell verbessert.

Beispiel

Nach einer Unterrichtsreihe über die Reformation in Deutschland erstellen Schülerinnen ein Übersichtsblatt, auf dem Ursachen, Verlauf und Folgen der Reformation in einem Schaubild zusammengefasst werden.

HINWEISE

- Die Arbeit wird leichter, wenn mit einem Grafikprogramm gearbeitet wird.
- Im Beispiel – und auch sonst – bietet sich fächerübergreifende Arbeit an.
- Die Aufgabe wird erleichtert, wenn eine Stichwortsammlung vorgegeben wird.
- Inzwischen sind viele Info-Grafiken im Internet und in der Sachliteratur zu finden.

Verwendete Literatur

Payrhuber, Franz-Josef, Schreiben lernen. Texte verfassen in der Grundschule, Baltmannsweiler 2009

Sauter, Ludwig, Kreatives Schreiben, in: Rendle, Ludwig, Ganzheitliche Methoden im Religionsunterricht (Neuausgabe), München 2007, 149–164

Klippert, Heinz, Methodentraining. Übungsbausteine für den Unterricht, Weinheim und Basel 1994

Kliemann, Peter, Impulse und Methoden. Anregungen für die Praxis des Religionsunterrichts, Stuttgart 1997

Unsere Welt und die Welt der Texte

Was leisten Texte?

Wetterberichte und Rezepte, Gedichte und Romane, Pop-Songs und Tagebuchnotizen, Werbetexte und Gebrauchsanweisungen – dieses und vieles, vieles mehr sind Texte. Wie soll in diesem Vielerlei Ordnung entstehen?

Hilfreich ist zunächst die grobe Einteilung der Textgattungen in
- literarische (poetische) Texte und
- Sachtexte (pragmatische Texte).

Sachtexte haben unmittelbare Anschlüsse an die lebensweltliche Wirklichkeit. Sie bieten Informationen oder sie analysieren einen Sachverhalt, sie erörtern ein Problem, entfalten Erklärungsmodelle oder sie ergreifen wertend Partei. Hierher gehören Geschichtsschreibungen und Börsenberichte, Nachrichten und Lehrtexte in Schulbüchern, aber auch Essays, philosophische und theologische Texte. Worin besteht nun der Unterschied zwischen Sachtexten und poetischen Texten?

Sachtexte und literarische Texte

Machen wir uns das an einem Beispiel klar: In Kleidungsstücke ist meistens ein kleiner Zettel eingenäht, der eine Produktinformation enthält, etwa:

80 % Synthetics, 20 % reine Wolle.

Der Hersteller (Autor) teilt dem Käufer (Leser) pflichtgemäß mit, dass dieser Pullover zu 80 % aus Kunststoffen und zu 20 % aus reiner Wolle besteht (Referenz/Inhalt der Mitteilung).

Ein Leser hat diese Botschaft verstanden, wenn er die Begriffe »Synthetics« und »reine Wolle« kennt; er muss auch die Prozentangaben entschlüsseln können und vor allem sollte er wissen, was die Gewebemischung für die praktische Verwendung des Kleidungsstücks bedeutet (Schutz vor Kälte, Verträglichkeit am Körper, Waschen etc.). Der Leser muss also sein Wissen aktivieren und die neue Information damit verknüpfen. In diesem Fall dürfte das nicht allzu schwer sein. Freilich gibt es auch schwierigere Texte. Sie bestätigen nicht bloß das erworbene Wissen; sie erweitern es oder stellen es sogar infrage. Stellen wir uns vor: Da liest einer einen Text über Ehescheidungen, der seinen bisherigen Auffassungen

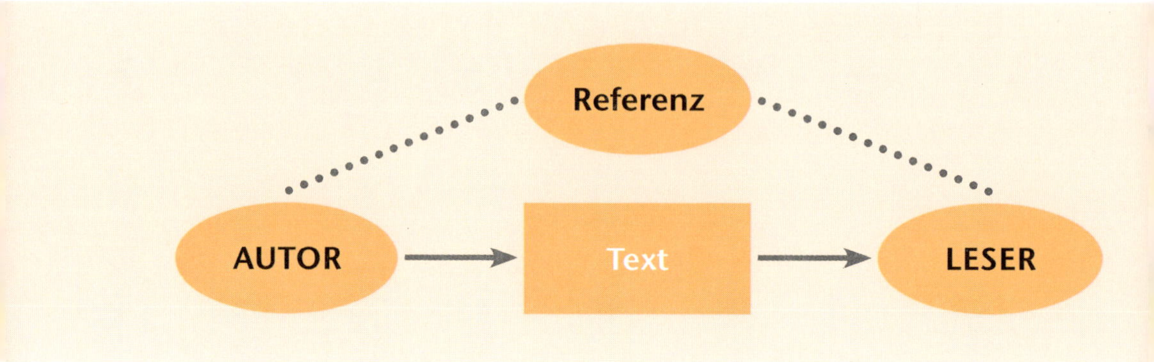

gründlich widerspricht, der aber dennoch vernünftig zu sein scheint. Was geschieht dann? Nach einem Modell von Jean Piaget (1896–1980) wird der Leser die neuen Einsichten in sein Verständnis von Ehe und Ehescheidung einbauen. Aber er wird dieses Neue so integrieren, dass sein Weltbild nicht einstürzt. Deshalb wird er die neue Erkenntnis seinen Verstehensmöglichkeiten anpassen und sie dabei auf das für ihn bekömmliche Maß zuschneiden.

Verstehen ist demnach ein kompliziertes Zusammenspiel von *Assimilation* und *Akkommodation*:

- *Assimilation:* Das Neue wird angeeignet (assimiliert) und wird dabei so modifiziert, dass es sich in die Denkstrukturen einfügen lässt, die der Leser bis dahin aufgebaut hat.
- *Akkommodation:* Gleichzeitig werden die bisherigen Denkstrukturen so verändert (akkommodiert), dass sich das neue Wissen ohne nennenswerte Brüche einpassen lässt.

Ein faszinierender, hochkomplizierter Prozess, der viele schulische Lernprozesse prägt.

Im Religionsunterricht kann die Arbeit mit pragmatischen Texten zwei Schwerpunkte haben: die Texterschließung und die textbezogene Problemdiskussion. In der *Texterschließung* geht es darum, den Aussagegehalt eines Textes zu klären und zu sichern (Worum geht es in dem Text? – Was ist sein wesentlicher Inhalt? – Wie argumentiert er? – Was will er bewirken? ...). Die *Problemdiskussion* dagegen befragt und kritisiert den Text (Wie glaubwürdig ist der Aussagegehalt? – Welche Tendenz hat der Text? – Wessen Interessen vertritt er? – Welche Einwände gibt es? – Wie lautet eine vernünftige Gegenposition? ...).

Aber kehren wir zurück zu den Textilien! In den 1970er-Jahren sagte der Schriftsteller Nicolas Born (1937 –1979):

... unsere äußere Wirklichkeit besteht zu 80 % aus Synthetics,
der Rest ist reine Wolle.

Durch eine kleine Erweiterung hat sich der Etikettentext verwandelt:

- Aus einem Sachtext ist ein literarischer Text geworden. Die einfache Sachaussage wird dabei zur Metapher.
- Mit diesem Gestaltwechsel verliert der kurze Text seine Eindeutigkeit. Als Aussage über einen Pullover war er klar. Aber als Aussage über unsere Lebenswelt ist er – wörtlich genommen – sogar falsch. Unbestimmtheit zeichnet ihn nun aus.
- Und damit ändert sich die Rolle der Leser. Ihre Aufgabe wird nun anspruchsvoller. Zunächst müssen sie durchschauen, dass der Text nicht wörtlich zu verstehen ist. Dann weckt die Unbestimmtheit des Textes ihre Kreativität. Denn sie sollen prüfen, ob es Brücken zwischen ihrer Lebenswelt und der Textwelt gibt. Der Text fragt nämlich: Erkennt ihr euch wieder? Wann und wie erlebt ihr, dass eure Welt zu 80 % aus Synthetics und nur zu 20 % aus reiner Wolle besteht? – So löst ein literarischer Text Suchbewegungen aus; er wird erst verstanden, wenn er interpretiert wird.
- Der Text lädt also ein zur Identifikation und er gewinnt dabei eine Bedeutung, die in seinem »wörtlichen Verständnis« nicht enthalten war. Der Etikettentext weist jetzt auf eine allgemeine Erfahrung hin, auf die Art, wie wir uns in unserer Zivilisation erleben. Und es könnte sein, dass dieser kurze Satz einigen Lesern die Augen öffnet: Sie könnten zum ersten Mal wahrnehmen, in welchem Maß sie sich der Natur entfremdet haben – und vielleicht darüber erschrecken.
- Weil jeder Leser aber seine eigene Geschichte und seine eigene Welt hat, wird jeder diesen Text auf seine Art auslegen. (Ein Förster dürfte den Text anders verstehen als eine Kassiererin im Supermarkt, und eine Wienerin wird ihn anders verstehen als ein Bewohner von Norderney. Und vielleicht ist manch einer sogar sehr zufrieden, dass er zu 80 % in Synthetics lebt.)
- Die Interpretation eines literarischen Textes ist aus dieser Sicht ein offener Dialog zwischen der Welt des Textes und der Welt der Leserinnen und Leser. Und erst in diesem Dialog gewinnt der Text eine Bedeutung.

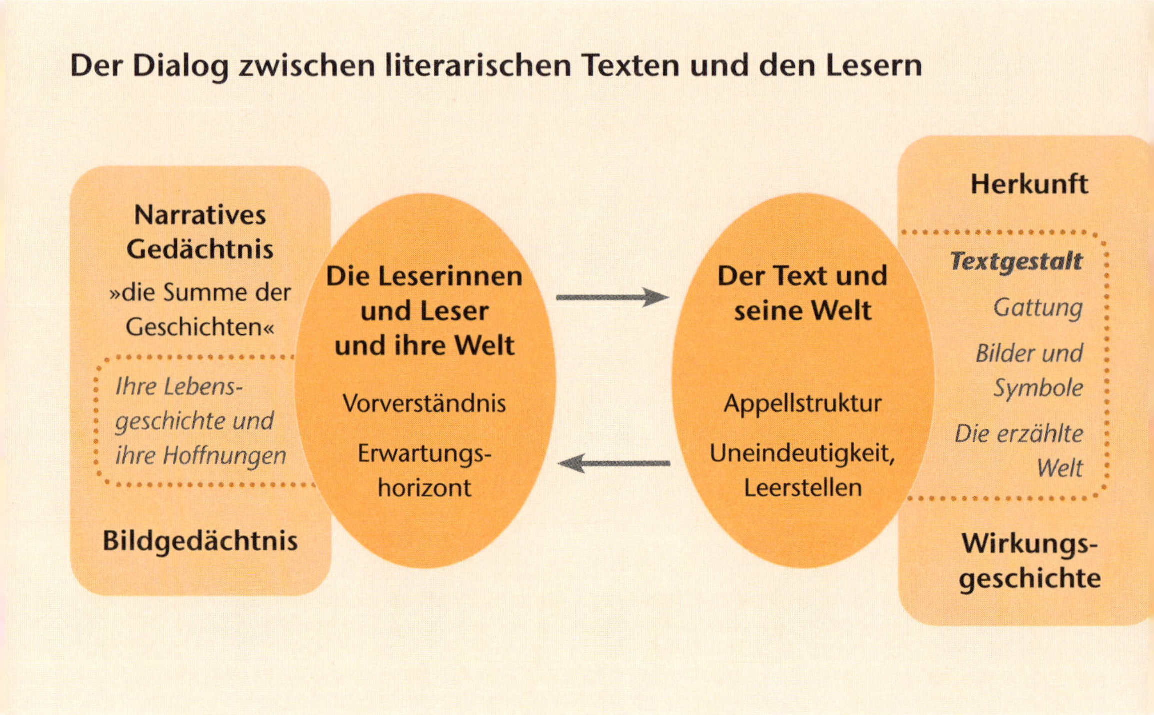

Für den Religionsunterricht bedeutet das: Bei aller Treue gegenüber der Textwelt braucht der Religionsunterricht Spielräume, die Identifikation und Auseinandersetzung mit literarischen Texten ermöglichen.

Die Glaubenswelt als Welt von Texten

Als Buchreligion hat das Christentum eine Fülle von Texten hervorgebracht: Gebete und Hymnen, Lehrgespräche und Predigten, Rundfunkansprachen, Streitgespräche, Segensformeln und vieles mehr. Der Königsweg des Glaubens aber ist die Erzählung:

- Der Glaube erzählt Geschichten, die Orientierung stiften: Aus dem Chaos entsteht eine geordnete Schöpfung (Genesis 1,1–2,4a); und jeder, der einem anderen Gutes tut, begegnet Christus (Matthäus 25).
- Vor allem aber erzählt die Bibel Hoffnungsgeschichten und Begegnungsgeschichten, die querstehen zu unseren Erfahrungen: Sie erzählt, wie die Israeliten aus der Unterdrückung in Ägypten befreit werden; wie Christus über

den Tod hinaus lebendig bleibt. Die Bibel erzählt, wie der junge David über ungerechte Gewalt siegt, und dass die gekrümmte Frau sich wieder aufrichten kann. Geschichten von der Befreiung und von der Erlösung. Und damit stellt die Bibel der realen Welt die »Herrschaft Gottes« entgegen. Den Traum von einer Welt, die auf Gerechtigkeit und Liebe gegründet ist und die dabei die Realität weit überbietet.

- So wächst also den Christen eine »zweite Welt« zu: eine Welt von Erzählungen und Bildern. In ihnen können sie ihre eigenen Erfahrungen – auch die deprimierenden und sperrigen – wiederfinden und bearbeiten. Diese erzählte Welt weckt aber auch den Möglichkeitssinn: Hier können Christen erkennen, dass unsere Welt nicht bleiben muss, wie sie ist; sie könnte anders sein.

Phasen der Arbeit mit literarischen Texten

Es wirkt realitätsfremd, wenn jetzt fünf Phasen der Textarbeit erläutert werden. Denn kaum jemand wird die Arbeit mit einem bestimmten Text in fünf Phasen planen. Der reale Unterricht kennt fließende Übergänge, und oft gewinnt er seinen Glanz aus dem Unvorhergesehenen und Ungeplanten. Stellt man dies in Rechnung, kann es dennoch hilfreich sein, fünf abgrenzbare Phasen der Textarbeit zu unterscheiden:

1. Die Textbegegnung

Leitfragen: Wie wird der Text so präsentiert, dass die Lernenden ihn angemessen erfassen? Wie wird die Präsentation zu einer eindrucksvollen Begegnung mit dem Text?
Mögliche Methoden: Vorlesen; Text über Tonträger oder Video einspielen; stummer Textimpuls; einen Text abschreiben; vorbereitete Lektüre; vorbereitete Textbegegnung; verzögerte Textbetrachtung; Textpuzzle ...

2. Die Wirkung des Textes erfassen

Leitfrage: Wie wirkt der Text unmittelbar auf die Schülerinnen und Schüler?
Mögliche Methoden: Fragen an den Text stellen; spontane Eindrücke sammeln; unmittelbar nach dem Hören ein Bild malen; den Text kommentieren ....

3. Die Textanalyse

Leitfrage: Wie können Schülerinnen und Schüler altersgerecht Bauformen eines literarischen Textes und ihre Wirkung erfassen?

Mögliche Methoden: Text in einer Bildgeschichte wiedergeben; eine Filmsequenz entwerfen; Konfiguration eines Textes erarbeiten; ein Textsoziogramm erstellen; Text markieren und unterstreichen; mit Leerstellen arbeiten; Polaritätsprofil erstellen; Metaphernanalyse ...

4. Dialoge mit dem Text
Leitfrage: Wie kommt ein Gespräch in Gang zwischen der Welt des Textes und der Lebenswelt der Schülerinnen und Schüler?
Mögliche Methoden: einen (Bibel-)Text umformen; einen (Bibel-)Text perspektivisch erzählen; unterschiedliche Auslegungen vergleichen; biblische Texte aktualisieren; Antitexte schreiben; neue Gleichnisse schreiben; Stellungnahme zum Text; eine Gerichtsverhandlung inszenieren; »Ihr Auftritt«; Pro-und-Kontra-Debatte ...

5. Aneignung und Sicherung der Texte
Leitfrage: Wie werden zentrale Texte zum wertvollen Besitz für Kinder und Jugendliche?
Mögliche Methoden: Aufschlagspiele; Bibelquiz; Lesen oder Nacherzählen üben; (biblische) Texte memorieren und auswendig lernen lassen; eine kalligrafisch gestaltete Sammlung der behandelten (Bibel-)Texte anlegen; Bilder oder Texte zur Bibel ausstellen; Vorlesestunde; Lieblingstexte vortragen ...

Über diese fünf Phasen hinaus kann es gelegentlich sinnvoll sein, zwei weitere Unterrichtsphasen vorzusehen:

- *Eine Phase der Hinführung:* Wenn etwa in einem Text Sachverhalte eine Rolle spielen, die den Lernenden unbekannt sein dürften, können sie vorher erläutert werden. (Es kann – besonders bei Texten aus der Bibel – sinnvoll sein, die Entstehungssituation oder den Verwendungszweck oder die Adressaten des Textes zu charakterisieren.)
- *Eine Phase, in der mit exemplarischen Zeugnissen der Wirkungsgeschichte eines Textes gearbeitet wird.* Vor allem bei Bibeltexten lohnt sich ein erweiterter Dialog mit Bearbeitungen des Textes in Kunst, Literatur, Musik und Film.

113 Vorlesen

alle Altersstufen

EIGNUNG

Ein Text wird »körperhaft« wahrnehmbar; Erlebnisfähigkeit und Vorstellungsvermögen der Schülerinnen werden unmittelbar angesprochen.

BESCHREIBUNG

Vorbereitung

- Den Text mehrmals laut lesen.
- Sich Klarheit über den Textinhalt verschaffen (sich Handlung oder Gedankengang verdeutlichen; Wortbedeutungen klären; Kontexte heranziehen etc.).
- Den Text bearbeiten: Durch Querstriche (/) werden Sinnschritte markiert und durch Akzente (') Haltepunkte. Sinntragende Wörter werden durch Unterstreichen oder mit dem Marker hervorgehoben.
  Indem man den Text in Sinnschritte einteilt ' gibt man zugleich Anhaltspunkte für das Atmen. / Mit den Akzenten setzt man Ruhepunkte '; sie erleichtern das konzentrierte Hören.

Lesen

- Einen Vorleseplatz einnehmen, an dem man fest und ruhig stehen kann und von dem aus man Blickkontakt zu den Hörerinnen halten kann.
- Entspannt und zugleich bewusst atmen.
- Stimme als variables Instrument einsetzen: dynamisch (langsam – schneller, lauter – leiser) und melodisch (höher – tiefer, betont – tonlos) den Text schwingen lassen.
- Dabei genügend Zeit zum Atmen nehmen und durch Pausen Aufmerksamkeit und Mitdenken fördern.
- Immer wieder vom Blatt aufschauen und Blickkontakt mit den Zuhörerinnen behalten.

Literatur: Moll/Lieberherr, Bd. 2, 69–75

114
Text über Tonträger oder Video einspielen

alle Altersstufen

EIGNUNG

Begünstigt konzentriertes Zuhören; entlastet die Lehrerin.

BESCHREIBUNG

Die Lehrerin bringt einen Text als »Konserve« mit und spielt ihn ab (per CD-Spieler oder Videorekorder).

HINWEISE

- So enttäuschend es für engagierte Lehrerinnen auch klingen mag: Ein medial präsentierter Text wirkt oft eindrucksvoller als der mündliche Vortrag der Lehrperson.
- Diese Methode wird in der Schulpraxis stiefmütterlich behandelt, obwohl es eine Fülle von guten Tonaufnahmen gibt: Bibellesungen, Schauspiele, Hörbücher, Mitschnitte von Rundfunk- und Fernsehsendungen, Kinderhörspiele und Märchen etc. Ein Blick in Programmzeitschriften und Verlagskataloge lohnt sich.
- Auch »Amateuraufnahmen«, die Lehrerinnen oder ihre Verbündeten selbst herstellen, wirken entlastend und motivierend. (Wenn man selbst einen Text aufnimmt, kann man so lange daran arbeiten, bis man mit dem Ergebnis zufrieden ist. Im Unterricht dagegen ist immer nur eine »Aufführung« möglich.)
- Wie immer, wenn Medien eingesetzt werden, gilt: Die Technik muss klappen. Konkret: Funktioniert das Gerät? Ist es laut genug für den großen Raum oder ist ein zusätzlicher Lautsprecher nötig? Ist das Band auf Textanfang gespult? etc.
- Bei schwierigen Texten sollten die Schülerinnen den Text gleichzeitig hören und lesen.

115
Stummer Textimpuls

10–18 Jahre, 5–10 Minuten

EIGNUNG

Konfrontiert mit einer neuen Einsicht; fokussiert die Aufmerksamkeit.

BESCHREIBUNG

Die Lehrerin schreibt stumm einen kurzen Text (Aphorismus, Zitat, ein Vers aus einem Gedicht etc.) an die Tafel und wartet die Reaktion der Schülerinnen ab. Im Rundgespräch tauschen die Schülerinnen ihre Eindrücke aus.

VARIANTE

Der kurze Text wird über Overheadprojektor vorgestellt. Durch Auswahl bzw. Abdecken ist es dann auch möglich, einen kleinen Auszug aus einem größeren Zusammenhang zu präsentieren. (Mit PowerPoint geht es noch einfacher.)

HINWEISE

- Der Impulstext muss prägnant und aussagekräftig sein (z.B. »Einen Gott, den es gibt, den gibt es nicht.« [Ernst Barlach] – »Der Tod dauert das ganze Leben. Aller Voraussicht nach hört er auf, sobald er eintritt.« [Paul Valéry]).
- Aus einem längeren Text, der zur Bearbeitung ansteht, kann ein markanter Satz als stummer Impuls herausgelöst werden. Dadurch kann für die Auseinandersetzung mit dem Text im Ganzen motiviert werden (»Wer ist mein Nächster?« – »Wir wollen eine Stadt bauen mit einem Turm, der bis zum Himmel reicht.«).

116
Einen Text abschreiben

7–18 Jahre, 5–15 Minuten

Die Kraft eines Textes ist eine andere,
ob einer ihn liest oder abschreibt.
Walter Benjamin

EIGNUNG

Festigt erworbenes Wissen; dient der Verankerung von Schlüsseltexten; kann Zugänge zur Interpretation öffnen.

Beispiele

- Schülerinnen schreiben einen kurzen Text (Psalmvers, Prophetenwort, Logion, Gedicht, Gebet ...) sorgfältig ab und lernen ihn anschließend auswendig.
- Merksätze oder Stichwortsammlungen werden abgeschrieben, damit die (Zwischen-)Ergebnisse des Lernprozesses nicht verloren gehen.
- Aus einem längeren Text, der für die Unterrichtsreihe bedeutsam ist, wählen Schülerinnen drei Kernsätze aus und schreiben sie sorgfältig in ihr Heft.

VARIANTE

Die Schülerinnen erhalten einen verlückten Bibeltext und schreiben aus der Bibel die fehlenden Stellen ab.
Beispiel: Im Gleichnis vom verlorenen Sohn werden die Reden des Vaters gelöscht, die Schülerinnen schlagen im NT nach und tragen die fehlenden Stücke ein. Dadurch wird die Aufmerksamkeit auf diese wichtigen Textstellen gelenkt und die anschließende Interpretation vorbereitet.

HINWEISE

- Abschreiben von Texten steht in keinem guten Ruf. Dennoch kann es – vernünftig eingesetzt – ertragreich sein.
- Es liegt nahe, das Abschreiben von Texten – ähnlich wie das Diktieren – einzusetzen, um die Disziplin (wieder) herzustellen. Deshalb sollte die Lehrkraft sensibel sein und darauf achten, dass das Abschreiben von Texten für die Schülerinnen attraktiv bleibt und nicht den Charakter einer Strafmaßnahme annimmt.

117
Textbild grafisch gestalten

EIGNUNG

Erleichtert den Zugang zum Text; unterstreicht den ästhetischen Wert eines Textes.

BESCHREIBUNG

Der Text wird grafisch so gestaltet,

- dass er leicht zu erfassen und zu bearbeiten ist (vor allem bei Sachtexten),
- dass er ansprechend und einladend wirkt (vor allem bei literarischen Texten).

HINWEISE

- Programme zur Textverarbeitung bieten eine Fülle von Möglichkeiten, Texte grafisch zu gestalten. Allerdings lässt sich die handwerkliche Kunst, für die ein Schriftsetzer jahrelang lernen musste, nicht so nebenbei erwerben. Schrittweise kann man aber verschiedene Gestaltungsmöglichkeiten erproben:
    - Rahmen, Tabellen und Unterlegungen,
    - Wechsel verschiedener Schriftgrößen und Schriftarten,
    - Raumaufteilung und Layout.
- Gerade bei Bibeltexten bieten sich viele Chancen: Die Struktur des Textes kann hervortreten; die Entstehungsgeschichte kann sichtbar werden und nicht zuletzt: der sprachliche Reiz.
- Die Palette dieser Möglichkeiten erweitert sich, wenn man (biblische) Texte mit PowerPoint präsentiert. Dann lassen sich Strukturelemente oder Entwicklungsschritte eines Bibeltextes besonders anschaulich darstellen – schrittweise und farblich unterschieden.
- Selbstverständlich können auch Schülerinnen (Bibel-)Texte grafisch gestalten und ihre Arbeiten in den Unterricht einbringen.

Die Nacht am Jabbok

23 In jener Nacht stand Jakob auf, nahm seine beiden Frauen, seine beiden Mägde und seine elf Kinder und durchquerte den Jabbok an einer Furt.

24 Er nahm sie, führte sie über den Fluss und brachte alles hinüber,
was ihm gehörte.

25 Jakob blieb allein zurück.

Und da rang einer mit ihm bis zur Morgendämmerung.

26 Als er sah, dass er ihn nicht überwältigen konnte,
schlug er ihm auf ein Hüftgelenk.

Und Jakobs Hüftgelenk wurde ausgerenkt, während er mit ihm rang.

27 Und er sprach: Lass mich gehen.
Denn die Morgendämmerung zieht auf.

Er aber sprach: Ich lasse dich nicht gehen. Nur wenn du mich segnest!

28 Und er sprach zu ihm: Nenne mir deinen Namen!

Und er antwortete: Jakob.

29 Und er sagte: Nicht mehr Jakob soll dein Name sein,
sondern Gottesstreiter: Israel sollst du heißen.
Denn gestritten hast du mit Gott und mit Menschen
und bist nicht unterlegen.

30 Da fragte Jakob: Mach mir deinen Namen bekannt.

Er entgegnete: Warum willst du das wissen?
Warum fragst du nach meinem Namen?

Und er segnete ihn an diesem Ort.

31 Und Jakob nannte den Namen für diesen Ort »Gesicht Gottes«, Peniel.
Ich habe Gott gesehen: ich sein Gesicht, er mein Gesicht.
Und doch habe ich mein Leben gerettet.

32 Die Sonne ging vor ihm auf, als er von Peniel wegging.
Er aber war lahm an seiner Hüfte.

Genesis 32,23–32

I	II	III	IV
Es wird erzählt: Der ganze Erdkreis hatte eine einzige Sprache			
	mit den gleichen Worten.		
		Und da geschah es: Sie brachen ihre Zelte ab, zogen vom Osten heran und fanden eine Talebene im Lande Schinar; dort ließen sie sich nieder.	
Und es sagte einer zum andern:			
	Fangen wir an! Wir wollen Lehm pressen und daraus Backsteine brennen. Und die Ziegel dienten ihnen als Bausteine, Erdpech als Mörtel. Da sagten sie:		
Fangen wir an! Wir wollen eine Stadt bauen mit einem riesigen Turm, der bis zum Himmel reicht. Damit wollen wir uns einen Namen verschaffen,			
			damit wir uns nicht verlieren in der Weite der Welt.
Da fuhr JHWH herab, um sich anzuschauen, was die Menschenkinder da bauten: die Stadt mit dem riesigen Turm. Und JHWH sprach: Ein Volk sind sie, eine Sprache sprechen sie alle gemeinsam. Das ist erst der Anfang ihres Treibens. Von jetzt an wird ihnen nichts mehr unmöglich sein. Was immer sie sich ausdenken: Sie werden es tun!			
Fangen wir an! Steigen wir herab und verwirren wir dort unten ihre Sprache, damit keiner versteht, was der andere sagt.			
			Und JHWH trieb sie auseinander, und sie verloren sich in der Weite der Welt.
Und sie hörten auf, eine Stadt zu bauen.			
	Deshalb trägt die Stadt den Namen Babel: Wirrsal heißt sie, denn dort hat JHWH die Sprache des ganzen Erdkreises verwirrt		
			und von dort aus hat JHWH sie über die Weite der Welt zerstreut.

Genesis 11,1–9
Übersetzungen: Heinz-Günther Schöttler/Franz W. Niehl

Die Sonne geht auf,
die Sonne geht unter
und hastet zurück an den Ort, an dem sie aufging.

Alle Flüsse ziehen zum Meer.
Doch nie wird das Meer gefüllt. Wohin sie auch strömen,
zum selben Ort strömen sie wieder.
Mein Ziel war es, den Dingen auf den Grund zu gehen
und alles zu begreifen, was unter dem Himmel geschieht.
Doch welch nutzloses Geschäft ist die Weisheit!
Gott hat es den Menschen aufgegeben als eine Plage.
Ich habe alles betrachtet, was sich abspielt unter der Sonne –
und alles ist sinnlos und Greifen nach Wind.

Darum iss in Freude dein Brot und trink fröhlich deinen Wein.
Dann hat Gott Gefallen an deinem Tun.
Trage schöne Kleider alle Tage
und salbe dein Haupt mit duftendem Öl.
Genieße dein Leben mit der Frau, die du liebst,
alle Tage deines flüchtigen Lebens, das Gott dir gewährt.

Aus dem Prediger Salomo, 1,5.7,13–14; 9,7–9
Übersetzung: Heinz-Günther Schöttler/Franz W. Niehl

118
Vorbereitete Textbegegnung

8–18 Jahre, 2–5 Minuten

EIGNUNG

Erleichtert die Lektüre; lenkt die Textwahrnehmung.

BESCHREIBUNG

Ehe ein Text vorgestellt wird, erhalten die Schülerinnen Informationen, durch die Bedeutung oder Inhalt des Textes deutlicher hervortreten. Solche Informationen können sein:

- Sachinformationen (unbekannte Begriffe, Hintergrundwissen),
- der zeitgeschichtliche oder der biografische Kontext,
- das zugrunde liegende Problem,
- die Wirkung, die ein Text hatte (Gelehrtenstreit, Parlamentsdebatte, Indizierung, Strafverfolgung des Verfassers etc.).

HINWEISE

- Bei entsprechender Vorbereitung können auch Schülerinnen derartige Informationen beschaffen und vermitteln.
- Diese konventionelle Methode ist unproblematisch, wenn nur einige Fremdwörter erklärt werden. Bei Sachtexten ist sie grundsätzlich angemessener als bei literarischen Texten. Denn bei literarischen Texten wirkt sie leicht als Leserlenkung und schränkt damit die Deutungsfantasie der Schülerinnen ein. Oft verhindert sie auch den fruchtbaren Irrtum, der Anstoß zum Nachdenken und zu vertieftem Textverständnis sein kann.

119
Verzögerte Textbetrachtung

14–18 Jahre, 10–20 Minuten

EIGNUNG
Erleichtert das Erfassen eines schwierigen Textes.

BESCHREIBUNG
Aus einem längeren Text wird ein Abschnitt analysiert oder erläutert, ehe sich die Schülerinnen mit dem ganzen Text befassen.
Dabei kann ein besonders schwieriger Gedankengang im Lehrervortrag erläutert werden (evtl. unterstützt durch eine Skizze an der Tafel).
Dann sollten die Schülerinnen in der Lage sein, den Text im Ganzen zu bearbeiten.

HINWEIS
Diese Methode hilft, Enttäuschung zu vermeiden (»Das verstehe ich nie!«). Zugleich aber verstärkt sie die Lehrerzentrierung des Unterrichts.

120
Vorbereitete Lektüre

16–18 Jahre, 1–3 Stunden

EIGNUNG
Intensive Auseinandersetzung mit einem längeren Text.

BESCHREIBUNG
Ein längerer Text (z.B. über Ursachen für die Armut in der Dritten Welt, Biografie von Las Casas, Entstehung und Bedeutung des Korans ...) wird (zu Hause) von den Schülerinnen gelesen und evtl. in Thesen zusammengefasst. Sie klären dabei auch unbekannte Wörter und Hintergründe mithilfe entsprechender Nachschlagewerke. Die Arbeitsergebnisse fließen in den Unterricht ein.

VARIANTE

Arbeitsteilig erschließen sich die Schülerinnen mehrere Texte, die sich auf einen zusammenhängenden Problemkreis beziehen. Die Ergebnisse werden eingebracht. Es kann auch eine Aufsatzsammlung bzw. ein Themenheft genutzt werden, z.B. Taschenbücher zum Thema Gewalt; Themenhefte über Arbeitslosigkeit, neue Medien, Ausländer (populärwissenschaftliche Zeitschriften wie *Spiegel Special, Geo Wissen, Zeit Wissen* etc. bieten reichhaltiges Material).

121
Fragen an den Text stellen

6–18 Jahre, 5–10 Minuten

EIGNUNG

Macht die Fragwürdigkeit eines Textes bewusst; motiviert zu sorgfältigerer Textarbeit; öffnet den Blick für das Interesse der Lernenden.

BESCHREIBUNG

Nach der Präsentation eines (literarischen) Textes werden die Schülerinnen aufgefordert, Fragen an den Text zu stellen.
Die Fragen werden festgehalten und gesichtet.

HINWEIS

Wenn vorwiegend Sach- und Verständnisfragen gestellt werden, die kaum Zugänge zur Interpretation öffnen, hilft es, das Frageinteresse zu lenken, z.B. zu Genesis 3-4: Was möchtest du Kain/Abel fragen? Was möchtest du Gott fragen?

VARIANTEN

- Die Fragen werden – evtl. in Partnerarbeit – schriftlich ausgearbeitet und dann der Klasse vorgestellt. Das kann auch arbeitsteilig gemacht werden.
- Schülerinnen schreiben ihre Fragen schweigend auf Plakate und heften sie an eine Wand, sodass eine Fragewand entsteht, die betrachtet und erläutert werden kann. Sie wird in einer späteren Unterrichtsphase erneut herangezogen.
- Zwei oder drei Schülerinnen werden gebeten, die mündlich geäußerten Fragen schriftlich festzuhalten und sie – evtl. geordnet – wieder in Erinnerung zu rufen.

122
Stopp-Marken setzen und erläutern

8–18 Jahre, 10–15 Minuten

EIGNUNG

Macht die Fragwürdigkeit eines Textes bewusst; motiviert zu sorgfältiger Textarbeit; öffnet den Blick für die Textrezeption der Lernenden.

BESCHREIBUNG

Die Schülerinnen erhalten einen literarischen bzw. biblischen Text und drei Klebepunkte. Sie sollen die Klebepunkte an jenen Stellen einfügen, an denen sie eine Frage haben oder ein Problem sehen.

HINWEISE

- Bei der Vorbereitung sollte der Text entsprechend gestaltet werden. (So formatieren, dass genug Platz ist für die Klebepunkte; Zeilenzählung oder Versangabe erleichtern die Verständigung.)
- Wenn die Methode neu ist, sollte man erläutern, wann die Klebepunkte gesetzt werden. (Etwa: Das verstehe ich nicht. – Dazu möchte ich etwas fragen! – Dazu möchte ich etwas sagen!)
- Die Ergebnisse können in zwei Schritten gesichtet werden. Zunächst quantitativ: An welchen Stellen sind die meisten Punkte? – Daran anknüpfend inhaltlich: Was ist an dem Text (besonders) fragwürdig? – Dadurch soll klar werden, welche Probleme die Schülerinnen mit dem Text haben. Vor diesem Hintergrund kann die Lehrerin den weiteren Unterricht planen.

VARIANTE

Die Schülerinnen setzen die Klebepunkte und erläutern kurz schriftlich ihre Entscheidung. Die Ergebnisse werden ausgewertet und mit der Klasse besprochen.

Literatur: Mendl / Sabinsky / Stinglhammer, 67–73

123
Mit Leerstellen arbeiten

10–18 Jahre, 5–20 Minuten

EIGNUNG

Hilft den Schülerinnen, die Unbestimmtheit eines literarischen Textes zu erfassen, und weckt ihre Fähigkeit zu eigenständiger Interpretation.

BESCHREIBUNG

In einem literarischen Text bzw. einem Bibeltext, suchen oder füllen die Schülerinnen Leerstellen, d.h. jene Stellen, an denen der Text den Leserinnen wichtige Auskünfte verweigert.

Beispiele

- Überlegt, was wir als Leser gerne wissen möchten, was der Text aber verschweigt! (Mündlich oder schriftlich, die Ergebnisse werden für die weitere Arbeit am Text festgehalten.)
- Die Schülerinnen erhalten eine Textfassung, in der Leerstellen durch Leerzeilen schon erkennbar sind. Dort tragen sie die fehlenden Informationen ein. Es folgt ein Vergleich der Ergebnisse und ihrer Wirkung.
- Die Schülerinnen erhalten einen Textauszug:
  Da sprach Kain mit seinem Bruder Abel. Als sie auf dem Feld waren, erhob sich Kain gegen Abel, seinen Bruder, und tötete ihn.
  - Überlegt euch zu diesem Abschnitt zwei bis fünf Fragen an Kain.
  - Versetzt euch in die Situation von Kain und beantwortet die Fragen.
- Die Ergebnisse der Gruppen werden vorgetragen und diskutiert.

HINWEIS

»Leerstelle« ist ein Begriff aus der Rezeptionsästhetik (Wolfgang Iser). Er bezeichnet dort eine Stelle, an der unterschiedliche Textstücke so aneinanderstoßen, dass ein Bruch in der Erzählung entsteht. Weil der natürliche Fortgang der Erzählung abreißt, müssen die Leserinnen produktiv werden: Sie sind genötigt, sich selbst Verknüpfungen zwischen den unterschiedlichen Erzählbausteinen auszudenken. Inzwischen wird der Begriff »Leerstelle« oft in einem weiteren Sinn gebraucht: als Bezeichnung für wichtige Informationen, die der literarische Text nicht enthält.

124
Einen Bibeltext kommentieren

6–13 Jahre, 10–20 Minuten

EIGNUNG

Weckt die Kreativität der Schülerinnen; stärkt ihr Selbstbewusstsein und schlägt Brücken zwischen der Welt der Schüler und der Welt des Textes.

BESCHREIBUNG

Zu einem Bibelvers, der nachdenklich macht und noch nicht im Unterricht bearbeitet wurde, schreiben Schülerinnen einen Kommentar. Diese Kommentare bilden den Ausgangspunkt der folgenden Unterrichtsreihe.

HINWEISE

- Man kann den Bibeltext so formatieren, dass Schreibfelder für die Kommentare vorgesehen sind.
- Das Kommentieren kann als schriftlicher Dialog angelegt werden: Eine Schülerin schreibt ihren Kommentar und reicht den Text weiter. Die Nachbarin trägt ihren Kommentar ein oder kommentiert den vorherigen Eintrag etc.

Beispiel

Die Lernenden erhalten eine Schriftrolle mit dem Vers:
Sorget euch nicht um euer Leben, was ihr essen und trinken werdet,
auch nicht um euern Leib, was ihr anziehen werdet.
Ist nicht das Leben mehr als die Nahrung und der Leib mehr als die Kleidung?
Die Schülerinnen schreiben als »Schriftgelehrte« dazu einen Kommentar.

Literatur: Staubli, 137–146

125
Stellungnahme zum Text

10–18 Jahre, 10–20 Minuten

EIGNUNG
Fördert die Auseinandersetzung mit dem Text.

BESCHREIBUNG
Ein Text wird aus persönlicher Sicht kommentiert.

VARIANTEN
- Erster Eindruck: »Was mich am Text stört – was mir an ihm gefällt« (Stillarbeit – evtl. Partnerarbeit).
- Ein Statement zum Text verfassen.
- Welcher Satz im Text spricht mich an? – Welcher Satz löst Widerstand in mir aus?

126
Ein Polaritätsprofil erstellen

12–18 Jahre, 10–20 Minuten

EIGNUNG
Das Polaritätsprofil ist ein anspruchsvolles Instrument der Inhaltsanalyse literarischer Texte. Es hebt die Spannungen und Gegensätze hervor, die die Dynamik des Textes bestimmen.

BESCHREIBUNG
Bei Texten, deren Reiz aus Wertkonflikten und polaren Spannungen erwächst, werden diese gegensätzlichen Erzählfiguren, Werte oder Haltungen herausgehoben und in ihrer Bedeutung für die Wirkung des Textes bedacht.
Die Schülerinnen markieren mit verschiedenen Farben Gegensatzpaare im Text. – Sie listen diese Gegensatzpaare auf und ordnen sie nach ihrer Bedeutung für diese Erzählung.

Heimat	**–**	**Fremde**
zu Hause bleiben	–	Weggehen
Sicherheit	–	Risiko
Nähe	–	Distanz
Kontrolle	–	Freiheit
Dazugehören	–	Unabhängig sein
Gemeinschaft	–	Einsamkeit
Leben	–	Tod

Wohlstand	**–**	**Armut**
Überfluss	–	Hunger
Sparsamkeit	–	Verschwendung
Grundbesitzer	–	Tagelöhner
Großzügigkeit	–	Geiz

Arbeit	**–**	**Vergnügen**
Pflicht	–	Lust
Gelingen	–	Scheitern
Selbstgerechtigkeit	–	Empathie

Familie	**–**	**Individualität**
Festhalten	–	Loslassen
Vater	–	Sohn
Anpassung	–	Autonomie
Harmonie	–	Rivalität
Güte	–	Gerechtigkeit

Schuld – Vergebung

VARIANTEN

- Die Schülerinnen erhalten eine Liste von Gegensätzen und polaren Spannungen und suchen diejenigen heraus, die zum analysierten Text passen.
- Die Schülerinnen erhalten ein unvollständiges Polaritätsprofil zu einem Text, das sie ergänzen.

HINWEIS

- Man kann den Bibeltext schon so gestalten, dass es leichtfällt, die Gegensatzpaare zu finden.

Polaritätsprofil für das Gleichnis vom verlorenen Sohn (s. S. 152)
Dieses Beispiel zeigt augenfällig, wie vielschichtig und interpretationsoffen die scheinbar einfache Erzählung vom verlorenen Sohn ist. (Nur für wenige biblische Erzählungen lässt sich ein derart reichhaltiges Polaritätsprofil erstellen.) Hier lässt sich leicht mit einem unvollständigen Polaritätsprofil arbeiten: Die Schülerinnen ergänzen ein Arbeitsblatt, das nur die fett gedruckten Gegensatzpaare oder nur den ersten Absatz enthält.

127 Metaphernanalyse

12–18 Jahre

EIGNUNG

Hilft, Metaphern als Grundformen der religiösen Sprache besser zu verstehen und mit Erfahrungen zu verknüpfen.

BESCHREIBUNG

In der Metaphernanalyse werden die Bilder der Metapher schrittweise erhellt und bedacht. In einer Metapher werden zwei Elemente, die unterschiedlichen Sachbereichen angehören, zu einer neuen, oft überraschenden Aussage verknüpft. *(In einem guten Wort ist für zwei Winter Wärme.)* Solche Verknüpfungen regen die Fantasie an und erweitern unsere Vorstellungswelt. Obwohl Metaphern oft unmittelbar einleuchten, kann sich eine Analyse lohnen. Sie öffnet den Blick für die Konstruktion und für die Tragweite der scheinbar so einfachen Metapher.

Beispiel
»Gott ist das Fenster in meinem Gefängnis.«

1. Stellt euch Situationen vor, in denen jemand sein Leben als Gefängnis empfindet. Welche fallen euch ein?
2. Was könnte in diesen Situationen *ein Fenster im Gefängnis* sein?
3. Welchen Charakter gewinnt das Wort »Gott«, wenn »Gott« als *Fenster in meinem Gefängnis* bezeichnet wird?
4. Wie verändert sich jene Situation, die als *Gefängnis* und als *Fenster im Gefängnis* erlebt werden, wenn »Gott« als *Fenster im Gefängnis* bezeichnet wird?
5. Was ergibt sich aus diesen Überlegungen für die Bedeutung der Metapher?

128 Text gliedern

14–18 Jahre, 5–10 Minuten

EIGNUNG
Vermittelt einen Überblick über den Text; erfordert gründliches Lesen.

BESCHREIBUNG
Ein Text wird so vorgelegt, dass Schülerinnen leicht die Gliederung markieren können. Sie geben den Umfang der einzelnen Abschnitte an und charakterisieren durch eine Überschrift oder durch ein Stichwort den jeweiligen Abschnitt.

VARIANTE
Die Gliederung ist vorgegeben. Die Schülerinnen formulieren die Überschriften.

HINWEISE
Diese Methode kann erleichtert werden durch einen breiten Rand oder durch typografisch hervorgehobene Textelemente.

129
Ersatzprobe

14–18 Jahre, 10–20 Minuten

EIGNUNG

Hilft, einen religiösen Begriff in seiner Bedeutung zu erfassen und inhaltlich genauer zu bestimmen.

BESCHREIBUNG

In einem überschaubaren Text kommt an markanter Stelle oder auch mehrfach ein wichtiger religiöser Begriff vor (z.B. Gott, Erlöser, Auferstehung, Buße ...). Die Schülerinnen sollen diesen Begriff durch einen möglichst gleichwertigen Begriff ersetzen, und dabei soll der Text insgesamt lesbar und sinnvoll bleiben.

HINWEISE

- Diese Methode eignet sich besonders für Partner- oder Gruppenarbeit.
- Die Ergebnisse werden im Klassengespräch diskutiert. Naturgemäß können dabei mehrere Lösungen gut sein. Es geht also nicht um den schroffen Gegensatz »richtig oder falsch«, sondern es geht darum zu prüfen, welche Lösungen angemessen sind und welche weniger geeignet sind.
- In der Vertiefung kann untersucht werden, wie traditionelle religiöse Vorstellungen (z.B. Erlösung) in heutiger Sprache formuliert werden. – Gelingt das Umsprechen? Oder gibt es einen nicht eingelösten Überschuss des religiösen Begriffs?

130
Textpuzzle

8–14 Jahre, 10–30 Minuten

EIGNUNG
Spielerische Einführung eines Textes.

BESCHREIBUNG
Ein Text wird in (kleinere) Abschnitte zerschnitten. Die Schülerinnen fügen die durcheinandergeratenen Teile wieder zusammen.

VARIANTEN
- Es werden ein oder zwei Textteile beigefügt, die nicht in den Text gehören. Fairerweise sollten die Schülerinnen aber darauf hingewiesen werden.
- Die Textteile sind nicht zerschnitten, sondern erscheinen vertauscht auf einem Blatt und werden durch Nummerieren in die richtige Reihenfolge gebracht.

131
Vom Text zur Tabelle

14–18 Jahre, 15–20 Minuten

EIGNUNG
Sichert das Verstehen von Sachtexten; erleichtert die Arbeit an schwierigen Texten; macht die logische Struktur neuer Inhalte bewusst.

BESCHREIBUNG
Den Schülerinnen wird ein Blatt ausgehändigt, das drei Elemente enthält:
a) einen Sachtext,
b) eine Arbeitsanweisung, die erklärt, welche Informationen die Schülerinnen in die Tabelle übertragen sollen,
c) eine Tabelle, die zur logischen Struktur des Sachtextes passt.
In Einzel- oder Partnerarbeit notieren sie ihre Einsichten in die Grafik.

HINWEISE

- Diese Methode kann die Grundlage bilden für eine anschließende Erörterung oder Diskussion des Textes.
- Durch entsprechende Erweiterungen der Grafik kann die Textdiskussion schon vorbereitet werden (z.B. durch die Zusatzfragen: Wie beurteilen Sie den Text im Ganzen? Welcher Bewertung können Sie am ehesten zustimmen?).

Literatur: Klippert, 110–113

132
Text markieren und unterstreichen

14–18 Jahre, 10–20 Minuten

EIGNUNG

Hilft, Sachtexte zu erschließen; erleichtert die Wiederholung.

BESCHREIBUNG

Die Schülerinnen erhalten den Auftrag, einen Text durch Unterstreichen und Markieren zu bearbeiten. Dabei bewährt sich ein Vorgehen in mehreren Schritten:

- Bleistift, Lineal, Textmarker, roten Filzschreiber und Radiergummi bereitlegen.
- Den Text lesen, damit klar wird, worum es geht.
- Wichtige Stellen zunächst mit Bleistift unterstreichen, damit der gedankliche Aufbau durchsichtig wird.
- Nach diesem Durchgang überprüfen, ob wirklich das Wichtigste ausgewählt wurde. Überflüssige Unterstreichungen ausradieren.
- Schlüsselbegriffe (und nur diese) mit dem Textmarker hervorheben. (Also keineswegs ganze Sätze markieren!)
- Wichtige Erläuterungen zu den Schlüsselbegriffen mit Rot unterstreichen.
- Schlüsselbegriffe geordnet auf einen zweiten Zettel schreiben und überprüfen, ob man anhand dieser Schlüsselbegriffe den Textzusammenhang rekonstruieren kann. Falls das nicht so ist, Text noch einmal lesen und evtl. zusätzliche Schlüsselbegriffe markieren.

Literatur: Klippert, 105–108

133
Text löschen

12–18 Jahre, 10–30 Minuten

EIGNUNG

Vertieft das Textverständnis; motiviert durch die Eigentätigkeit.

BESCHREIBUNG

Die Schülerinnen erhalten den Text. Sie übermalen ihn mit einem schwarzen Filzstift so, dass nur noch die Rohinformation (der Handlungskern) übrig bleibt (Arbeitsanweisung: Streicht im Text alle Wörter, die man nicht unbedingt für das Verständnis braucht.). Die Ergebnisse werden verglichen und diskutiert.

VARIANTE

Wenn man Wert darauf legt, dass das Ergebnis revidierbar ist, können die Schülerinnen Textstücke mit Korrekturband überkleben.
Leichter fällt die Revision noch, wenn der Text am Computer gekürzt wird.

134
Aphorismen auswählen und kommentieren

16–18 Jahre, 10–30 Minuten

EIGNUNG

Das Problembewusstsein der Schülerinnen wird erweitert; sie klären und vertiefen ihre Vorstellungen.

BESCHREIBUNG

Den Schülerinnen wird eine Liste mit sechs bis acht thematisch verwandten Aphorismen ausgehändigt. Sie erhalten den Auftrag, einen Aphorismus auszuwählen und (schriftlich) zu begründen, warum sie sich für diesen Aphorismus entschieden haben. Die Begründungen werden vorgetragen und verglichen.

VARIANTEN

- Nach der Auswahl des Aphorismus arbeiten die Schülerinnen zusammen, die die gleiche Wahl getroffen haben.
- Einige Schülerinnen suchen zu Hause bzw. in der Schulbücherei oder im Internet Aphorismen zu einem vereinbarten Thema, die dann in der Klasse vorgestellt werden (evtl. Literatur oder Internetseiten angeben).

Beispiel

Jeder Mensch ist
ein Künstler.
Joseph Beuys

Schrecklich ist vieles,
nichts aber schrecklicher
als der Mensch.
Sophokles

Der größte Mensch ist
nichts anderes als nur ein
Tier, das sich als Gott
verkleidet hat.
Francis Picabia

Ich bin eigentlich ganz
anders. Ich komme nur
so selten dazu.
Ödon von Horváth

Man kann sehr lange
leben, ohne zu leben.
James Baldwin

Der Mensch übersteigt den
Menschen unendlich.
Blaise Pascal

Wenn wir die Menschen
nur so nehmen, wie sie
sind, so machen wir sie
schlechter.
Johann Wolfgang Goethe

Was ist der Mensch?
Etwas, das gedemütigt
werden kann.
Nach Avishai Margalit

1. Wählen Sie den Aphorismus aus, der Ihnen am besten gefällt.
2. Erläutern Sie, warum Sie sich für diesen Aphorismus entschieden haben.

135 Erarbeitung eines Textes aus Leitfragen

8–18 Jahre, 10–30 Minuten

EIGNUNG

Fördert den selbstständigen Umgang mit dem Text; bezieht grundsätzlich alle Schülerinnen ein.

BESCHREIBUNG

Auf einem Arbeitsblatt – bzw. durch Tafelanschrieb – erhalten die Schülerinnen Fragen, die in das Textverständnis einführen.

VARIANTEN

- Das Arbeitsblatt enthält auch Informationen über den Text bzw. Hinweise zur Auslegung.
- Wenn die selbstständige Arbeit noch schwerfällt, ist eine Hilfestellung sinnvoll: Das Arbeitsblatt ist in zwei Spalten geteilt; die Leitfragen sind in beiden Spalten dieselben. In der linken Spalte aber sind die Fragen beantwortet; sie beziehen sich auf einen strukturanalogen Text, der unmittelbar davor bearbeitet wurde. In Analogie zu diesen Antworten können die Schülerinnen dann leichter die Leitfragen bearbeiten.
- Zur Ergebnissicherung wird das Arbeitsblatt (nur die Fragen) auf eine Overhead-Folie kopiert bzw. über Beamer eingespielt. Zutreffende Antworten werden im Lauf der Stunde eingetragen, und die Schülerinnen können ihre Lösungen berichtigen bzw. vervollständigen.

HINWEISE

- Die Arbeitsweise fordert die Selbstständigkeit der Schülerinnen, sie kann aber schrittweise eingeübt werden. Dabei kann Zug um Zug von der Stillarbeit zur Partner- und Gruppenarbeit übergegangen werden.
- Die Gefahr der Ermüdung ist groß, wenn diese konventionelle Methode häufiger angewendet wird.
- Es empfiehlt sich, die Leitfragen bzw. Arbeitsblätter in der Nachbereitung der Unterrichtsstunde zu verbessern.

136
Erarbeitung unterschiedlicher Auslegungen

12–18 Jahre, 15–30 Minuten

EIGNUNG
Einführung in mehrdimensionale (Bibel-)Auslegung

BESCHREIBUNG
In arbeitsteiliger Gruppenarbeit skizzieren Schülerinnen nach Leitfragen zwei Auslegungen eines (biblischen) Textes. Die Leitfragen sind so gestaltet, dass mit großer Wahrscheinlichkeit unterschiedliche Interpretationen entstehen. Die Arbeitsergebnisse werden verglichen und der jeweilige Weg auf seine Berechtigung untersucht.

VARIANTEN
- Die Leitfragen werden ergänzt durch einen hinführenden Problemtext (z.B. die Situation der frühen Gemeinden als Auslegungshintergrund, ein Bericht aus dem Erfahrungsbereich der Jugendlichen als Kontext der Auslegung etc.).
- Die Schülerinnen erarbeiten nur eine Auslegung; eine kontrastierende Deutung wird später vorgelegt bzw. von der Lehrerin referiert.

Beispiel
Zu einer Wundergeschichte erhalten die Schülerinnen Arbeitsblätter. Eine Gruppe wird durch Leitfragen zu einer christologischen Interpretation angeleitet; die andere Gruppe interpretiert die Erzählung als Darstellung einer menschlichen Grunderfahrung (z.B. Blindenheilung als Erkennen des wahren Selbst). Beide Lösungen werden gegenübergestellt.
Diskussion: Welche Deutung verdient den Vorzug? Warum?

137 Unterschiedliche Auslegungen vergleichen

12–18 Jahre, 15–30 Minuten

EIGNUNG
Einführung in mehrdimensionale (Bibel-)Auslegung

BESCHREIBUNG
Zu einem Bibeltext erhalten die Schülerinnen mehrere (je nach Alter zwei bis sechs) unterschiedliche Auslegungen; etwa eine theologische, eine politisch-soziale, eine psychologische und eine religionsgeschichtliche Deutung. In Gruppenarbeit vergleichen sie diese Deutungen und stellen eine Rangfolge auf. Jede Gruppe gibt ihre Rangfolge bekannt, diese Ergebnisse werden anschließend in der Klasse diskutiert.

VARIANTEN
- Die Lösungen werden nach Punkten gewichtet, d.h. jede Gruppe vergibt (eins bis drei) Punkte für die überzeugendsten Deutungen; die Ergebnisse aller Gruppen werden addiert, Diskussion über das Ergebnis.
- Unter den Deutungsvorschlägen ist auch eine inakzeptable Auslegung, die aber in der Rezeptionsgeschichte eine Rolle spielt.

138 Textvergleich

10–18 Jahre, 5–30 Minuten

EIGNUNG
Schärft den Blick für die Eigenart bzw. die Intention eines Textes.

BESCHREIBUNG
Zwei motiv- oder themenverwandte Texte werden verglichen und ihre Besonderheiten festgehalten.

VARIANTEN

- Zwei Überlieferungsstufen eines Textes werden verglichen (z.B. Urfassung und redaktionelle Endfassung; synoptischer Vergleich).
- Themengleiche Texte, die zu gegensätzlichen Schlussfolgerungen gelangen, werden verglichen und die Überzeugungskraft der jeweiligen Position überprüft.

139
Vergleich eines Bibeltextes mit seiner Transformation

8–18 Jahre, 10–20 Minuten

EIGNUNG

Fördert die Wahrnehmung des Bibeltextes; erschließt Aktualisierungsmöglichkeiten.

BESCHREIBUNG

Eine Bearbeitung des Textes wird den Schülerinnen vorgestellt (s. Beispiel S. 164). Frage: Wie verändert diese Bearbeitung den Bibeltext und seine Intentionen?

VARIANTEN

- Ausgangspunkt ist die Transformation.
- Zwei Transformationen werden verglichen und mit der biblischen Vorlage in Beziehung gesetzt.
- Die Transformation dient als Muster für eigene Arbeiten der Schülerinnen.

HINWEISE

- Als Transformationen kommen infrage: Verfilmungen, Hörspiele, Verfremdungen aus der modernen Literatur, meditative Aktualisierungen, Bilder und Comics, Lieder zur Bibel.
- Vor allem dann, wenn Bilder mit dem biblischen Original verglichen werden, ist ein Vergleich der Bearbeitungen anregend (z.B. eine ältere und eine moderne Darstellung des verlorenen Sohns).
- Zahlreiche Transformationen biblischer Texte enthält die umfangreiche Sammlung »Biblische Texte verfremdet«, hrsg. von Horst Klaus und Sigrid Berg, Kösel, München 1986–1990.

Samariter

Zwischn Jerusalem & Jericho
a bewusstlosa Naggada im Schrdrassngroom:

sowieso häd ma den aufglaubd
vabundn, vasorgd, aufn Esl gloodn, –

ko ma n doch need lieng lassn,
wenn neamands do is, dea huifd.

Zwischn Anzing & Ebersberg
a bewusstlosa Naggada im Schrdrassngroom:

Entweda a Bsuffana, dem geschichd s recht, oda
a Leich, do weradsd vadächtigd, oda
a Foin: dass de zsammschlong und ausraum –

wegschauung, gasgeem,
kimd eh glei da näxde.

Josef Wittmann

Hinweis: Foin = Falle

140
Text in einer Bildgeschichte wiedergeben

8–14 Jahre, 20–45 Minuten

EIGNUNG
Spielerische und kreative Form, einen Text zu gliedern und zu interpretieren.

BESCHREIBUNG
Die Schülerinnen werden gefragt, welche Bilder man zu einer Erzählung malen kann. (Dadurch wird indirekt die Gliederung des Textes erarbeitet.) Das Ergeb-

nis hält man fest (Tafel, Overheadprojektor). Nun wird mit den Schülerinnen verabredet, wie sie die Bilder zeichnen oder malen wollen.

VARIANTEN

- Schülerinnen malen (nach Absprache) einzelne Bilder, die zu einem Bilderfries zusammengefasst werden.
- Eine Bilderfolge wird als Bildgeschichte gezeichnet (evtl.in Gruppenarbeit).
- Die Schülerinnen stellen die Einzelszenen in Standbildern dar, fotografieren sie und bearbeiten sie für eine PowerPoint-Präsentation (evtl. mit Texten bzw. mit Sprechblasen).

141
Eine Filmsequenz entwerfen

14–18 Jahre, eine oder mehrere Stunden

EIGNUNG

Der Aufbau des Textes und seine Intentionen werden erarbeitet; schöpferische Fähigkeiten geweckt.

BESCHREIBUNG

Zu einer (biblischen) Erzählung soll eine Sequenz von Szenen für einen Film entworfen werden. In entsprechenden Tabellen können die Schülerinnen Ort, Personen, Handlung und Dialoge aufzeichnen.

VARIANTEN

- Die Skizze wird zu einem Drehbuch weiterentwickelt, evtl. sogar von Schülerinnen im Rahmen eines Videoprojekts inszeniert.
- Die einzelnen Szenen werden arbeitsteilig in Gruppenarbeit entwickelt.

142 Konfiguration eines Textes erarbeiten

13–18 Jahre, 10–20 Minuten

EIGNUNG

Hilft zur inhaltlichen Analyse eines Textes.

BESCHREIBUNG

Die Beziehung zwischen den handelnden Personen wird grafisch dargestellt und beschriftet.

VARIANTEN

- Die Schülerinnen entwerfen die Konfiguration selbstständig. (Auftrag: Stellen Sie die Beziehung zwischen den Personen grafisch dar und notieren Sie die Interaktionen.)
- Die Grafik wird als (unvollständige) Skizze ausgehändigt; die Schülerinnen zeichnen die Beziehungen ein und beschriften sie (s. Beispiel rechts, hier sind erste Unterlegungen eingefügt).
- Die Konfiguration wird im Unterricht erarbeitet.
- Die Konfiguration wird den Schülerinnen vorgelegt und als Hilfe zur Textauslegung genutzt.

143 Ein Textsoziogramm entwickeln

14–18 Jahre, 15–20 Minuten

EIGNUNG

Hilft, die Textstruktur zu erfassen; gibt Impulse zur Interpretation.

BESCHREIBUNG

Die Schülerinnen gestalten eine einfache Grafik:

- Auf einem Kreis werden die Personen einer Erzählung notiert.

Konfiguration der Erzählung von David und Goliat

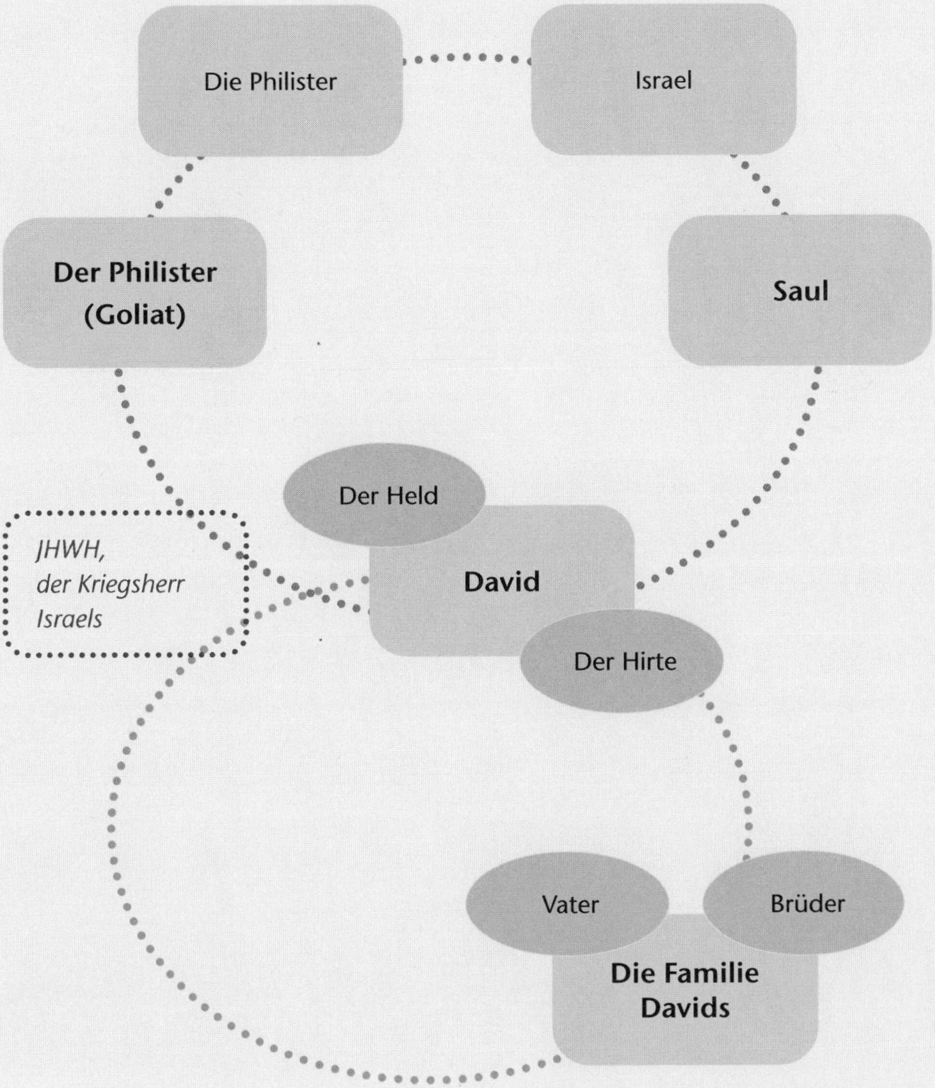

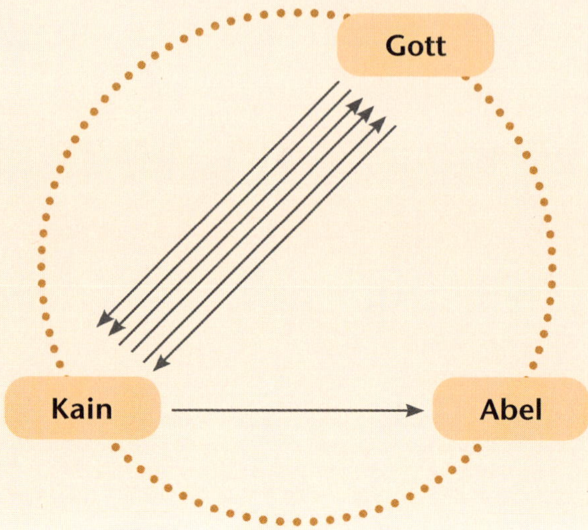

- Durch (verschiedenfarbige) Pfeile werden Dialoge und Interaktionen zwischen den Personen eingezeichnet.
- Das Ergebnis wird ausgewertet.

Beispiel
Dialogstruktur der Erzählung von Kain und Abel (s. oben)

144
Einen (Bibel-)Text umformen

12–18 Jahre, 15–45 Minuten

EIGNUNG
Fördert das Textverständnis; reizt als kreative Arbeit.

BESCHREIBUNG
Der biblische Text wird sprachlich neu gestaltet, die inhaltliche Übereinstimmung mit dem Original bleibt aber gewahrt. – Möglich sind z.B. Nacherzählung,

knappe Inhaltsangabe, Märchen, Zeitungsmeldung, Polizeibericht, Brief, Hörspiel, Satire.

Beispiele
Die Wundererzählung vom Jüngling von Naim wird als Märchen erzählt; Zeitungsmeldung über die Vertreibung der Händler aus dem Tempel; Polizeibericht zur Erzählung vom Samariter; Satire zur Erzählung von Noah und der Arche etc.

HINWEISE

- Das Gelingen dieser Methoden hängt in hohem Maß von der Arbeitsweise im Deutschunterricht ab.
- Die neuen Texte, die so entstehen, sind »eigene Werke« der Schülerinnen, sie wollen mit Aufmerksamkeit und Anerkennung entgegengenommen sein. Diese Wertschätzung kann sich in etwa auch darin äußern, dass ein »Sammelband« in der Klasse entsteht, in dem die repräsentativen Arbeiten eingetragen werden. (Dieser Hinweis gilt auch für die folgenden Methoden.)
- Nicht jeder biblische Text kann in eine Zeitungsmeldung, in einen Polizeibericht oder in einen Brief umgeformt werden. Mythische Erzählungen und Wundergeschichten eignen sich nicht für Gattungen, die faktisches Geschehen wiedergeben.

145
Einen (Bibel-)Text perspektivisch neu erzählen

12–18 Jahre, 15–45 Minuten

EIGNUNG

Ermöglicht Identifikation mit einer Erzählung; weckt schöpferische Kräfte; erweitert den Deutungshorizont.

BESCHREIBUNG

Ein (biblischer) Text wird aus der Perspektive einer Erzählfigur neu erzählt.

Beispiel
s. folgende Seite

Gleichnis vom Samariter – Metamorphosen

1. Erzählen Sie die Geschichte vom Samariter neu: Stellen Sie das Geschehen aus der Perspektive des Mannes aus Samaria dar. Wählen Sie die Form einer Ich-Erzählung und schildern Sie dabei auch Wahrnehmungen und Gefühle des Mannes.
2. Erzählen Sie die Geschichte vom Samariter neu: Stellen Sie das Geschehen aus der Sicht des Mannes aus Samaria dar. Erzählen Sie die Geschichte in der dritten Person.
3. Der Mann aus Samaria nähert sich der Stelle, an der der Ausgeraubte liegt: Auf einige Entfernung glaubt er, seinen Bruder zu erkennen. Er kommt näher ... Er ist unschlüssig, was er tun soll. Stellen Sie den inneren Kampf des Mannes aus der Perspektive des personalen Erzählers dar.
4. Der Kaufmann aus Samaria hat sich durch seine Hilfeleistung verspätet. Er kommt jetzt (mindestens) einen Tag später nach Hause, als mit seiner Frau verabredet. Er schreibt seiner Frau einen Brief. Dabei weiß er, dass seine Frau ihn für zu gutmütig und zu großzügig hält. Und reich ist er ja auch nicht gerade ...
5. Der Mann, der unter die Räuber gefallen ist, erzählt die Geschichte. Er ist deprimiert. Er wollte nach Jericho auf den Markt gehen und dort Schafe kaufen. Nun haben ihm die Räuber den Verdienst eines ganzen Jahres gestohlen.
6. Der Mann, der unter die Räuber gefallen ist, erzählt die Geschichte. Er ist wie erlöst. Er hatte seinen Tod im Gebirge schon vor Augen, da tauchte der Mann aus Samaria auf ...
7. Der Mann, der unter die Räuber gefallen ist, liegt abends allein in der Herberge und nach und nach erst wird ihm klar, was passiert ist. Stellen Sie in einem inneren Monolog die Rekonstruktion der Erzählung dar.
8. Der Mann, der unter die Räuber gefallen ist, hat sich wieder erholt. Als Jude ärgert er sich immer noch über die Geschehnisse. Er fasst sich ein Herz und schreibt einen Brief an den Hohen Priester in Jerusalem.
9. Der Apostel Johannes war nicht dabei, als Jesus das Gleichnis erzählt hat. Jetzt will er von Petrus wissen, was sich abgespielt hat. Petrus ist wortkarg und lässt sich alle Informationen einzeln entlocken. Schreiben Sie einen entsprechenden Dialog.
10. Der Schriftgelehrte, der Jesus in Verlegenheit bringen wollte, erzählt einem Kollegen den Vorfall. – Wenn Sie Lust haben, können Sie auch einen Dialog schreiben und den Text als Gespräch präsentieren.

146
Biblische Texte aktualisieren

14–18 Jahre, 10–45 Minuten

EIGNUNG

Stiftet Identifikationsmöglichkeiten; verkleinert den Graben zwischen damals und heute.

BESCHREIBUNG

Ein biblischer Text löst oft Befremden aus, weil er in einer Vorstellungswelt und in einer Sprache beheimatet ist, die heutigen Schülerinnen fremd geworden ist. Die Aufgabe besteht nun darin, die biblische Vorlage in Diktion und Inhalt so zu verändern, dass sie in die Gegenwart passt.
Die Ergebnisse werden mit der biblischen Vorlage verglichen. Gewinn und Verlust der Transformation werden bedacht.

Beispiel

Der Turmbau zu Frankfurt
Wieder einmal wurde in Frankfurt ein neuer Wolkenkratzer gebaut. Die Skyline von »Mainhattan« sollte endgültig den höchsten und schönsten Hochhausturm Europas erhalten. Bei den Bauarbeiten lief alles wie geschmiert, und die Bauzeit würde wahrscheinlich wieder einmal unterschritten werden. ...
Es war ja nicht so, dass ihn der Bau an sich gestört hätte. An solche Monumentalbauten hatte er sich doch längst gewöhnt, und auch der Hochhauskult der Menschen riss ihn nicht mehr vom Hocker. Dazu war seit Babel zu viel passiert. Babel war halt einfach zu schlecht organisiert. Keine Disziplin, keine Baupläne. Eigentlich ein Wunder, dass sie damals überhaupt über das erste Stockwerk hinausgekommen waren! Heute war alles anders. Er hatte Konkurrenz bekommen; die Menschen nannten ihren neuen Gott »Geld«. Tatsache war, dass sie ohne Geld nicht leben konnten. Sie lechzten nach Geld, so wie die Menschen von Babel nach ihm gelechzt hatten. Also musste etwas geschehen. Sabotage wie damals? Fehlanzeige. ... Seine eigentliche Sorge: Dieser Skyscraper und seine Ausführung stand doch für das Problem der Menschen: Die Söhne und Töchter Adams und Evas hatten in den Jahrtausenden seit Babel viel gelernt, aber eben nicht genug. Denn so groß ihr technisches Potenzial auch war, so klein war ihr

Horizont, wenn es darum ging, die Folgen ihres Tuns abzuschätzen. Dafür war der Hochhausturm ein Symbol: Von außen war er ein Meisterwerk. Glasblitzend, stabil, unglaublich imposant. Aber innen, dort arbeiteten zu viele Menschen; dort herrschte das Chaos.
Manchmal überkam ihn das Gefühl, dass sie ihm die Vertreibung aus dem Paradies übel genommen hatten und dass sie sich jetzt selbst eines schaffen wollten. Dabei hätten sie doch schon genug zu tun mit ihren selbst geschaffenen Problemen: Umweltkatastrophen gab es Jahr für Jahr, Kriege und vor allem: seelische Armut und menschliche Einsamkeit. Was brauchten sie da neue Paradiese für ein paar Wenige?
Aber in seiner eigentlichen Domäne hatte er bei den Menschen viel Konkurrenz bekommen: Konsum, Fernsehen, Sekten und Fundamentalisten. Die Menschen hatten sich eben selbstständig gemacht. Vielleicht hatte er nicht gut genug auf sie aufgepasst? Vielleicht war er zu spät gekommen? Hielt sich doch seit Jahrhunderten hartnäckig das Gerücht, dass Gott verreist sei ...
Nach Daniel Tiemann, 12. Klasse

147
Neue Gleichnisse schreiben

9–18 Jahre, 15–60 Minuten

EIGNUNG
Weckt die Fantasie; ermöglicht Transfer.

BESCHREIBUNG
Die sprachliche Gestalt eines neutestamentlichen Gleichnisses oder Bildworts wird anschaulich erklärt. Die Schülerinnen erhalten den Auftrag, in Analogie zum biblischen Text ein »neues Gleichnis vom Reich Gottes« zu schreiben.

HINWEISE
- Obwohl die Aufgabe anspruchsvoll ist, lösen Schülerinnen sie gern (ab 4. Grundschulklasse). Da sich aber ein Teil der Schülerinnen damit schwertut, sollte man als alternative (Haus-)Arbeit ein Bild zu einem Gleichnis malen lassen.

- Für jüngere Schülerinnen eignen sich vor allem Bildworte und Kurzgleichnisse (vom Senfkorn, vom verlorenen Schaf etc.).
- In der Vorbereitung der Aufgabe wird die Sprachgestalt verdeutlicht (evtl. mit grafischen Satzbögen, Einschwingen in die Satzmelodie etc.).
- Wichtig ist auch der Hinweis auf die »Extravaganz«, d.h. auf die Überbietung der Wirklichkeit. Die Pointe des Bildworts vom Senfkorn liegt z.B. darin, dass aus dem kleinen Samen nicht bloß eine Staude wird, sondern »ein Baum«. Und der Vater im Gleichnis vom verlorenen Sohn nimmt den Gestrandeten nicht nur auf, er feiert sogar ein Fest etc.

Beispiel

Das Gleichnis von der Klassenarbeit
In der siebten Klasse ist eine Klassenarbeit in Mathe geschrieben worden. Der Lehrer hat sie durchgesehen. Sieben Schülerinnen hatten die besten Arbeiten geschrieben. Sieben andere hatten die Arbeit verhauen. Der Rest der Klasse war mittelmäßig.
Nun teilte der Lehrer die korrigierten Arbeiten aus. Zuerst bekamen die mittelguten ihre Hefte; alle hatten die Note »Gut«. Dann kamen die Schüler an die Reihe, die die Arbeit verhauen hatten. Auch sie bekamen eine gute Note. Die besten Schüler waren nun sicher, dass sie alle eine Eins bekommen würden. Aber auch sie bekamen die Note »Gut«. Da beschwerten sie sich und sagten: Wir haben alle Aufgaben richtig und bekommen dieselbe Note wie die, die keine Aufgabe richtig gelöst haben. Das ist ungerecht. Da sagte der Lehrer zu ihnen: »So ist das nun bei uns: Alle, die sich angestrengt haben, bekommen dieselbe Note. Oder seid ihr neidisch, weil ich gut bin?«

148
Antitexte schreiben

14–18 Jahre, 20–45 Minuten

EIGNUNG

Hebt den Streitwert eines (biblischen) Textes hervor; konfrontiert mit erfahrener Wirklichkeit.

BESCHREIBUNG

Biblische Erzählungen widersprechen oft den üblichen Verhaltensmustern. Weil die Texte aber so vertraut klingen, wird ihre Provokation nicht mehr wahrgenommen. Deshalb erhalten die Schülerinnen den Auftrag: Arbeitet den biblischen Text so um, dass er den üblichen Erwartungen und Verhaltensweisen entspricht. So können etwa Teile der Bergpredigt und Begegnungsgeschichten der Evangelien, aber auch Gleichnisse und Streitgespräche bearbeitet werden.

Beispiel

Es war einmal ein Zöllner namens Levi. Er hatte viel Geld, ein schönes Haus, eine nette Frau und viele, viele Kinder. Nun ergab es sich, dass der Familienvater eines Tages wieder an seinem Zoll saß und seiner Arbeit nachging, als plötzlich ein merkwürdiger Prediger namens Jesus vorbeikam und auf ihn einredete. Er hätte so großen Hunger, hieß es, und dass ein derart reicher Zöllner wie Levi einer war, der ihm doch bitte etwas zu essen geben könne. Levi war sich dieser Tatsache natürlich bewusst und lud ihn kurzerhand zu einem Festessen bei sich zu Hause ein. Allen schmeckte das Mahl, für welches seine Frau einige Stunden der Zubereitung aufgewendet hatte. Jedoch war Jesus ein undankbarer Gast, denn anstatt sich zu bedanken, beleidigte er seinen Gastgeber: Er nannte Levi einen Kranken und war letztlich sogar der Meinung, dass dieser einen Arzt nötig hätte. Daraus lernte Levi etwas: Er lud jetzt niemanden mehr zu sich ein, wurde mit der Zeit bösartig und einsam und starb als verbitterter alter Miesepeter.
Daniel B., 11. Klasse

149 Ihr Auftritt ...

12–16 Jahre, 10–20 Minuten

EIGNUNG

Fördert die Identifikation mit Gestalten biblischer Erzählungen.

BESCHREIBUNG

Eine Schülerin übernimmt es, sich in eine biblische Gestalt hineinzuversetzen (Vorbereitungszeit lassen, evtl. Leitfragen). Die Klasse befragt diese Gestalt nach ihrem Erleben und nach ihren Einstellungen.

VARIANTEN

- In Gruppenarbeit versuchen Schülerinnen, eine biblische Gestalt zu charakterisieren bzw. ihr Verhalten zu verstehen. Die Gruppe im Ganzen (oder zwei Vertreterinnen) steht dann der Klasse Rede und Antwort.
- Statt durch die Klasse wird die Gruppe von einer Reporterin interviewt.
- Mehrere biblische Gestalten werden (in einem Podium) vorgestellt und befragt.
- Ohne dass die Klasse unterbricht, erklärt eine Schülerin – stellvertretend für eine biblische Gestalt – deren Verhalten. Z.B.: Saul erklärt, wie er zu David steht. – Oder: Die Gestalten der Passionsgeschichte rechtfertigen sich (Pilatus, Petrus, der Hohe Priester und die Schriftgelehrten – ihre Rolle wird in Gruppenarbeit vorbereitet, sie tragen evtl. mit Moderatorin ihre Entschuldigungsgründe vor).

150 Bibelquiz

8–13 Jahre, 5–10 Minuten

EIGNUNG

Sichert kognitives Wissen.

BESCHREIBUNG

Eine Person oder ein Realienwort ist zu erraten; die Ratewörter werden umschreibend vorgestellt.

VARIANTEN

- Das Quiz kann im Wettbewerb zweier Klassenhälften durchgeführt werden.
- Nach Art des Beruferatens (frühere Fernsehsendung: Was bin ich?) übernimmt die Lehrerin oder eine Schülerin die Rolle einer biblischen Gestalt, d.h. sie wird befragt und antwortet grundsätzlich nur mit »Ja« oder »Nein«.
- Die zu erratenden biblischen Realien werden stumm gezeichnet; die Klasse oder die Teilgruppe rät möglichst rasch (Vorbild: die frühere Fernsehsendung »Die Montagsmaler«): Entsprechend sind Zettel vorbereitet, die den Zeichnern ausgehändigt werden.
- Zur Vorbereitung stellen konkurrierende Gruppen selbst zusammen, welche Begriffe sie raten lassen.

HINWEISE

- Die Grenzen des Verfahrens liegen im Vorrat biblischer Gestalten und Realien. Je mehr eine Klasse von der Bibel weiß, umso anregender kann dieses Spiel sein.
- Naturgemäß wird das Spiel, wenn es als Wettbewerb durchgeführt wird, leicht turbulent. »Schiedsrichter« (ein Vertreter jeder Gruppe) sind dann vielleicht hilfreich.

151 Aufschlagspiele

10–13 Jahre, ca. 10 Minuten

EIGNUNG

Stiftet Überblick über die biblischen Bücher und übt die Zitationsweise ein.

BESCHREIBUNG

Bibelstellen werden nach der üblichen Zitation aufgerufen (z.B. Exodus 3,7). Die Schülerinnen suchen die entsprechende Stelle und lesen sie laut vor.

VARIANTEN

- Dieses Verfahren kann als Wettbewerb durchgeführt werden: Wer eine Stelle findet, darf selbst die nächste aufrufen.
- Zwei oder drei Schülerinnen nennen reihum Bibelstellen; die Klasse sucht – aufgeteilt in zwei Gruppen, die miteinander im Wettbewerb stehen.

HINWEISE

- Besonders in den Klassen 5–7 zur Einführung in die Gesamtausgabe der Bibel geeignet.
- Es ist sinnvoll, stufenweise mit den biblischen Büchern bekannt zu machen, z.B. anfangen mit den Evangelien, dann die fünf Bücher Mose einbeziehen, schließlich die übrigen Bücher des NT und erst zum Schluss die gesamte Schrift.

152
(Bibel-)Texte auswendig lernen

8 – 13 Jahre

EIGNUNG

Vertieft die Textkenntnis; schafft ein Repertoire wichtiger Texte.

BESCHREIBUNG

Kurze Bibeltexte oder Gebete, die als Kernstücke gelten können, werden von den Schülerinnen auswendig gelernt und mehrfach im Unterricht wiederholt.

VARIANTEN

- Am Ende einer Unterrichtsreihe wählen sich die Schülerinnen selbst einen Text, den sie auswendig lernen möchten.
- Aus einem größeren Text wird nur ein zentraler Satz bzw. ein zentraler Abschnitt ausgewählt. (Die Schülerinnen werden aufgefordert, aus einem Text den Abschnitt auszuwählen, der ihnen wichtig erscheint, z.B. aus Psalmen, aus der Bergpredigt.)

HINWEISE

- Die Methode ist in Misskredit geraten, da im früheren Bibelunterricht unnötig oft (lange) Bibeltexte gelernt werden mussten. Oft nur für die nächste Stunde; Langzeitgedächtnis war nicht gefragt. – Wichtig ist deshalb die Beschränkung auf Kernstellen und die spätere Wiederaufnahme der gelernten Texte.
- Es ist unklug, einfach als Hausaufgabe einen Text auswendig lernen zu lassen. Empfehlenswert ist ein gestuftes Verfahren: Ein Text wird etwa an die Tafel geschrieben, sorgfältig gelesen und besprochen (dann evtl. zuerst im Chor gelesen etc.); so wird er im Unterricht schon halb memoriert. Jetzt erst wird die Textkenntnis durch Auswendiglernen gefestigt. Größere Texte werden dabei in zwei oder drei Schüben erlernt (Gen 1). Beim ersten freien Vortrag dürfen die Schülerinnen zur Sicherheit den Text aufgeschlagen lassen und gegebenenfalls nachsehen. – Für den Erfolg ist es nämlich wichtig, dass die Schülerinnen Freude am Auswendiglernen behalten und möglichst wenig Druck ausgesetzt sind.
- Der kleine Kanon auswendig gelernter Texte sollte von Zeit zu Zeit wiederholt und damit kontinuierlich gepflegt (und erweitert) werden.

153
Wertende Auswahl von Bibeltexten

10–14 Jahre, 15–30 Minuten

EIGNUNG

Wiederholung und Vertiefung

BESCHREIBUNG

Bibeltexte, die in einem engen thematischen Zusammenhang stehen, werden den Schülerinnen vorgelegt. Sie sollen denjenigen Text heraussuchen, der ihrer Meinung nach am besten in die heutige Situation bzw. zu einem gegebenen Problem passt (z.B. Bibeltexte zur Gerechtigkeit, über die Beziehung von Mann und Frau etc.). Die Auswahl wird erläutert und mit der Klasse diskutiert.

VARIANTEN

- Man mischt Bibeltexte mit außerbiblischen Texten. Dieses Verfahren ist besonders geeignet, wenn wenig bekannte Bibeltexte mit bibelähnlichen Texten zusammengestellt werden.
- Statt der Auswahl eines Textes soll die Rangfolge der Texte festgelegt werden.
- Die Textauswahl steht nicht am Ende, sondern am Anfang einer Unterrichtsreihe und wirkt sich aus in der Planung.

HINWEIS

- Die Methode ist geeignet für eine abschließende Unterrichtsstunde, in der ein Rückblick auf eine Unterrichtsreihe gehalten werden kann.
- Sie dient der Lehrerin zugleich als Rückmeldung und nachträgliche Situationsanalyse.

154
Meine Texte – meine Schätze

10–18 Jahre

EIGNUNG

Macht den Wert literarischer Texte bewusst; lädt dazu ein, eine persönliche Anthologie zusammenzustellen.

BESCHREIBUNG

Die Schülerinnen werden animiert, sich persönlich eine kleine Sammlung wertvoller Texte anzulegen. In diese Sammlung können Texte aus dem Religionsunterricht einfließen, aber auch Fundstücke und Lesefrüchte unterschiedlichster Art.

HINWEISE

- Das »Poesiealbum« das so entsteht, sollte als Privatbesitz der Schülerinnen respektiert werden. Die Lehrerin kann das Projekt aber fördern, indem sie bei Texten, die Schülerinnen gefallen, darauf hinweist, dass das doch gewiss ein geeigneter Text für ihre Sammlung wäre.
- In der »Vorlesestunde« (s. rechte Seite) können diese Anthologien auch zum Zug kommen.
- Die modernen Medien ermöglichen eine Variante: Schülerinnen übermitteln sich via Internet Texte, die ihnen wertvoll erscheinen, und legen sich so ihre individuelle Anthologie an.

Literatur: Kliemann, 70f.

155
Vorlesestunde

8–18 Jahre, bis zu 45 Minuten

EIGNUNG
Weckt Freude an literarischen Texten; gibt den Schülerinnen Gelegenheit, Texte, die ihnen wichtig sind, zu präsentieren.

BESCHREIBUNG
Die Lehrerin und die Schülerinnen lesen nach entsprechenden Vereinbarungen Texte vor, die ihnen wertvoll erscheinen.
Möglich sind dabei:
- eine freie Lesestunde,
- thematische Vorgaben,
- Stunden, die in eigener Regie von Schülerinnen gestaltet werden.

HINWEISE
- Eine derartige Vorlesestunde eignet sich gut am Ende des Schuljahres und kann fächerübergreifend mit der Deutschlehrerin durchgeführt werden.
- Oft lohnt es sich, der Monotonie vorzubeugen: unterschiedliche Vortragsstile, verschiedenartige Textgattungen, musikalische Intermezzi etc. können auflockern.

Verwendete Literatur

Epping, Josef, Von Anekdote bis Wundergeschichte. Textsorten verstehen, München 2009

Kliemann, Peter, Impulse und Methoden. Anregungen für die Praxis des Religionsunterrichts, Stuttgart 1997

Klippert, Heinz, Methodentraining. Übungsbausteine für den Unterricht, Weinheim und Basel 1994

Mendl, Hans/Sabinsky, Markus/Stinglhammer, Manuel, »Schlägert Gott?«. Rezeptionsstudien zu Gen 32,23–32, in: Religion lernen. Jahrbuch für konstruktivistische Religionsdidaktik 1, Hannover 2010, 67–82

Moll, Peter/Lieberherr, Hans, Unterrichten mit offenen Karten, 2 Bde., Zürich 1992

Niehl, Franz Wendel, Umgang mit Texten, in: Neues Handbuch religionspädagogischer Grundbegriffe, München 2002, 485–489

Röckel, Gerhard, Texte erschließen. Grundlagen – Methoden – Beispiele für den Deutsch- und Religionsunterricht, Düsseldorf 2006

Staubli, Thomas, Kinder als Tora-Gelehrte am Beispiel von Levitikus 19,3–18, in: Büttner, Gerhard/Schreiner, Martin, Jahrbuch für Kindertheologie. Sonderband 1: Altes Testament, Stuttgart 2004, 137–146

4. »Jeder Mensch ist ein Künstler«

Gestalterisches Arbeiten im Religionsunterricht

Wahrscheinlich zuckt manch einer zusammen, wenn er den Satz liest: »Jeder Mensch ist ein Künstler!« Hatte denn jede(r) von uns das Zeug, ein PICASSO zu werden oder ein REMBRANDT? Haben wir vielleicht unsere Talente sträflich vergraben, obwohl wir eigentlich so begabt waren? – Diese Gewissensbisse will der Satz von JOSEPH BEUYS keineswegs auslösen. Für ihn ist jeder Mensch deshalb ein Künstler, weil er seinem Leben Gestalt geben muss. Von Kindheit an sind wir damit beschäftigt, eine Ausdrucksgestalt für uns zu finden und unserem Alltag eine Form zu geben. Überspitzt gesagt: Das Kunstwerk, das wir alle hervorbringen, ist unser eigenes Leben.

Damit tritt die ästhetische Dimension unseres Handelns in den Blick: In der Kleidung, in unseren Wohnräumen, in unseren Bewegungen, in unserem sprachlichen Ausdruck gestalten wir das, was wir unseren Stil nennen. Noch deutlicher wird diese gestalterische Arbeit dann, wenn Erfahrungen und Gefühle, wenn Ängste und Hoffnungen in (einfachen) künstlerischen Gestaltungen Ausdruck finden. Kritzeleien und Zeichnungen, Skulpturen und Collagen, Aquarelle und Raumgestaltungen machen anschaulich, was Menschen bewegt. Dieser Prozess selbst ist wertvoll; er stellt eine wichtige Selbsterfahrung dar und deckt Zusammenhänge auf, die vielleicht bis dahin verborgen waren.

So ist gestalterisches Arbeiten im Religionsunterricht auch eine Chance, dass Schülerinnen und Schüler einen Ausdruck für das finden, was sie bewegt, dass sie in Entwürfen ein Stück ihrer Identität gestalten. Dabei geht es auch nicht – wie im Kunstunterricht – um die Verbesserung handwerklicher und künstlerischer Techniken oder um formale Prinzipien. Es geht darum, dass in einer glücklichen Verbindung von Thema und Gestaltungsform ausgedrückt wird, was Schülerinnen und Schüler beschäftigt.

156 Collagen

ab 10 Jahre, ca. 3–4 Unterrichtsstunden

EIGNUNG

Fördert die Kreativität; Anregung zur Auseinandersetzung mit einem Thema. Die Schüler lernen, Stimmungen und Gefühle, Meinungen und Aussagen auszudrücken und darzustellen.

BESCHREIBUNG

Als Collage bezeichnet man jede formale Auseinandersetzung in der Fläche, die durch eingeklebte Materialien wie Papier, Holz, Steine, Stoffe etc. gestaltet ist. Zu den ältesten Stilmitteln gehören Schrift und Zeichnung, die auch die Grundlage einer Collage im Unterricht bilden können.

Arbeitsschritte

1. Gruppenbildung
2. Sammeln von Bildern, Fotos, Texten, Schlagzeilen etc.
3. Auf einem Plakat wird das Gesammelte zu einer Gesamtkomposition angeordnet. Eigene Texte und Zeichnungen können das »sprechende Kunstwerk« vervollständigen.
4. In einer Art Vernissage werden die Collagen vorgestellt (Die Künstler präsentieren ihr Werk) und besprochen.
5. Die Plakate werden im Klassenraum aufgehängt, damit das Thema über längere Zeit sichtbar in Erinnerung bleiben kann.

HINWEISE

- *Arbeitsmaterialien:* Scheren, Klebstoff, Plakate, Stifte, Zeitungen, Illustrierte, Werbeprospekte
- Collagen können in Einzel-, Paar- oder Kleingruppenarbeit hergestellt werden.
- Collagen können thema- und problembezogen, gesprächsvorbereitend oder zusammenfassend eingesetzt werden.
- Eine Collage ist mehr als eine Aneinanderreihung von Bildern. Sie kann Sachverhalte kritisch hinterfragen oder aber nur Sachinformationen vermitteln.
- Es geht um die Vertiefung eines Problems.

VARIANTEN

Collagen können auch mit anderen Materialien hergestellt werden: Naturmaterialien (Steine, Blätter, Holz etc.) oder auch Töne, Musik und Sprache.

157 Arbeiten mit Ton

ab 6 Jahre, mindestens 90 Minuten

EIGNUNG

Stärkung der Wahrnehmungs- und Vorstellungskraft; Lernen, sich von Händen und Gefühlen leiten zu lassen; fördert Kreativität.

BESCHREIBUNG

1. Vertraut machen mit dem Material: Die Schüler bekommen einen Klumpen Ton in die Hand. Er soll befühlt, geknetet, geschlagen und geformt werden.
2. Es gibt zwei Möglichkeiten des Arbeitens mit Ton, das freie und das figürliche Gestalten. Beim freien Gestalten ist es der Fantasie der Schüler überlassen, welche Form sie dem Ton geben. Beim figürlichen Gestalten werden Figuren und Gegenstände vorgegeben und abgesprochen (z.B. Krippenfiguren, Figuren aus einer biblischen Geschichte, Kreuze ...).
3. Der Ton muss zunächst einige Tage trocknen und wird dann in einem entsprechenden Ofen gebrannt. Anschließend kann er lackiert werden.
4. Beim freien Arbeiten können die Schüler ihre fertigen Produkte sprechen lassen und auch die eigenen Erfahrungen zum Ausdruck bringen.

HINWEISE

- Ton ist ein einzigartiges Modelliermaterial. Es ist leicht formveränderbar und behält jede einmal angenommene Form. Die Formveränderung beim Modellieren wird durch Drücken erreicht, wird er gezogen, reagiert er mit Rissen.
- Damit der Ton nicht austrocknet, deckt man ihn während der Arbeit am besten mit einem feuchten Tuch ab. Nach der Arbeit sollte er in Plastiktüten aufbewahrt werden (ohne feuchte Tücher, da er sonst aufweichen und sich verformen kann).
- *Bereitzustellende Materialien:* Ton (Naturfarbe), kleine Spanplatten oder eine ähnliche glatte Unterlage (ca. 60 x 50 cm), Zeitungspapier, Werkzeug zum Bearbeiten von Ton (Nägel, Draht etc.), Behälter für Wasser.
- *Werkzeuge für die Bearbeitung:* Naturschwämme zum Glätten von Oberflächen, Modellierhölzer, Drahtschlingen zum Zerteilen der Tonklumpen.
- Sinnvoll ist eine Zusammenarbeit mit einem Kunstlehrer, der die Schüler in den Umgang mit dem Material Ton einweisen kann. Im Religionsunterricht geht es beim Arbeiten mit Ton weniger um die künstlerische Dimension. Vielmehr ist das Material ein Medium, mit dessen Hilfe sich Zusammenhänge, Erkenntnisse und Gefühle ausdrücken lassen.

VARIANTEN

- Die Schüler gestalten quadratische oder runde Kacheln aus Ton mit symbolischen Darstellungen und fügen sie zu einem Ganzen zusammen (etwa in Form eines Kreuzes).
- Lehrer und Schüler einigen sich auf ein Thema, das vorgegeben wird: Geborgenheit, Beziehung, Freude, Angst etc.

158 Fantasiebilder

ab 6 Jahre, ca. 45 Minuten

EIGNUNG

Gedanken, Gefühle und Ideen werden in Farben und Formen umgesetzt; Freude im Umgang mit Farben und Formen.

BESCHREIBUNG

Auf ein Stichwort hin, das sich aus einem besprochenen Thema ergibt (z.B. Angst, Freiheit, Gemeinschaft, Befreiung, Schuld, Begegnung), werden die Schüler eingeladen, ein Bild zu malen. Dabei sollten sie ihrer Fantasie freien Lauf lassen.

Die Schüler entscheiden für sich selbst, ob sie gegenständlich oder abstrakt malen. Die Bilder werden anschließend vorgestellt und interpretiert.

HINWEISE

- Das Malen ist möglich mit Filzstiften, Holzstiften, Wasserfarben, Wachsstiften, Ölfarben oder Fingerfarben.
- Oft erhalten Dinge und Sachverhalte, die sich mit Wörtern kaum beschreiben lassen, in bildhafter Darstellung ganz neue Deutungen.

VARIANTEN

- Ein Bibelwort (»Ich bin der Weg, die Wahrheit und das Leben«, »Liebe deinen Nächsten wie dich selbst«) oder eine Szene aus der Bibel dient als thematische Grundlage.
- Die Gruppenmitglieder malen, ohne dabei zu sprechen. Eine neue Form der Kommunikation entsteht.
- Mandalas in ihren vielfältigen Formen werden in Einzelarbeit bunt bemalt oder in vergrößerter Form von einer Gruppe ausgemalt.
- Alle Schüler haben eine gleiche Grundform (Strich, Quadrat, Kreis) als Vorlage auf einem Blatt Papier. Sie lassen sich durch die Form zu einem Bild inspirieren.

159 Bilderbuch

ab 6 Jahre, ca. 45 Minuten

EIGNUNG

Geschichten durch Formen und Farben mit Leben erfüllen; Förderung der Fantasie.

BESCHREIBUNG

Nach der Besprechung einer biblischen Geschichte erhalten einzelne Schüler oder Kleingruppen die Aufgabe, bestimmte Szenen der Erzählung in ein Bild umzusetzen. Die einzelnen Bilder werden zu einem Buch zusammengeheftet.

HINWEIS

Das neu entstandene biblische Bilderbuch liegt bereit und ist jederzeit (auch in anderen Klassen) einsetzbar.

VARIANTE

Mehrere Kleingruppen gestalten jeweils ein eigenes Bilderbuch.

160 Masken

ab 10 Jahre, ca. 90 Minuten

EIGNUNG

Schulung der Wahrnehmung und Formgebung; Förderung der Koordination von Auge und Hand.

BESCHREIBUNG

Masken können mit den unterschiedlichsten Materialien hergestellt werden (Ton, Zeitungspapier und Kleister, Gips). Sie dienen als Gesichter für Rollenspiele und szenische Darstellungen. Gefühle und Menschentypen können durch

die Gesichtszüge verdeutlicht werden (der Wütende, der Ängstliche, der Fröhliche). Masken kann man mit wenigen Mitteln folgendermaßen herstellen:
Zwei Luftballons werden in unterschiedlicher Größe aufgeblasen. Der kleine Luftballon wird in der Mitte des großen Luftballons als Nase festgeklebt. Zeitungsstreifen werden durch einen Behälter mit Kleister gezogen und Schicht für Schicht auf die vordere Hälfte des Ballons geklebt. Nach dem Trocknen (1–2 Tage) wird der Ballon zerstochen und in zwei Hälften geschnitten. Die Augen werden ausgeschnitten und das Gesicht wird bemalt und beklebt. Mit einem Gummiband kann die fertige Maske nun auf das Gesicht gesetzt werden.

HINWEIS

Wichtig bei der Maskenherstellung ist nicht nur die kreative Arbeit, sondern auch das Erleben und das anschließende Gespräch darüber. Dabei bieten sich eine Vielzahl von Anknüpfungspunkten für die weitere thematische Arbeit.

VARIANTEN

- Alle Schüler versuchen ihr eigenes Gesicht oder das eines Mitschülers oder einer Mitschülerin als Maske herzustellen. Dabei sollten vorher die Gesichtsteile (Nase, Mund, Augen, Wangen, Stirn) blind ertastet und in Partnerarbeit die Maske am Modell immer wieder korrigiert werden. Am besten lässt sich dies mit Gipsbinden erreichen. Die Gipsbinden werden in lange Streifen zerschnitten (ca. 10 cm).
  Um die Maske hinterher gut abzubekommen, sollte das zu bearbeitende Gesicht vorher mit Vaseline oder einer entsprechenden Creme eingerieben werden. Die Streifen werden ins Wasser getaucht und auf das Gesicht gelegt (Augen, Mund und Nasenlöcher müssen frei bleiben!). Damit die Maske stabiler wird, sollten mindestens zwei Schichten aufgetragen werden. Nach dem Abnehmen kann die Maske bemalt und mit Klarlack verfestigt werden.
- Masken lassen sich auch aus Papiertüten und Karton herstellen.

161 Graffiti

ab 12 Jahre, 4–5 Unterrichtsstunden

EIGNUNG

Fördert das Gemeinschaftsgefühl und die Kreativität; den Klassenraum als farbenfrohen Lebensraum gestalten; Freude im Umgang mit Farben.

BESCHREIBUNG

Mithilfe von Spraydosen und Filzstiften gestalten die Schüler ihren Klassenraum mit Texten, Bildern und viel Farbe.
In Absprache mit der Schulleitung und dem Hausmeister sollten spezielle Unterlagen (weiße Folie auf Kanthölzern) verwendet werden.
Thematisch sollte den Schülern Raum für eigene Fantasie gegeben werden. Es werden Ideen gesammelt, Entwürfe gezeichnet und dann in die Praxis umgesetzt.
Mithilfe eines Overheadprojektors werden fertige Motive an die Wand projiziert.

HINWEISE

- Graffiti-Bilder an Häusermauern, Waggons und Tunneln sind ein Ärgernis. Doch sind sie nicht nur pubertäre Schmierereien auf fremdem Eigentum. Sie können viel mehr sein: Kunst und ein Ausdrucksmittel des Protestes und der Auseinandersetzung mit sich selbst und der Welt. Wir sollten den Jugendlichen in den Schulen Raum für solche Ausdrucksmittel zur Verfügung stellen.
- Besonders bei der Arbeit in geschlossenen Räumen sollten Atemschutzmasken benutzt werden. Auch genügend Frischluftzufuhr ist unerlässlich.

VARIANTE

Einen Meditationsraum (es soll wirklich Schulen geben, die über solche Räumlichkeiten verfügen) mit Szenen aus der Bibel oder der eigenen Lebenswelt gestalten.

162 Fensterbilder

ab 6 Jahre, ca. 3 Unterrichtsstunden

EIGNUNG

Eine biblische Geschichte veranschaulichen und mit Leben füllen.

BESCHREIBUNG

Fensterbilder werden mithilfe von Transparent- und Tonpapier hergestellt (gezeichnet, ausgeschnitten, zusammengeklebt, bemalt).
Die einzelnen Szenen und handelnden Personen der biblischen Geschichte werden zunächst notiert. Kleingruppen sind für verschiedene Gegenstände und Personen zuständig (z.B. Menschenmenge, Zollhaus, Palmen, Tische, Stühle). Weitere Gruppen basteln jeweils die Hauptpersonen (Jesus, Zachäus) für die verschiedenen Szenen. Anschließend wird alles an den Fenstern zu einer Geschichte zusammengereiht.

HINWEISE

- Das braucht man beim Herstellen von Fensterbildern: Papierschere oder Schneidemesser, Bleistift, Filzstifte, Radiergummi, Zirkel, Lineal, Transparentpapier, Pauspapier, Tonpapier und -karton, Klebstoff, transparentes Klebeband, Locher, Nadel, Faden.
- Von *Positiv-Technik* spricht man, wenn die aus Tonpapier oder -karton ausgeschnittenen Motivteile das Fensterbild darstellen.
- Bei der *Schicht-Technik* werden die ausgeschnittenen Motivteile in Schichten übereinandergeklebt. Dabei entstehen schöne plastische Fensterbilder.

VARIANTE

Auch christliche Feste (Ostern, Weihnachten) mit ihrer reichhaltigen Symbolik lassen sich auf diese Weise gut veranschaulichen.

163 Ytongplastik

ab 6 Jahre, ca. 6–8 Unterrichtsstunden

EIGNUNG

Förderung des Vorstellungsvermögens und der Fantasie, Freude an der Formgebung.

BESCHREIBUNG

Das geringe Gewicht, die Wetterbeständigkeit und die weiche Beschaffenheit machen Ytong zu einem idealen Werkstoff. Ytongsteine können im Bauhandel gekauft werden. Ytong lässt sich bohren, ritzen, sägen und schlagen. Für die Bearbeitung ist ausgedientes Werkzeug (Sägen, Stechbeitel, Holzhammer, Schnitzwerkzeuge, Nägel, Bohrer, Glaspapier) sinnvoll. Die Bearbeitung sollte wegen des hohen Staubgehaltes im Freien geschehen.

Bearbeitungsschritte

- Mit Kreide werden die Umrisse und Konturen des Werkes herausgearbeitet.
- Mit Messer, Säge oder Stemmeisen wird die grobe Form hergestellt.
- Zur Feinarbeit werden Schnitzwerkzeug, Raspel und Glaspapier benutzt.

HINWEISE

Mit diesem Werkstoff lassen sich keine feinen und komplizierten Werke herstellen. Es sollte immer nur so viel weggenommen werden, wie nötig. Ein Schlag zu viel zerstört die ganze Arbeit.

- Vor der Arbeit an einem größeren Werk sollte die Übung an Abfallstoffen stehen.
- Wegen der Verletzungsgefahr ist eine Einführung in den Gebrauch der Werkzeuge sinnvoll.

VARIANTE

Ytong eignet sich gut für Gruppenarbeit. So können Vollplastiken und Reliefs entstehen.

164 Puppen

ab 6 Jahre, 2–3 Unterrichtsstunden

EIGNUNG

Material mit Leben erfüllen; Gesichter und Körperformen entwickeln.

BESCHREIBUNG

Kinder bringen aus der Kindergartenzeit oftmals Erfahrungen mit der Herstellung von Puppen mit. Darauf kann im Unterricht zurückgegriffen werden. Puppen lassen sich aus unterschiedlichen Materialien (Holz, Stoff, Pappe, Papier) herstellen. Dabei sollte die Fantasie der Schüler nicht gebremst werden. Grundlage für die kreative Puppenherstellung können eine Geschichte oder bestimmte Charaktere (gut, böse, fröhlich, traurig, wütend) sein.

Handpuppen aus Pappmaschee

Neben den Marionetten werden Handpuppen häufig im Puppentheater eingesetzt. Zur Herstellung der Köpfe werden Zeitungspapier und Kleister benötigt. Kaltes Wasser wird mit einem halben Kilo Mehl zu einem Brei angerührt. Der Mehlbrei wird anschließend in vier Liter kochendes Wasser eingerührt. Den heißen Kleister gießt man auf die Papierschnitzel. Aus dieser Masse werden dann die Puppenköpfe modelliert. Die Köpfe können auch mit Gips oder Ton hergestellt werden. Die Gesichter kann man mit Farbe bemalen. Kleidung und Haare lassen sich mit Stoff- und Wollresten anfertigen.

HINWEISE

- Die Puppen können im Klassenraum immer greifbar aufbewahrt und bei Rollenspielen eingesetzt werden.
- Das Herstellen von Marionetten ist sehr aufwendig. Daher wäre die Zusammenarbeit mit dem Werk- oder Kunstlehrer sinnvoll oder das Angebot einer Arbeitsgemeinschaft.

VARIANTE

Weitere Modelle: Tütenpuppen, Kochlöffelpuppen, Strumpfpuppen, Häkel- und Strickpuppen, Hampelmann aus Filzresten.

165
Kalender

ab 6 Jahre, ca. 3–4 Unterrichtsstunden

EIGNUNG

Auseinandersetzung mit der Zeit; kreative Einstimmung auf ein neues Jahr.

BESCHREIBUNG

Die Schüler stellen einen Kalender her, der sie ein ganzes Jahr begleiten kann. Kleingruppen haben die Aufgabe, je ein Monats-Kalenderblatt des Jahres mit seinen Besonderheiten (z.B. Feste, Jahrestage, Brauchtum) zu gestalten.

HINWEIS

Es gibt Computersoftware, mit der fertige Kalenderblätter (Monatsaufteilung) hergestellt werden können. Die Kinder können diese Blätter dann selbst weitergestalten.

VARIANTEN

- Jeder macht einen eigenen Kalender.
- Die Klasse vereinbart ein Thema, das die Gestaltung bestimmen soll.

166
Spruchkarten

ab 12 Jahre, ca. 90 Minuten

EIGNUNG

Umsetzen eines Textes in Form und Farbe.

BESCHREIBUNG

Die Schüler wählen aus einer vorgegebenen oder selbst zusammengestellten Liste einen Spruch aus, der sie besonders anspricht.
Die Lebensweisheit wird auf eine Karte geschrieben und künstlerisch ausgestal-

tet. Nach der Fertigstellung können die Karten mit dem Spruch vorgestellt und besprochen werden, bei einer Ausstellung präsentiert oder verschenkt werden.

HINWEIS

Material: DIN-A6-Karten, Farbstifte

VARIANTEN

- Es werden Verse oder Sätze aus der Bibel (z.B. Psalmen, Sprichwörter, Kohelet, Bergpredigt) ausgewählt.
- Die Schüler verschenken untereinander die Karten und berichten dem Beschenkten, warum der ausgesuchte Satz sie anspricht und welche Bedeutung er für ihr Leben hat.

167 Comicstrip

ab 10 Jahre, ca. 3 Unterrichtsstunden

EIGNUNG

Themen und Probleme mit Fantasiefiguren darstellen und diskutieren.

BESCHREIBUNG

Ein Thema soll in Kleingruppen mithilfe von Comics dargestellt werden. Aus Comic-Heften können einzelne Figuren (Asterix, Lucky Luke, Hägar, Spiderman) ausgeschnitten, auf Plakate aufgeklebt und mit Sprechblasen versehen werden. So entsteht ein Comicstrip, der anschließend vorgestellt und besprochen wird.

VARIANTEN

- Comicfiguren können auch selbst gezeichnet oder aus Computer-Grafikprogrammen ausgedruckt werden.
- Der Comicstrip kann als Bildserie (auf DIN-A5-Kärtchen) zusammengestellt werden.

168 Drucken

alle Altersgruppen, ca. 90 Minuten (je nach Drucktechnik)

EIGNUNG

Freude im Umgang mit Farbe und Stempel; Schulung der Feinmotorik beim Schneide- und Druckvorgang; Wahrnehmungsschulung im Form- und Farbbereich.

BESCHREIBUNG

Es gibt eine Vielzahl von Drucktechniken. Zwei werden hier vorgestellt:

Der Kartoffeldruck

Eine große rohe Kartoffel wird zunächst gesäubert und durchgeschnitten, sodass eine glatte Druckoberfläche entsteht. Das Druckmuster wird aufgezeichnet. Die Teile, die nicht gedruckt werden sollen, werden ausgeschnitten. Auf die herausstehenden Stellen werden mit einem Pinsel die Farben aufgetragen. Jetzt kann der Stempel auf Papier oder Stoff aufgedrückt werden. Durch Auftragen von Wachs (Bienen-, Kerzen-, Bohnerwachs) wird der Druck dauerhaft gemacht.

Der Holzdruck

Ein Holzstamm (festes Holz) wird im Klassenraum aufgestellt. In Gruppenarbeit zu unterschiedlichen Themen haben die Schüler die Möglichkeit, eigene Holzdrucke anzufertigen. Motive und Bilder werden mit Stechbeitel und Hammer in das Holz eingeschlagen. Auf die fertigen Motive wird Druckfarbe gegeben, ein Blatt aufgelegt, abgerieben, und schon ist der Druck fertig. Eine interessante Variante ist folgende: Der Holzstamm wird auf einem großen Blatt Papier abgerollt und es entsteht ein sogenanntes Rollbild.

HINWEIS

Das Drucken bietet eine Vielzahl von individuellen Gestaltungsmöglichkeiten, ist leicht zu erlernen und verursacht nur geringe Kosten.

VARIANTEN

- Um einen mehrfarbigen Kartoffeldruck zu erreichen, können die verschiedenen Bereiche des Stempels mit unterschiedlichen Farben bepinselt werden.

Es können aber auch nacheinander verschiedene Farben aufgetragen werden. Durch die Überlappung der Abdrücke entsteht ein mehrfarbiges Bild.

- Mit der Kartoffeldrucktechnik lassen sich sehr schöne Mosaike herstellen. Dabei werden Würfel, Dreiecke und Kreise aus Kartoffeln herausgeschnitten, in Farbe eingetaucht und gedruckt.
- *Weitere Drucktechniken:* Materialdruck (Textilien, Holzstücke, Bürsten, Schwämme, Raufasertapete, Blätter etc.), Kordeldruck, Pflanzendruck, Glasdruck, Schablonendruck, Druckstempel (aus Kork), Styropordruck, Linolschnitt, Stoffdruck auf T-Shirts (sind mittlerweile auch mithilfe des Computers möglich).

169 Wandzeitung

ab 12 Jahre, ca. 2 – 3 Unterrichtsstunden

EIGNUNG

Kreative Auseinandersetzung mit einem Thema.

BESCHREIBUNG

Eine Wandzeitung ist ein großes Plakat, auf dem die Ergebnisse einer Diskussion dargestellt und festgehalten werden. Dabei werden Überschriften, Schlagzeilen, Bilder, Kommentare, Berichte, Leserbriefe und Stellungnahmen gestaltet. In Kleingruppen wird ein Thema diskutiert und Material selbst erstellt oder aus Zeitschriften ausgeschnitten.

HINWEISE

- Es sollte genügend Material zur Verfügung stehen.
- Die Lehrperson kann als Anlaufstelle und Moderator Hilfestellung geben.
- Ein Schüler könnte die Rolle des Chefredakteurs übernehmen, der die Arbeit der einzelnen Redaktionsgruppen koordiniert.

VARIANTE

Es werden verschiedene Redaktionsabteilungen gebildet, die sich auf Bilder, Texte oder Kommentare spezialisieren.

170 Wandgemälde

ab 6 Jahre, ca. 4 Unterrichtsstunden

EIGNUNG
Freude am Umgang mit Farben; Förderung der Fantasie und Kreativität.

BESCHREIBUNG
Eine Wand des Klassenraums wird mit Zeitungsmakulatur tapeziert. (Achtung: mit Schulleiter und Hausmeister absprechen!) Zu einem Thema soll ein großes Wandgemälde entstehen, zu dem jeder seinen Beitrag leistet. Im anschließenden Gespräch wird gedeutet, interpretiert und ergänzt.

HINWEISE
- *Material:* Zeitungsmakulatur, Pinsel, Abtönfarbe, Wassergläser, Klebestreifen.
- Bei großen Gruppen sollten mehrere Wände benutzt werden.

171 Wäscheleine

ab 10 Jahre, 45 Minuten

EIGNUNG
Die eigene Meinung öffentlich kundtun und reflektieren.

BESCHREIBUNG
Alle Schüler erhalten jeweils ein Blatt, auf dem sie ihre Meinung zu einem bestimmten Thema formulieren können. Die Blätter werden mit Wäscheklammern an einer Wäscheleine befestigt. Die Meinungen können dann von allen gelesen und anschließend diskutiert werden. Die Blätter können auch mit dem Namen des Verfassers versehen werden, damit man ihn direkt ansprechen kann.

HINWEISE

- Die Leine sollte an einer Stelle des Klassenraumes befestigt werden, an der sie möglichst nicht den normalen Unterrichtsablauf stört.
- Die Wäscheleine muss lang genug sein, damit alle Meinungsblätter Platz finden.

VARIANTEN

- Die Wäscheleine kann ein fester Bestandteil im Klassenraum bleiben. Es können verschiedene Informationen (Liedtexte, Sprüche, Bilder) aufgehängt werden.
- Die Wäscheleine kann bei der Planung einer neuen Unterrichtsreihe als Sammelplatz für Ideen dienen.
- Auch zum Feedback kann die Leine genutzt werden.

172
Gestalten mit Naturmaterial

ab 14 Jahre, ca. 4 Unterrichtsstunden

EIGNUNG

Die Schüler geben dem Gestalt, was sie momentan beschäftigt; bewusste Wahrnehmung der Natur; Wertschätzung »wertloser« Materialien.

BESCHREIBUNG

Auf einem Spaziergang sammeln die Schüler Naturmaterialien. Weiteres Material wie Hammer, Zange, Draht, Nägel, Blech, Holzplatten, Klebstoff, Pappe, Stifte etc. stehen zur Verfügung. Aus all den Gegenständen sollen die Schüler ein Gebilde bauen, das für ihre Situation steht. Die Fantasiegebilde werden anschließend vorgestellt und erläutert.

HINWEIS

Die Suchphase kann mit einer meditativen Übung verbunden werden (»Mit allen Sinnen die Natur erleben«).

VARIANTE

In einer Ausstellung mit Naturmaterialien wird auf die Verantwortung für die Bewahrung der Schöpfung hingewiesen.

173
Computer-Bildergeschichte

ab 6 Jahre, ca. 4 Unterrichtsstunden

EIGNUNG

Fördert die Fantasie; Förderung der sprachlichen und bildnerischen Kreativität.

BESCHREIBUNG

Computer-Grafikprogramme enthalten eine große Zahl unterschiedlicher Motive. Die Schüler bringen solche Grafiken (in Schwarz-Weiß) mit. Es werden Gruppen gebildet, die zu einem vorgegebenen Thema eine Geschichte erfinden. Jeder kann aus der ausgelegten Bildersammlung eine festgelegte Zahl an Zeichnungen auswählen. In der Kleingruppe werden die Bilder vorgestellt. In der Fantasie entsteht eine Geschichte, die aufgeschrieben wird. Die Texte werden den ausgemalten Bildern zugeordnet. In der Klassengemeinschaft wird die neue Bildergeschichte vorgetragen.

HINWEIS

Das fertige Bilderbuch kann zusammengeheftet und in der Schulbücherei ausgelegt werden.

174
Scherbenbilder

ab 10 Jahre, ca. 4 Unterrichtsstunden

EIGNUNG

Förderung der Koordination von Auge und Hand; Fantasieförderung.

BESCHREIBUNG

Die Schüler sammeln zunächst Glas-, Keramik-, Porzellan- und Tonscherben. Mit einer Zange werden die Scherben zerkleinert und auf eine Spanplatte (mit Hart- oder Spezialkleber) aufgeklebt. Hierbei kann frei gestaltet oder ein vorbereitetes Motiv verarbeitet werden.

Nach Fertigstellung wird der Untergrund mit Latexfarbe ausgefüllt und die freien Flächen mit Sekuritglas beklebt (Transparentkleber). Am Schluss wird feiner Sand mit schwarzer Latexfarbe zu einem dicken Brei verrührt. Damit werden die freien Stellen ausgefugt. Nach dem Trocknen wird das Bild gesäubert und aufgehängt.

HINWEISE

- Die Scherbenbilder können einzeln oder in Gruppen gestaltet werden.
- Als Motive eignen sich z.B. christliche Symbole (Kreuz, Kerze).

VARIANTE

Als Ersatz für die Scherben können auch Folien und buntes Papier dienen.

175 Mobiles

ab 6 Jahre, ca. 3 Unterrichtsstunden

EIGNUNG

Kreative Auseinandersetzung mit einem Thema.

BESCHREIBUNG

Mobiles, bewegliche Plastiken, bilden besonders durch ihre Bewegungen einen Blickfang. Das Mobile wird von unten nach oben gebaut. An einem Holz- oder Plastikbügel werden mehrere Motive (Figuren, Gebäude, Sterne, Worte) mit Seilen oder Draht befestigt. Das Schwierige, aber auch Reizvolle ist, die verschiedenen Bügel miteinander ins Gleichgewicht zu bringen. Dabei müssen sich alle Motive frei bewegen können. Als Material für die einzelnen Motive eignen sich Pappe, Holz, Tischtennisbälle und Blech. Im Religionsunterricht können diese sehr schön thematisch gestaltet werden.
Ein Kirchenmobile kann deutlich machen, wie wichtig es ist, dass eine Glaubensgemeinschaft im richtigen Gleichgewicht sein muss, um Ruhe und Harmonie auszustrahlen – und zu begeistern. Auch das Verhältnis innerhalb einer Klassengemeinschaft kann so symbolisch ausgedrückt werden, indem jeder sein eigenes Motiv mit den Eigenschaften, die ihm wichtig sind, gestaltet.

VARIANTE

Ein Riesenmobile kann mit der ganzen Klasse hergestellt werden. Im Treppenhaus der Schule könnte es zu einem viel beachteten Kunstwerk werden.

176
Haus des Lebens

alle Altersstufen, 3–4 Doppelstunden

EIGNUNG
Kreative Auseinandersetzung mit einem Thema.

BESCHREIBUNG
Die Schüler überlegen, welche Werte für ein gutes und glückliches Leben wichtig sind. Sie erstellen eine Liste, aus der die Begriffe ausgewählt werden, aus denen das »Haus des Lebens« gebaut werden soll. Die Anzahl der Bausteine wird von einer Konstruktionsgruppe vorgegeben. In Kleingruppen werden die Bausteine rund um den Wert (z.B. Liebe, Vertrauen, Mut) kreativ ausgestaltet. Wenn alle Bausteine fertiggestellt sind, werden sie zu einem Haus zusammengebaut.

HINWEISE
- Neben der kreativen Themengruppe ist eine Konstruktionsgruppe für die Planung und den Aufbau des Hauses zuständig (Wie soll das Haus aussehen? Welches Material benötigen wir? Woher bekommen wir die Materialien? Wer finanziert das Material?).
- Viele Baumärkte unterstützen Schulen mit kostenlosen Materialien.
- *Materialien:* Kartons, Klebstoff, Zeitschriften, buntes Papier, Malstifte …
- Das bunte Haus kann als Blickfang im Eingangsbereich der Schule aufgestellt werden (s. Beispiel links).

VARIANTEN
Es sind viele thematische Varianten möglich:
- das Haus der Bibel,
- das Haus der Schöpfung,
- das Haus des Sinns,
- das Haus des Friedens,
- das Haus der Hoffnung,
- das Haus Gottes etc.

177
Multimediale Ausstellung

ab 12 Jahre, ca. 3–4 Doppelstunden

EIGNUNG

Lernen durch kreatives Handeln; ganzheitliche Auseinandersetzung.

BESCHREIBUNG

Nachdem die Schüler sich intensiv mit einem Thema auseinandergesetzt haben, setzen sie ihr erworbenes Wissen kreativ in einem Handlungsprodukt anschaulich um. Ziel ist eine multimediale Ausstellung, in die unterschiedliche Gruppen ihre Arbeiten einbringen. Das können sein: Ton- und Bildcollagen, Musik, Homepage, Skulpturen, Film, PowerPoint-Präsentation, Fotos, Texttafeln, gemalte Bilder etc.

Die Gruppen können thematisch oder nach Art der gewählten Medien gebildet werden.

Eine Gruppe übernimmt die Aufgabe des Ausstellungsmanagements und organisiert und koordiniert den Ablauf und die Präsentation. Bei einer Vernissage wird die Ausstellung eröffnet und der Schulgemeinschaft vorgestellt.

HINWEISE

- Eine Ausstellung für die Zielgruppe Jugendliche lebt von der Vielfalt und dem Ideenreichtum. Sie sollte möglichst abwechslungsreich gestaltet sein, um

Neugier beim Besucher zu wecken (ein Rundgang, bei dem alle Sinne angesprochen werden).

- Eine Ausstellungsbroschüre kann die Besucher durch die Ausstellung führen und die einzelnen Beiträge erläutern.
- Die Schüler sollten nicht nur reproduzieren, sondern auch die Möglichkeit erhalten, ihre eigene Meinung auszudrücken oder zu provozieren.

VARIANTEN

- Das Ausstellungsprojekt wird in seinem zeitlichen Ausmaß erweitert. Dabei arbeiten sich die Schüler zunächst in das Thema ein und erarbeiten anschließend die Ausstellung.
- Einen Anreiz für die Besucher könnte ein Quiz bilden, bei dem sie bestimmte Aufgaben lösen sollen.

178 Simpleshow

ab 14 Jahre, ca. 90 Minuten

EIGNUNG

Komplexe Themen anschaulich und verständlich darstellen.

BESCHREIBUNG

Eine Simpleshow ist ein unterhaltsames Erklärvideo. Dabei werden mithilfe von Zeichnungen auf Papier, zwei Händen und einem Zusammenspiel von Text, Bild

und Ton komplexe Sachverhalte in einem nur wenige Minuten dauernden Video verständlich erklärt.

Die Produktion verläuft in drei Phasen

1. Erstellen eines Textkonzepts
2. Visualisierung des Textes in einem Storyboard (Zeichnungen)
3. Videoproduktion

HINWEISE

- Folgende Materialien werden für die Produktion benötigt: Notebook, Smartphone (videofähig) bzw. Digitalkamera (videofähig) oder Camcorder, Stativ, Mikrofon, Datenträger (Speicherkarte, Speicherkartenadapter, USB-Stick), Scheren, schwarze Stifte (unterschiedliche Stärken), weißes Papier, weiße Hintergrundfläche.
- Beispiele von Simpleshows finden sich bei YouTube.

VARIANTE

Wenn die Zeichnungen nicht von den Schülern selbst angefertigt werden, kann man auch auf fertige Clipart-Sammlungen zurückgreifen (z.B. Word).

5.
»Hilf mir, es selbst zu tun!«

Handlungsorientierte Methoden offener Arbeit im Religionsunterricht

Wir wissen es schon lange: Der Lehrer muss nicht im Mittelpunkt des Unterrichts stehen. Und wir wissen auch, dass die Schüler eigentlich nicht für die Schule lernen, sondern für das Leben. Dieses Wissen und der schulische Alltag passen aber oft nicht zusammen; deshalb gibt es immer wieder Versuche, die Schule zu öffnen. Dabei geht es um eine doppelte Öffnung: Die Tür des Klassenzimmers wird aufgestoßen! Und was manche schon geahnt haben, bewahrheitet sich: Es gibt auch außerhalb der Schule eine Welt!

Geöffnet wird aber auch der Unterricht: Methodisch und organisatorisch wird er so verändert, dass Schülerinnen und Schüler selbst entscheiden können, was sie lernen, wie lange und mit wem sie lernen. Dabei hat die gewählte Methode einen entscheidenden Einfluss. Am wenigsten behalten Lernende (ca. 20%) von dem, was sie gehört haben, und am meisten (ca. 90%) von dem, was sie mitdenkend erarbeitet und selbst ausgeführt haben. Durch handlungsorientierte Methoden sollen Schüler sich selbstständig und verantwortlich mit Themen und Problemen auseinandersetzen. Dabei finden verschiedene Formen des Lernens zueinander: das kognitive Lernen, das praktische Tun, das affektive Lernen und das soziale Lernen in der gemeinsamen Arbeit. Und vielleicht werden die Schüler nur so auf ein Leben vorbereitet, das immer komplexer wird.

Im Idealfall bestätigt der offene Unterricht dann den Satz des KONFUZIUS:

Erkläre mir, und ich vergesse.
Zeige mir, und ich erinnere mich.
Lass es mich tun, und ich begreife.

Diese chinesische Weisheit entspricht aber durchaus auch dem christlichen Menschenbild und den Zielen des Religionsunterrichts: Selbstständigkeit und die Fähigkeit zum eigenen Urteil strebt der Religionsunterricht an; Ich-Stärke will er fördern und die Fähigkeit zur Zusammenarbeit.
So weit, so gut. Doch auf dem Weg in die »Schmuddeligkeit des Alltags« (HARTMUT VON HENTIG) stellen sich manche Probleme ein:

- Führt der offene Unterricht zur Beliebigkeit?
- Was machen Schüler, die wenig motiviert sind zur Arbeit?
- Kann man Schülerinnen und Schülern wirklich die Planung der Arbeit und die freie Wahl des Lerngegenstandes überlassen?
- Beschäftigt sich der »Offene Unterricht« nicht über weite Strecken mit fachfremder Trivialität (Ausschneiden, Kleben, Malen ...)?

In diesen und anderen Einwänden steckt viel Bedenkenswertes. »Offener Unterricht« ist eben kein Zauberwort zur Lösung aller Schul- und Gesellschaftsprobleme. Vor allem eines bedeutet Offener Unterricht nicht: Die Schülerinnen und Schüler arbeiten selbstständig, und die Lehrperson hat wenig zu tun.
Die Arbeit, die Lehrkräfte haben, verschiebt sich nur. Vor allem aber ändert sich ihre Rolle:

- Die Unterrichtsvorbereitung wird im Offenen Unterricht bedeutsamer und aufwendiger: Materialien werden ausgesucht und bearbeitet; Lernaufgaben werden entwickelt.
- Während des Unterrichts haben die Lehrkräfte wichtige Aufgaben:
  - Sie arrangieren soziale Lernprozesse.
  - Sie wecken Interesse und Begeisterung.
  - Sie regen an, Aufgaben zu lösen.
  - Sie fördern die Entdeckerfreude.
  - Sie fördern Selbstständigkeit und Selbstbestimmung.
  - Sie strukturieren das Arbeitsvorhaben und helfen Schülern, ihre Arbeit zu strukturieren.
- Am Ende des Projekts helfen Lehrkräfte, die Ergebnisse zu sichern und zu präsentieren.

Im »Offenen Unterricht« sind Lehrer also keineswegs von der Arbeit freigestellt; sie stehen mitten im Unterricht als zurückhaltende, aber wichtige Lernbegleiter und Lernberater. Sie entwerfen für die Schüler Lernsituationen, in denen diese sich frei entfalten und eine eigene Lernpersönlichkeit entwickeln können. Aus Stoffvermittlern werden damit Moderatoren von Lern- und Arbeitsprozessen.

179
Projektarbeit – Lernen durch kreatives Handeln

1. Vor- und Nachteile der Projektarbeit

An manchen Schulen hat es sich eingebürgert, die Zeit zwischen Zeugniskonferenzen und Ferienbeginn mit Projektarbeit zu füllen. Aber Projektarbeit kann mehr sein:

- Projektarbeit ist Lernen durch planvolles und kreatives Handeln.
- Sie ist gekennzeichnet durch eine selbstbestimmte und selbsttätige Auseinandersetzung der Schüler mit Sachen und Problemen. Themenfindung, Planung, Organisation und Durchführung liegen weitgehend in der Hand der Schüler.
- Und am Ende der Projektarbeit steht als Ergebnis ein Produkt, das die Auseinandersetzung mit dem Thema anschaulich darstellt.

Als *Vorteile* des Projektlernens werden genannt:

- Die Förderung der *Kreativität*. Die Schüler werden angeregt, originelle Ideen zu entwickeln und zu verwirklichen.
- Schüler lernen, sich *selbstständig* mit dem Thema des Projekts *auseinanderzusetzen*.
- Im Projekt lernen die Schüler den *selbstständigen Umgang mit Problemen* und *Konzepten zur Lösung von Problemen*.
- Sie lernen durch Projektarbeit, selbstständig zu *organisieren* und zu *planen*.
- Projektarbeit trägt dazu bei, dass die Teilnehmer ihre *soziale Kompetenz* erweitern durch *Rücksichtnahme*, *Anteilnahme*, *Verständnis*, *Wertschätzung*, *Hilfsbereitschaft* und *emotionale Wärme*.
- Das *Wahrnehmen* und *Artikulieren* von *eigenen* und *fremden Schwächen* und ein Lösen von Konflikten mit angemessenen Mitteln werden eingeübt.

- Im Projekt werden *Gruppenarbeit* und *Teamgeist* großgeschrieben. Die Schüler lernen, *egoistisches Verhalten zum Wohl der Gruppe* zurückzustellen und gemeinsam das Projekt zu erarbeiten.
- Projekte ermöglichen den Schülern ein *eigenverantwortliches Handeln*, indem jeder lernt, für sein Projekt und für seinen Beitrag die Verantwortung zu tragen.
- Ein gelungenes Projekt stärkt das *Selbstwertgefühl*.
- Projekte stellen für die Schüler eine *willkommene Abwechslung zum Schulalltag* dar.
- Für die Schüler schafft Projektarbeit einen Freiraum, der ein hohes Maß an *Eigeninitiative*, *Spontaneität* und ein *Experimentieren* nach dem Grundsatz »Versuch und Irrtum« erlaubt.

Freilich darf man auch einige *Nachteile* nicht übersehen:

- Häufig wird das Arbeiten in Projekten durch *mangelnde Motivation* blockiert.
- Auch die *fehlende Erfahrung mit Projekten* erschwert die Arbeit.
- Manche Schüler fühlen sich von der Projektaufgabe *überfordert*; sie *werden lustlos* und *resignieren*.
- Ein schwieriges Problem im leistungsorientierten Schulbetrieb stellt die *Notengebung* bei Projekten dar.
- Auch die *Dynamik innerhalb der Gruppe* kann zu unerwarteten Problemen führen.
- Projekte können sogar im *Chaos* enden, wenn sie nicht angeleitet, geplant und strukturiert sind.

Die Grafik auf der nächsten Seite stellt die verschiedenen Schritte einer Projektarbeit vor. Diese sollten als Einstieg vorgestellt und besprochen werden. Während der Projektarbeit können die Gruppen immer wieder einen Blick darauf werfen und eine Zwischenbilanz ziehen.

2. Projektarbeit im Religionsunterricht

Lebensnaher Religionsunterricht will die Schüler zur Identifikation und zur Auseinandersetzung einladen. Dazu kann Projektarbeit außerordentlich viel beitragen. Sie unterstützt die kritische und schöpferische Auseinandersetzung mit christlichen Überlieferungen, mit Wertfragen und mit den Problemen, mit denen junge Menschen heute konfrontiert sind. Vor allem die Handlungskompetenz der Schülerinnen und Schüler wird gestärkt; sie werden zum Tun ermuntert.

Projektschritte

1. Situationsanalyse
Analyse der bestehenden Situation:
Wie lautet die Fragestellung bzw. das Problem?
(Umfrage, Interview, Bericht)

↓

2. Zielsetzung
Welche Ziele werden angestrebt?
Was soll erreicht werden?
Wie und mit welchen Mitteln können wir arbeiten?
Prioritäten werden festgelegt.

↓

3. Planung
Wer macht was, wann und mit wem?
Entwicklung von Arbeitsschritten

↓

4. Durchführung
Umsetzung der Planung

↓

Aufgabe 1 | Aufgabe 2 | Aufgabe 3 | Aufgabe 4 | Aufgabe 5 | Aufgabe 6

P R O J E K T

↓

5. Präsentation
Die erarbeiteten Lösungen werden präsentiert:
Ausstellung, Forumtheater, Collagen, Broschüre,
Videofilm, Podiumsdiskussion

↓

6. Reflexion
Wie haben wir unsere Ziele erreicht?
Was hat mir gut gefallen?
Worüber bin ich unzufrieden?
Was war störend?
Wie war das Miteinander in der Gruppe?
Was können wir beim nächsten Projekt
besser machen?

3. Projektskizzen zum Thema »Gewalt«

An einem Beispiel soll verdeutlicht werden, wie ein Projekt im Rahmen des Religionsunterrichts verlaufen kann:

1. Situationsanalyse

Die Schüler sammeln in einem Brainstorming aktuelle Themen, die sie betreffen und die sie in einem Projekt bearbeiten möchten. Dabei kristallisiert sich das Thema Gewalt heraus, auch wegen aktueller Vorfälle in der Schule.

2. Zielsetzung

Das Thema Gewalt soll von verschiedenen Gesichtspunkten her beleuchtet werden. Die Schüler möchten Informationen zusammentragen, informieren und zum Nachdenken anregen. Außerdem sollen Alternativen zur aggressiven Konfliktbewältigung vorgestellt werden.

3. Planung

Es werden die unterschiedlichsten Themenbereiche und Projektideen vorgeschlagen und auf ihre Realisierbarkeit hin geprüft. Gruppen werden eingeteilt und Teamleiter ernannt.

4. Durchführung

Die Schüler arbeiten in 4–5 Unterrichtsstunden in den folgenden Gruppen:

- Umfrage (Eine Umfrage wird erarbeitet, in der Schule durchgeführt und ausgewertet.)
- Gewalt und Musik (Es werden unterschiedliche aktuelle Songs gesichtet und auf ihre Aussage hin untersucht.)
- Collage (Die Gruppe sammelt Bilder und Texte und stellt sie zu einer Collage zusammen.)
- Mobbing (Die verschiedenen Formen von Mobbing werden gesammelt und kritisch betrachtet.)
- Gewalt im Fernsehen (Die Schüler analysieren Gewaltvideos.)
- Gewalt in Computerspielen (Die Schüler analysieren Computerspiele.)
- Anti-Gewalt-Theater (Die Schüler entwickeln in Form kurzer Spielszenen Möglichkeiten der Konfliktlösung.)

Der Lehrer unterstützt die einzelnen Gruppen mit Informationsmaterial und trifft sich zwischendurch mit den Teamleitern, um Absprachen zu treffen.

5. Präsentation
Die fertigen »Produkte« werden im Plenum präsentiert. Vielleicht besteht auch die Möglichkeit, die Projektergebnisse mehreren Klassen vorzustellen und gemeinsam zu diskutieren.

6. Reflexion
Die einzelnen Teams dokumentieren und reflektieren ihre Arbeit; anschließend wird in der Klasse das Projekt »Gewalt« ausgewertet.

Die folgenden methodischen Hinweise und Arbeitsblätter können die Begleitung und nicht zuletzt auch die Bewertung größerer Projekte erleichtern:

179a
Zwischenbilanz der Projektarbeit

ab 14 Jahre, ca. 30 Minuten (mit Lehrergespräch)

EIGNUNG
Zwischenbilanz des Lernfortschritts; Selbstbeurteilung der Lernergebnisse.

BESCHREIBUNG
Jeder Schüler erhält nach einer gewissen Arbeitszeit (wird vom Lehrer festgelegt) die Möglichkeit, seinen bisherigen Lernfortschritt zu reflektieren.
Im anschließenden Gespräch mit dem betreuenden Lehrer wird der Blick besonders auf die Stärken und auf die Möglichkeiten der Weiterentwicklung gelegt.

HINWEISE
- Nicht nur das Ergebnis der Projektarbeit ist wichtig, sondern auch deren Verlauf und die damit verbundene Reflexion und Dokumentation des Lernerfolgs.
- Der Lehrer sollte als Projektbegleiter die Schüler bei ihrer Arbeit begleiten und beobachten. Dabei sollte er darauf achten, dass die Schüler sich nicht kontrolliert fühlen, denn es geht um die individuelle Förderung.

Zwischenbilanz deines Lernfortschritts in der Projektarbeit	
Weil es vor allem um deinen Lernerfolg geht, wird nicht nur das Ergebnis bewertet, sondern auch der Projektprozess reflektiert. Dabei richtet sich der Blick vor allem auf die Entwicklung deiner Stärken (Was habe ich bisher gelernt?) und der Fähigkeiten, die du noch einbringen kannst. Nach dem Ausfüllen des Arbeitsblattes wird dein Lehrer es mit dir besprechen.	
Name:	Datum:
Gruppenmitglieder:	
Thema:	
Wie zufrieden bist du mit dem bisherigen Verlauf der Projektarbeit? ☺ 😐 ☹	
Was hast du bisher gelernt:	
Was möchtest du noch gerne lernen?	
Bist du zufrieden mit deiner bisherigen Mitarbeit.	
❑ Ja Begründung:	❑ Nein Begründung:
Die Zusammenarbeit in der Gruppe ist **1 2 3 4 5 6**	
Welche Note würdest du dir beim jetzigen Stand geben: **1 2 3 4 5 6**	
Deine Planung für den weiteren Verlauf der Projektarbeit:	

VARIANTE

Die Schüler reflektieren die Arbeit nach jeder Phase und legen eine Art Projekttagebuch an, dessen Inhalt in der Auswertungsphase beim Verfassen des Erfahrungsberichts hilfreich sein kann.

179b
Bewertung der Projektarbeit

ab 14 Jahre, ca. 45 Minuten

EIGNUNG

Bewertung der Lernerfolge (Kompetenzen) einzelner Schüler.

BESCHREIBUNG

Mithilfe des Bewertungsbogens wird die gesamte Projektarbeit unter dem Gesichtspunkt der individuellen Entwicklung unterschiedlicher Kompetenzen ausgefüllt.
Dabei füllt der Schüler selbst, ein Mitglied der Projektgruppe, das der Lehrer benannt hat, und der Lehrer (für jeden Schüler) jeweils ein Blatt aus. Der Durchschnitt der jeweiligen Bewertungen wird am Schluss errechnet. Der Lehrer legt die Endnote fest und erläutert diese in einem Gespräch mit dem Schüler. Dabei schauen beide auf die einzelnen Kompetenzen und die Lernerfolge des Schülers.

HINWEISE

- Der Prozess der Projektbewertung ist sehr aufwendig, da die Lernerfolge jedes einzelnen Schülers bewertet werden. Das ist aber sinnvoll, damit Schüler, die sich kaum eingebracht haben, nicht überbewertet bzw. Schüler, die gut gearbeitet haben, nicht unterbewertet werden.
- Hilfreich für die Schlussbewertung sind etwa Lerntagebücher und Beratungsgespräche.

VARIANTE

Es werden weitere Bewertungskriterien für Gruppenleistungen eingebracht.

Bewertung der Projektarbeit

Selbstbeobachtung: Fremdbeobachtung: Lehrerbeobachtung:

Name: Datum:

Gruppenmitglieder:

Thema:

Fachkompetenz:	1	2	3	4	5	6
Informationen recherchieren und kritisch bewerten	❑	❑	❑	❑	❑	❑
Vollständigkeit und Richtigkeit der Inhalte	❑	❑	❑	❑	❑	❑
Fachkenntnisse	❑	❑	❑	❑	❑	❑
Eigene Stellungnahme	❑	❑	❑	❑	❑	❑
	❑	❑	❑	❑	❑	❑

Methodenkompetenz:	1	2	3	4	5	6
Qualität des Endprodukts	❑	❑	❑	❑	❑	❑
Handwerkliche Fähigkeiten	❑	❑	❑	❑	❑	❑
Umgang mit Medien	❑	❑	❑	❑	❑	❑
Kreativität	❑	❑	❑	❑	❑	❑
Umsetzung von Ideen	❑	❑	❑	❑	❑	❑
Präzises und zielgerichtetes Arbeiten	❑	❑	❑	❑	❑	❑
Zeitstruktur	❑	❑	❑	❑	❑	❑
	❑	❑	❑	❑	❑	❑

Sozialkompetenz:	1	2	3	4	5	6
Kommunikationsfähigkeit	❑	❑	❑	❑	❑	❑
Teamfähigkeit / Zusammenarbeit	❑	❑	❑	❑	❑	❑
Konfliktfähigkeit	❑	❑	❑	❑	❑	❑
	❑	❑	❑	❑	❑	❑

Persönliche Kompetenz:	1	2	3	4	5	6
Freude an der Arbeit	❑	❑	❑	❑	❑	❑
Lernbereitschaft	❑	❑	❑	❑	❑	❑
Eigenverantwortung	❑	❑	❑	❑	❑	❑
Persönliches Engagement	❑	❑	❑	❑	❑	❑
Pünktlichkeit, Zuverlässigkeit, Sauberkeit	❑	❑	❑	❑	❑	❑
Belastbarkeit	❑	❑	❑	❑	❑	❑
	❑	❑	❑	❑	❑	❑

Note:

Selbstbeobachtung: ___ Fremdbeobachtung: ____ Lehrerbeobachtung: ___

Durchschnitt: ___ Endnote: ___

179c Projektreflexion

ab 14 Jahre

EIGNUNG
Reflexion der Projektarbeit.

BESCHREIBUNG
Jeder Schüler schreibt am Ende der Projektarbeit einen persönlichen Erfahrungsbericht, in dem er den gesamten Projektverlauf dokumentiert und reflektiert. Wichtig ist dabei vor allem, dass er die vier Kompetenzbereiche berücksichtigt und den eigenen Lernerfolg benennt.
Der Erfahrungsbericht wird benotet. Dabei stehen nicht die Erfahrungen selbst, sondern die Fähigkeit des Schülers zur kritischen Reflexion im Mittelpunkt.

HINWEIS
Für den Lehrer sind diese Erfahrungsberichte besonders interessant, weil er sich aufgrund der unterschiedlichen Erfahrungen ein besseres Bild von der jeweiligen Gruppe und ihrer Arbeit machen kann.

VARIANTE
Die Arbeitsgruppe schreibt einen gemeinsamen Erfahrungsbericht.

180 Freiarbeit

1. Was ist Freiarbeit?

Freiarbeit bedeutet nicht, dass die Schüler machen dürfen, was sie wollen. Es ist auch keine ziellose Methode zur Auflockerung des Unterrichts. Sie ist vielmehr eine Form des Lernens, die sich an den individuellen Bedürfnissen der Schüler ausrichtet. Dabei werden Räume für selbstständiges Lernen und selbstverantwortetes Handeln geschaffen. Die Methode der Freiarbeit orientiert sich vor allem an den reformpädagogischen Konzepten von MARIA MONTESSORI, CELESTIN FREINET und PETER PETERSEN (»Pädagogik vom Kinde aus«).

Das Denken von MARIA MONTESSORI *hat die Freiarbeit wesentlich geprägt. Sie geht davon aus, dass jedes Kind eine eigene Persönlichkeit ist. Indem es die in ihm grundgelegten Möglichkeiten in Freiheit entwickeln und in Ruhe wachsen lassen kann, kommt es zu sich selbst.*
Dementsprechend ist Freiarbeit der Freiraum für eigenes Tun im Sinne des Wachsenlassens der kindlichen Anlagen.

- In der Arbeit mit dem frei wählbaren Montessori-Material soll das Kind zu innerer Ruhe und Sammlung finden (»Polarisation der Aufmerksamkeit«), um so innere Sicherheit und Selbstbewusstsein zu entwickeln.
- Neben der freien Wahl des Materials ist für Montessori die Gestaltung des Klassenzimmers (»vorbereitete Umgebung«) bedeutsam. Für das Kind heißt dies: Bewegungsfreiheit und freier Zugang zu den Dingen. Der Lehrer oder die Lehrerin übernimmt in dieser Konzeption die Rolle des Beraters, der jederzeit um Hilfe gebeten werden kann.

Das Prinzip der Freiheit soll für drei Bereiche noch näher beschrieben werden:

a. Freiheit in der Wahl des Arbeitsmaterials
Die Schüler haben die Möglichkeit, aus einer vorgegebenen Fülle von Lern- und Arbeitsmaterialien sowie inhaltlichen Angeboten das auszuwählen, was für sie wichtig und interessant ist. Indem ihnen so die Freiheit der Wahl des Arbeitsmaterials zugestanden wird, setzen sie für sich selbst auch die Ziele und Inhalte des Lernens. Das heißt, sie entscheiden, wie ausführlich sie sich mit einem Thema auseinandersetzen und in welcher Weise sie die Ergebnisse zusammenfassen wollen. Ein solches selbst organisiertes Lernen kann natürlich nur Schritt für Schritt erlernt werden.

b. Freiheit in der Einteilung der Zeit
Die Schüler lernen nach und nach, ihre Lernleistung auch in einen zeitlichen Rahmen einzupassen, die ihnen zur Verfügung stehende Zeit sinnvoll und eigenverantwortlich zu nutzen.

c. Freiheit in der Wahl der Sozialform
Die Schüler entscheiden, mit wem sie zusammenarbeiten wollen (mit einem

Partner, in einer Gruppe oder allein). Dabei stehen vor allem das Erlernen von Kooperation und Interaktion im Sinne der Sache, um die es geht, im Vordergrund.
Freiarbeit hat immer zwei Seiten: Da ist zunächst die prozessbezogene Freiarbeit, in der es vor allem um das selbstbestimmte Lernen geht. Dabei organisieren die Schüler die Arbeit in eigener Verantwortung. Der gegenstandsbezogenen Freiarbeit geht es vor allem um das Erlernen von Methoden und Erkenntniswegen, die den Schülern das selbstständige Arbeiten und Erschließen von Inhalten ermöglichen.

2. *Strukturierung der Freiarbeit*

a. Die veränderte Lehrerrolle

Ehe der eigentliche Prozess der Freien Arbeit beginnen kann, hat die Lehrperson eine intensive Vorarbeit zu leisten. Für die Organisation der Freiarbeit ist die Grundlage ein gut durchdachtes Konzept. Dabei sollte der Lehrer bedenken, welche Inhalte für die Freiarbeit gut geeignet sind und in welcher Form diese Inhalte an die Schüler herangetragen werden.

Vor allem die veränderte Lehrerrolle sollte bedacht werden:

- Wie überzeugend finde ich das Konzept der Freiarbeit?
- Traue ich es mir und den Schülern zu, diesen neuen Weg zu gehen?
- Aufgrund welcher pädagogischen Überzeugungen setze ich die Freiarbeit ein?
- Wie leicht – oder wie schwer – wird es mir fallen, meine veränderte Rolle als Moderator, Animateur, Berater und Helfer zu übernehmen?
- Wie wichtig ist es mir, dass meine Schüler lernen, selbstständig zu arbeiten?

b. Die Vorbereitung der Schülerinnen und Schüler

Auch die Schüler müssen auf diese neue Möglichkeit des Unterrichts vorbereitet sein. Dazu einige Fragen:

- Habe ich die Schüler bereits auf die Freiarbeit vorbereitet, oder ist es ein ganz neues Arbeiten für sie?
- Wie ist mein Verhältnis zur Klasse?
- Sind die Schüler interessiert an selbstständigem Arbeiten oder ist es eher eine Überforderung?
- Ist das Sozialverhalten in der Klasse so weit fortgeschritten, dass sie sich auf Teamarbeit einlassen können?

Wenn die Schüler unvorbereitet mit der Freiarbeit konfrontiert werden, sind sie schnell überfordert. Sie können ihre Lernprozesse erst dann selbstständig organisieren, wenn sie grundlegende Arbeitsweisen und Techniken erlernt haben. Es können zur schrittweisen Vorbereitung einzelne Elemente der Freiarbeit in den Unterricht eingebaut werden. Das kann z.B. das Erarbeiten bestimmter Aufgaben in Partner- und Gruppenarbeit sein.

c. Materialbeschaffung

Auch die Art der Aufarbeitung des Materials ist für die Freiarbeit von besonderer Bedeutung. Es sollte genügend Material zur Verfügung stehen, sodass alle Schüler gleichzeitig arbeiten können. Wenn die Freiarbeit ein ganz neues Feld darstellt, ist eine längere Sammelphase notwendig. Sinnvoll erscheint es, sich in anderen Schulen nach bereits erprobten Materialien umzuschauen und gegebenenfalls eine Tauschbörse zu initiieren (etwa im Rahmen einer Arbeitsgemeinschaft bzw. über religionspädagogische Arbeitsstellen). Das Arbeitsmaterial selbst sollte klar strukturiert und logisch aufgebaut sein. Dabei ist die Vielfalt wichtig (Bilder, Texte, Spiele, Puzzle, Malutensilien, Bastelmaterial, Pappe, Lieder, Geschichten etc.).

d. Die Gestaltung des Klassenraums

Freiarbeit setzt eine grundsätzliche Neugestaltung des Klassenraums voraus. So müssen Bereiche für die einzelnen Arbeiten geschaffen werden. Die entsprechenden Materialien für die einzelnen Arbeiten werden dort in Kisten, Schubladen, Regalen und Kartons aufbewahrt und stehen den Schülern zur Verfügung. Auch Wände und Freiflächen für die Präsentation der Ergebnisse sollten vorhanden sein. Vor dem Hintergrund, dass Schule nicht nur Lern-, sondern auch Lebensraum ist, könnte eine wohnliche Atmosphäre (Sessel, Sofa, Decken, Kerzen, Pflanzen) hilfreich sein.

e. Die verschiedenen Phasen der Freiarbeit

Auch die Freiarbeit verläuft in einer strukturierten Form ab. Es gibt keine einheitliche Vorgabe, wie Freiarbeit aussehen soll. Daher ist die folgende Darstellung bzw. Vorgehensweise nur ein Vorschlag, der jederzeit an die gegebenen Umstände angepasst werden kann.

Freiarbeit

1. Vorbereitungsphase

Der Lehrer entwickelt ein Konzept für die Freiarbeit: Themenauswahl, Materialsichtung und -auswahl, Aufgabenstellung, Gestaltung des Klassenraums, Verlauf der Freiarbeit, Projektsicherung …

↓

2. Orientierungsphase

Der Lehrer gibt Hinweise, Informationen und Ratschläge zu den Inhalten und Aufgaben. Er stellt die Materialien und deren Handhabung vor.

↓

3. Planungsphase

Die Schüler planen und organisieren selbstständig ihr Vorhaben (Gruppenbildung, Materialsuche, Abfolge der Aufgaben).

↓

4. Arbeitsphase

Die Schüler beschäftigen sich selbstständig (alleine oder in Gruppen) mit der ausgewählten Arbeit. Der Lehrer steht als Ansprechpartner zur Verfügung und unterstützt gezielt einzelne Schüler.

↓

5. Abschlussphase

Rückblick auf die Arbeit und Präsentation der Ergebnisse (Reflexion, Lob, Kritik, Ausblick).

↓

6. Archivierungsphase

Die Ergebnisse und Produkte der Freiarbeit werden aufbewahrt (Ordner, Ausstellung).

3. Kompetenzen, die Freiarbeit verlangt und fördert

Aus pädagogischer Sicht hat sich in den letzten Jahrzehnten das Lern- und Bildungsverständnis deutlich erweitert. Unterricht zielt nicht allein auf eine Erweiterung fachspezifischer Kenntnisse, die jederzeit reproduzierbar sind. Immer deutlicher rückten die Schüler in den Vordergrund. So wurde neben der fachlichen Kompetenz das sozial-kommunikative Lernen zu einem wichtigen Stützpfeiler schulischer Bildung. Was Schüler und Lehrer im Rahmen der Freiarbeit alles lernen können, soll hier skizzenhaft verdeutlicht werden.

Fach- und Methodenkompetenz

Schüler:

- Inhalte, Begriffe und Fakten selbstständig aneignen und erschließen
- Fähigkeit, den eigenen Lernweg selbstständig zu konzipieren und zu gehen
- Lern- und Arbeitstechniken entwickeln, aneignen und trainieren
- selbst Informationen beschaffen, verarbeiten und auswerten
- recherchieren
- Arbeitsvorhaben selbst planen und durchführen
- kreative Kräfte entfalten

Lehrer:

- die Reflexion des pädagogischen Handelns fördern
- vielfältige und originelle Zugänge zu den Inhalten kennenlernen und ausprobieren
- Aufarbeiten von Inhalten unter verschiedenen Gesichtspunkten
- Erweiterung der methodischen Kompetenz
- neue Lust am Lernen und Lehren
- Lernprozesse in überschaubaren Bausteinen strukturieren
- sich einen Materialüberblick verschaffen und auswählen

Sozialkompetenz

Schüler:

- Zusammenarbeit und Teamfähigkeit ohne Konkurrenzdenken einüben
- Mitschülern hilfreich zur Seite stehen
- die Schüler können sich in den individuellen Fähigkeiten ergänzen und voneinander lernen

Lehrer:

- gemeinsam mit den Schülern planen und arbeiten

- Beziehungs-, Kommunikations- und Kooperationsfähigkeit verstärken
- auf Stärken und Schwächen einzelner Schüler eingehen und diese gezielt fördern
- kollegiale Zusammenarbeit einfordern und einüben
- die Schüler neu erleben (Leistungsbereitschaft und Fähigkeiten entdecken)
- Arbeiten in einem entspannten Lernklima

Selbstkompetenz

Schüler:

- sich motivieren und sich engagieren
- durch persönliche Erfolgserlebnisse Selbstvertrauen und Selbstbewusstsein festigen
- Entscheidungsfähigkeit entwickeln
- Erfolg erleben
- Stärken und Schwächen erkennen und damit umgehen lernen
- allein oder in Gruppen arbeiten lernen
- Umgang mit der Zeit/Zeitplanung
- den verantwortungsvollen Umgang mit der gewonnenen Freiheit erproben
- die Lernfreude soll erhalten und gefördert werden
- die eigenen Kräfte und Begabungen realistisch einschätzen und einsetzen

Lehrer:

- Überdenken der eigenen Lehrerrolle (Moderator, Berater, Animateur)
- Aufgeben der Führungsrolle zugunsten der Selbstständigkeit der Schüler
- das Lernverhalten der Schüler aus der Distanz beobachten
- Gruppenprozesse erkennen und entsprechend reagieren
- individuelle Lernprozesse fördern

4. Freiarbeit im Religionsunterricht

Im Religionsunterricht ist, wie in anderen Fächern, eine grundlegende (religions-)pädagogische Konzeption Voraussetzung für ein sinnvolles und effektives Arbeiten, das die Schüler in ihrer Entwicklung und mit ihren Fähigkeiten ernst nimmt.

Freiarbeit in einem Fach, und sonst läuft es wie immer! Das ist nicht sinnvoll und letztlich auch nicht durchführbar. Deshalb ist es wünschenswert, sich innerhalb eines Kollegiums (mindestens aber im Klassenkollegium) über die Grundsätze der Freiarbeit zu verständigen, Absprachen zu treffen, Grundlagen zu schaffen (Gestaltung des Klassenzimmers, Grundmaterialien), sich regelmäßig auszutauschen und die pädagogische Idee zu überprüfen. Unverzichtbar ist also ein Kollegium, das bereit ist, die Freiarbeit einzuführen und zu unterstützen.

Freiarbeit im Religionsunterricht unterstützt die eigenständige Erarbeitung der fachspezifischen Inhalte und eine aktive Gestaltung des Religionsunterrichts durch die Schüler.
Für Anfänger ist es sinnvoll, Schwerpunkte zu bilden und sich zuerst auf ein Thema zu konzentrieren. Der Aufbau einer Materialsammlung dauert einige Zeit. Dabei ist es hilfreich, sich inspirieren zu lassen von dem, was es bereits an erprobten Materialien gibt. Themenbereiche, die sich für den Religionsunterricht eignen: die Psalmen, der Schöpfungsbericht, Befreiungsgeschichten, Gottesbilder, Jesusbegegnungen, Heilungserzählungen, der Kreuzweg, es gibt Menschen, die anders sind, Heilige und Vorbilder, Symbole (Tür, Weg, Wasser, Sonne, Licht).

Checkliste Freiarbeit

- ❑ Ist das Thema für die Schülerinnen und Schüler interessant genug?
- ❑ Habe ich Material, das schülergerecht aufbereitet ist?
- ❑ Was beschaffen die Schülerinnen und Schüler selbst?
- ❑ Habe ich die Schülerinnen und Schüler auf die Freiarbeit vorbereitet?
- ❑ Welche Schülerinnen und Schüler will ich besonders beobachten bzw. unterstützen?
- ❑ Sind Absprachen im Kollegium getroffen?
- ❑ Wie sichere ich die Ergebnisse?
- ❑ Wie sieht unser Produkt aus (Mappe, Ausstellung, Collage, Spiel)?
- ❑ ____________________
- ❑ ____________________
- ❑ ____________________
- ❑ ____________________

181 Stationenlernen

ab 8 Jahre, ca. 45 Minuten

EIGNUNG

Die Schüler lernen selbstbestimmt und selbstorganisiert.

BESCHREIBUNG

Von Stationenlernen (auch Lernstraße oder Lernzirkel) spricht man, wenn im Klassenraum verschiedene »Stationen« mit Materialien und Aufgaben aufgebaut sind, die Angebote zu einem Lernthema machen. Die Schüler wählen die Reihenfolge der Stationen, die sie bearbeiten. Dabei wird der Lerngegenstand aus unterschiedlichen Perspektiven und mit verschiedenen Methoden und Medien entfaltet.

Mithilfe eines Laufzettels und eines Kontrollblattes können die Schüler ihr Lernen organisieren. Wenn alle die Lernstraße in einer vorgegebenen Zeit begangen haben, wird in der Lerngruppe Rückblick gehalten: Was habe ich gelernt? Was möchte ich noch genauer wissen? Was habe ich nicht verstanden?

HINWEISE

- Es liegt in der Entscheidung der Schüler, welche Station sie wann angehen (»Wahlstationen«). Die Dauer des Aufenthaltes an einer Station und die Sozialform (z.B. Partnerarbeit) können von den Schülern bestimmt werden.
- Die Arbeitsmaterialien sollten so gewählt sein, dass die Schüler sie selbstständig erarbeiten können (klare Aufgabenstellung!). Auch Kontrolle und Korrektur erfolgen nach Möglichkeit eigenständig.

VARIANTE

Es können »Pflichtstationen« vorgegeben sein. Mithilfe eines »Fahrplanes« begehen die Schüler die Stationen (»Du hast die Wahl zwischen 12 Stationen, die Stationen 4, 6, 7, 9 und 10 musst du angehen, die anderen kannst du frei wählen!«). Die einzelnen Stationen können von den Schülern ergänzt werden (Hausaufgabe).

182 Wochenplanarbeit

ab 7 Jahre, eine Woche

EIGNUNG

Intensive Auseinandersetzung mit einem Thema unter verschiedenen Gesichtspunkten; eröffnet Möglichkeiten, eigenständig zu lernen; Aufgaben zielorientiert und sachgerecht bearbeiten; eigenständiges Organisieren und Durchführen einer Arbeitsaufgabe.

BESCHREIBUNG

Die Schüler erledigen selbstständig in einem bestimmten Zeitraum vorgegebene Aufgaben für einen oder mehrere Lernbereiche. Bei einem Wochenplan gibt es Pflichtaufgaben, die die Schüler unbedingt erledigen müssen, und Wahlaufgaben, aus denen man sich eine oder mehrere aussuchen kann.

Formen der Wochenplanarbeit:

- Wochenpläne für ein einzelnes Fach
- Wochenpläne für mehrere Fächer, dabei bestehen mehr Wahlmöglichkeiten; die einzelnen Fachlehrer müssen zusammenarbeiten.
- Projektorientierte Wochenpläne: Die Schüler entscheiden mit über Inhalt, Weg, Ziel und Methode.
- Wochenpläne, die die Schüler selbst entwerfen.

HINWEISE

- Die Wochenpläne sollten nicht überstrapaziert werden. Daher sollte nie der gesamte Unterricht aus Wochenplanarbeit bestehen.
- Ein fächerübergreifender Unterricht verlangt eine intensive Vorbereitung und Absprache unter den Fachlehrern.
- Auch ein flexibler Umgang mit der Zeit (Klingelzeichen) ist notwendig.
- Den Schülern sollte die Struktur der Wochenplanarbeit deutlich sein. Hilfreich sind folgende Fragen:
  - Was muss ich tun? (Pflichtaufgaben) Was darf ich tun? (Wahlaufgaben)
  - Welche Hilfsmittel brauche ich, um die Aufgaben zu lösen?
  - Wie kann ich vorgehen? Wann arbeite ich nach dem Plan?

Wochenplan

für die Zeit vom ____________ bis ____________

Name ____________

❑ Ich arbeite allein ____________

❑ Ich arbeite zusammen mit ____________, ____________, ____________

Thema: Unsere Pfarrgemeinde

Deine Aufgabe besteht darin, eine Werbeschrift über deine Pfarrgemeinde zu gestalten. Dazu musst du zunächst Informationen sammeln (Pfarrkirche, Pfarrgemeinderat, Verwaltungsrat, Gottesdienstzeiten, Jugendarbeit, Messdiener, Erwachsenenbildung, Kindergarten etc.).
Die Broschüre kann neben den Texten auch Zeichnungen und Bilder enthalten.
Du darfst auch eigene Schwerpunkte setzen.
Du kannst die Aufgabenstellung alleine oder mit anderen, die in deinem Ort wohnen, bearbeiten. Die Gruppe sollte aber höchstens vier Mitglieder haben. Du kannst in der Religionsstunde und zu Hause an der Aufgabe arbeiten.

Abgabetermin ist der ____________

Viel Spaß wünscht dir ____________

Tipps Tipps Tipps Tipps Tipps

❑ Informationen könnt ihr beschaffen: beim Pfarrer, im Pfarrbüro, bei Pfarrgemeinderatsmitgliedern, nach den Gottesdiensten.

❑ Macht euch bei den Interviews Notizen.

❑ Vielleicht findet ihr alte Fotos von der Pfarrkirche.

❑ Die Broschüre sollte eine ansprechende Form haben.

❑ Fragt andere Leute, ob sie eure Broschüre für ansprechend halten.

Tipps Tipps Tipps Tipps Tipps

VARIANTEN

- Damit sich die Schüler an die neue Arbeitsform gewöhnen, kann es sinnvoll sein, mit einem Tagesplan zu beginnen. Hierbei sind natürlich die Wahlmöglichkeiten eingeschränkt.
- Mit Tagesplänen lässt sich auch gut in einem Fach unterrichten.

183
Experten unter sich

ab 14 Jahre, je nach Themenumfang ca. 4 Unterrichtsstunden

EIGNUNG

Fördert das eigenständige Aneignen von Wissen; fördert die Teamarbeit; Einübung der Weitergabe von erlerntem Wissensstoff.

BESCHREIBUNG

Die Klasse wird in verschiedene Stammgruppen aufgeteilt, die etwa fünf Teilnehmer haben. Aus jeder Gruppe wird ein Mitglied in eine sogenannte Expertengruppe (bei fünf Teilnehmern also fünf Expertengruppen) abgesandt, die sich mit einem bestimmten Thema auseinandersetzt. Die Materialien werden von der Lehrperson vorgegeben oder können selbst gesucht werden (z.B. Internet, Bibliothek, Bücherei). Die Expertengruppen erarbeiten einen ganzen Themenkomplex bzw. einen Teilaspekt eines Themas. Die Experten gehen zurück in ihre Stammgruppen und jeder informiert über sein Thema.

HINWEIS

Diese Methode ist besonders für leistungsheterogene Gruppen geeignet, bei der alle das Ziel erreichen sollen.

Experten unter sich

Thema: Judentum

Stammgruppen

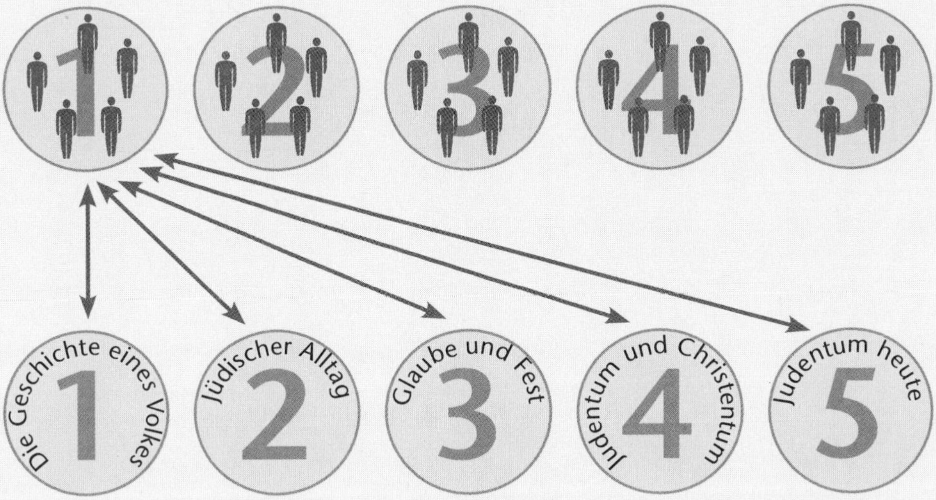

Expertengruppen

Aus jeder Stammgruppe geht ein Mitglied in die Expertengruppe, informiert sich über einen Themenbereich und gibt das Gelernte an die Stammgruppe weiter.

184 Umfrage

ab 14 Jahre, 3–4 Unterrichtsstunden

EIGNUNG

Informationsbeschaffung; Abfragen eines Meinungsspektrums.

BESCHREIBUNG

Es gibt verschiedene Arten von Umfragen:

- *Mini-Umfrage*
  Zu einem bestimmten Thema oder Problembereich werden verschiedene Personen befragt und um Stellungnahme gebeten. Dabei wird nicht nachgefragt oder kommentiert. Die Antworten werden schriftlich dokumentiert oder mithilfe eines Kassetten- oder Videorekorders aufgezeichnet und anschließend im Unterricht ausgewertet.
- *Interview*
  Gezielt werden Gespräche mit ausgewählten Personen zu einem festgelegten Thema geführt. Dabei sollte auf die Art des Fragens geachtet werden (➤ Methode 84).
- *Datenerhebung*
  Bei dieser Art der Umfrage sollen Meinungen und Einstellungen statistisch erfasst und ausgewertet werden. Der Fragebogen sollte dabei detailliert ausgearbeitet sein.
- *Aktivierende Befragung*
  Betroffene Personen werden direkt zu einem Problemfeld angesprochen. Es geht um die Verdeutlichung eines Themas und die Frage nach den Möglichkeiten der Veränderung.
  Beispiel: Was gefällt dir nicht an den Aufenthaltsräumen in unserer Schule? Was sollte verbessert werden?

HINWEISE

- Bei allen Formen der Umfragen ist eine gründliche Vorbereitung notwendig. Dies kann in Kleingruppen mit unterschiedlicher Aufgabenstellung geschehen (Ausarbeitung der Fragen, Vorbereitung der Auswertung, technische Vorbereitungen, Terminvereinbarung).
- Der Computer bietet vielfältige Hilfen bei der Auswertung (z.B. Diagramme).

Die Ergebnisse werden im Unterricht besprochen, dokumentiert und evtl. veröffentlicht (Zeitungsbericht, Aushang in der Pausenhalle).
- Die Aktion sollte mit den Kollegen abgesprochen sein.
- Eine Zusammenarbeit mit den EDV-Lehrern ist bei der Auswertung hilfreich.
- Unter www.grafstat.de findet sich ein Fragebogenprogramm, das von der Erstellung der Fragebögen bis zur Auswertung Unterstützung bietet.

185 Expertenbefragung

ab 10 Jahre, 1–2 Unterrichtsstunden

EIGNUNG

Informationen erfragen; Gesprächsführung und Diskussion einüben.

BESCHREIBUNG

Häufig bleiben bei einem Thema viele Fragen offen, die nur ein Experte beantworten kann. Er wird in die Unterrichtsstunde eingeladen und zum Thema befragt. Dabei soll der Fachmann bzw. die Fachfrau kein Referat halten, sondern auf konkrete Fragen Antworten geben. Es ist ratsam, das Gespräch in der Klasse vorzubereiten und sich vorher über die zu stellenden Fragen Gedanken zu machen. Ein Schüler (oder eine Gruppe) könnte die Moderation des Gespräches übernehmen. Die Schüler sollten ermutigt werden, Fragen zu stellen.
In einer Auswertung wird die Expertenbefragung aufgearbeitet und reflektiert. Einige Schüler können die Befragung dokumentieren und somit für eine anschließende Weiterarbeit nutzen.

HINWEISE

- Mögliche Experten könnten sein: Pfarrer, Ordensschwester, Suchtberater, Bestatter, Schwangerenkonfliktberaterin, Jugendarbeiter, Zivildienstleistender ...
- Der Experte sollte gezielt ausgesucht werden. Ein Vorgespräch ist sinnvoll.
- Einzelne Schüler können als Experten zurate gezogen werden, z.B. bei Themen wie »Meine Mutter erzieht mich alleine«, »Messdienerarbeit macht Spaß«, »Ich engagiere mich in der Jugendarbeit«. Es können auch Themen sein, bei denen sich Schüler durch Eigenstudium zu Experten entwickeln.

186 Erkundungen

ab 7 Jahre, 2–4 Unterrichtsstunden

EIGNUNG

Lernorte außerhalb der Schule erleben (Unterricht an einem anderen Ort); Vernetzung von Lebens- und Lernräumen; Informationssammlung und Urteilsbildung; Schüler machen Erfahrungen aus erster Hand.

BESCHREIBUNG

Eine Exkursion ist ein Unterrichtsgang (bzw. Unterrichtsfahrt) mit dem Ziel, sich an Ort und Stelle über ein Thema zu informieren (z.B. ein Altenheim, eine Behinderteneinrichtung, ein Museum, eine Kirchengemeinde). Eine solche Erkundung muss inhaltlich gut vorbereitet sein. Vorinformationen über die zu besuchende Einrichtung sind einzuholen, Fragen werden ausgearbeitet und vorbereitet. Im Unterricht werden die gewonnenen Erfahrungen und Informationen aufgearbeitet und dokumentiert.

HINWEISE

- Vor der Exkursion sollte ein Gespräch mit Personen der zu besuchenden Einrichtung geführt werden. Die Erwartungen der Schüler sollten dabei deutlich formuliert werden.
- Erkundungen können auch einen geselligen Teil umfassen (ein Picknick oder einen Stadtbummel). Die Erkundung sollte so weit wie möglich von den Schülern selbst vorbereitet werden. Der Unterschied zu einer Klassenfahrt sollte allen deutlich sein.
- Die Dokumentation der Erkundung kann in Form eines Zeitungsberichts oder einer Ausstellung geschehen. Auch sogenannte »Schulendtage« könnten in dieser Form (Besuch verschiedener Einrichtungen, Gespräche mit Betroffenen, AIDS-Hilfe, Behindertenheim, Suchtberatung) durchgeführt werden.

187 Info-Stand

ab 12 Jahre, ca. 4 Unterrichtsstunden

EIGNUNG

Aneignung und Weitergabe von Informationen; Öffentlichkeitsarbeit.

BESCHREIBUNG

Zu einem im Unterricht erarbeiteten Thema stellen die Schüler Informationsmaterial zusammen, entwerfen Handzettel und Collagen, Plakatwände und Schaubilder, Bücher und Filme. In der Pausenhalle, auf dem Schulhof oder in der Fußgängerzone wird der Info-Stand aufgebaut.
Ziel ist es nicht, dass die Mitschüler in der Pause oder einer eigenen Unterrichtsstunde das Material passiv betrachten. Es geht vielmehr darum, mit ihnen ins Gespräch zu kommen, zu informieren und sich kritisch mit einem Sachverhalt auseinanderzusetzen. Dazu ist eine gute thematische Vorbereitung notwendig.
Nach der Aktion folgt eine Auswertung, bei der die Frage nach Konsequenzen im Vordergrund stehen sollte. Mögliche Themen sind z.B. Abtreibung, Sterbehilfe, Kirche heute, Behinderte.

HINWEISE

- *Materialien:* Stellwände, Plakate, Handzettel, Musik, Lautsprecher, Bücher
- Musik und Straßentheater machen die Aktion lebendig und anschaulich.

VARIANTE

Die Schüler konzentrieren sich auf eine Informationsform (z.B. Plakate).

188 Lernmarkt

alle Altersgruppen, 45 Minuten

EIGNUNG
Einführung in ein neues Thema; Interesse wecken.

BESCHREIBUNG
Im Klassenraum wird eine Marktsituation durch vielfältige Lernangebote dargestellt. Es gibt Informationsstände mit ausgelegtem Material, Video- und Audiostationen, Fotokarteien, Lexika und Nachschlagewerke, Notebooks mit Internetzugang und bereits aufgerufenen Seiten …
Die Schüler können in einer vorgegebenen Zeit die Materialien sichten und sich dabei unterhalten. Bei einer abschließenden Reflexion stellen sie sich die Lern- und Kompetenzergebnisse gegenseitig vor.

HINWEIS
Der Lernmarkt ist ein offenes Lernarrangement, das vor allem die Neugier wecken und zu einem Thema hinführen soll. Dabei können auch die Schüler mit Materialien zum Gelingen des Marktes beitragen.

VARIANTE
Die Schüler erhalten Rechercheaufgaben, die sie bei der Begehung erarbeiten.

189 Infothek

ab 6 Jahre

EIGNUNG
Fördert die Eigeninitiative zur Informationsaneignung; macht neugierig.

BESCHREIBUNG

Eine Bibliothek (Fachbücher, Bibeln, Liederbücher, Gebetbücher, Kassetten, Bilderbücher, Heiligenbücher, Fotosammlung) steht allen Schülern im Klassenraum zur Verfügung. Sie können in den Pausen oder während des Unterrichts ihren Wissensdrang stillen.

HINWEIS

Die Bibliothek sollte für die Schüler jederzeit zugänglich sein. Eventuell könnte auch ein Ausleihdienst organisiert werden.

VARIANTEN

- Die Schüler können die Bibliothek durch eigene Leihgaben ergänzen.
- Nach und nach werden Karteikarten zu einzelnen Stichwörtern angelegt.

190 Die Puppenecke

ab 6 Jahre

EIGNUNG

Fördert die Anschaulichkeit theoretischer Zusammenhänge; füllt Geschichten mit Leben.

BESCHREIBUNG

In einer Ecke des Klassenraumes steht ein Sortiment an Puppen bereit (Bären, Theaterpuppen ...), die in den Kinderzimmern der Schüler ausgedient haben. Sie können im Religionsunterricht immer wieder eingesetzt werden. So werden biblische Geschichten lebendig, indem sie gespielt und aktualisiert werden.

HINWEIS

Die Puppen können auch zweckfrei benutzt werden, zum Spielen und Kuscheln.

191
Die Stille-Ecke

ab 6 Jahre

EIGNUNG

Fördert die selbstständige Initiative zur Stille und Meditation; bietet Raum zum Zurückziehen.

BESCHREIBUNG

Die Stille-Ecke bietet den Kindern die Möglichkeit, sich an einen Ort zurückzuziehen, der eine besondere Ausstrahlung hat. Kerzen und Lichter, Bilder und Stifte, Bücher, Decken, Kassettenrekorder oder MP3-Player mit Kopfhörer laden zum Verweilen ein. Er sollte nach Möglichkeit durch einen Raumteiler vom übrigen Klassenraum abgetrennt sein.

HINWEIS

Den Kindern sollte klar sein, dass die Stille-Ecke ein besonderer Raum ist, an den man sich zurückziehen kann und wo man nicht gestört wird.

6. Spielend lernen

Spiele im Religionsunterricht

Fußball und Tennis, Gesellschaftsspiele und Spiele auf der Straße gehören von jeher zur Lebenswelt der Kinder und Jugendlichen. In den letzten Jahrzehnten aber haben sich die Spielwelten beträchtlich erweitert: Bildschirm, Playstation und Spiele im Internet bieten Spannung und fordern Aufmerksamkeit. Auch diese Entwicklung bestätigt, dass Spielen ein Urphänomen ist und dass Menschen in jedem Alter und in allen sozialen Schichten spielen.

Vom Wert der Spiele

In seinem schulbildenden Werk *Homo ludens* hat Johan Huizinga eine klassische Definition des Spiels entworfen:

> *Spiel ist eine freiwillige Handlung oder Beschäftigung, die innerhalb gewisser festgesetzter Grenzen von Zeit und Raum nach freiwillig angenommenen, aber unbedingt bindenden Regeln verrichtet wird, ihr Ziel in sich selbst hat und begleitet wird von einem Gefühl der Spannung und Freude und einem Bewusstsein des ›Andersseins‹ als das ›gewöhnliche Leben‹.*
>
> *Huizinga 1956, 37*

In dieser Definition lässt sich schon erkennen, warum Spiele für den Religionsunterricht wertvoll sind:

- In einer Gesellschaft, die ständig Leistung und Effektivität einfordert, betreten wir im Spielen eine Gegenwelt: Das Spiel ist zweckfrei und eine Zeit der Muße.
- Spiele öffnen einen Raum der Freiheit. Hier können Schüler Möglichkeiten erproben, die der Alltag ihnen nicht bietet. Vielleicht können sie dort Spielräume entdecken, die sie bis dahin übersehen haben. Und vielleicht ahnen sie dann sogar, wie ihr Leben noch werden könnte.
- Wer spielt, muss sich an Regeln halten. Dadurch können Schüler erleben, dass Regeln unerlässlich sind, wenn das Spiel – und wenn ihr Leben – gelingen soll.
- Wer spielt, kann in eine Rolle schlüpfen, die ihm fremd ist. Er kann sich spielend in die Lebensform und in die Probleme eines anderen hineinversetzen. Und es könnte sein, dass er Empathie entwickelt für eine Person, die er bisher nur kritisiert und abgelehnt hat.
- In vielen Spielen müssen Schüler mit anderen zusammenarbeiten. Das fördert soziale Kompetenzen: Fairness, Selbstbehauptung und nicht zuletzt die Fähigkeit, Absprachen zu treffen und Kompromisse zu schließen.
- Rollenspiele wecken die soziale Fantasie. Konfliktlösungen werden gesucht; und oft können verfahrene Situationen spielerisch bearbeitet werden. Und vielleicht wird dann sogar der Horizont der Utopie sichtbar: das (christliche) Bild einer Gemeinschaft, in der einer dem anderen hilft, seine Last zu tragen.
- Aber bei alldem bleibt das Spiel ein Spiel: Es unterbricht die Kette der Pflichten, und es darf sogar Spaß machen.

Auch wenn wir gerade das große Loblied auf das Spiel und seinen didaktischen Wert gesungen haben, dürfen wir Schattenseiten des Spiels nicht übersehen: In vielen Spielen gibt es am Ende Gewinner und Verlierer. Und für diejenigen Schüler, die regelmäßig zu den Verlierern gehören, stärken Spiele keineswegs das Selbstwertgefühl! (Deshalb verdienen kooperative Spiele, die keine Verlierer kennen, im Religionsunterricht den Vorzug.) Natürlich müssen sich Spieler und Spielleiter darauf verlassen können, dass sich alle an die vereinbarten Regeln halten. Wenn aber häufig dieselben Schüler durch ihre Regelverstöße den Spielverlauf stören, kann das deren Randstellung in der Lerngruppe noch verschlimmern.

Die Rolle des Spielleiters

Obwohl viele Spiele Selbstläufer sind, kommt dem Spielleiter eine Schlüsselrolle zu. Seine Aufgabe umfasst die Planung des Spiels, Animation, Begleitung und Reflexion. Dabei sollte der Spielleiter eine Balance anstreben zwischen Zurückhaltung und Engagement, zwischen Distanz und Nähe. Er darf die Freiheit des Spiels nicht blockieren, aber Formlosigkeit und Willkür sollte er verhindern. Jüngere Schüler brauchen im Allgemeinen eine stärkere Lenkung durch den Spielleiter als ältere. Und (ältere) Schüler können durchaus seine Rolle übernehmen.

Die wichtigsten Aufgaben des Spielleiters:

- Die Spielregeln werden angesagt – so knapp und so klar, dass sie von allen gehört und verstanden werden.
- Er vermeidet Überforderungen. Er wählt Spiele, die zum Leistungsniveau und zu den Erfahrungen der Schüler passen. Aber er eröffnet auch Spielräume, die die Kinder und Jugendlichen fordern.
- Er hält sich zurück, damit das Spiel sich frei entfalten kann; aber er steht hilfreich bereit, wenn Klippen und Probleme den Fortgang des Spiels gefährden.
- Er respektiert die Freiheit der Schüler, die nicht spielen wollen. Und er hilft ihnen, ins Spiel zu finden, wenn sie ihre Meinung ändern.
- Er beobachtet den gruppendynamischen Prozess.
- Er hilft Kindern, die Mühe haben, ins Spiel zu finden.
- Er verhindert – soweit möglich – Indiskretionen und Verletzungen. (Niemand darf im Spiel gedemütigt oder bloßgestellt werden.)

Kennenlern- und Kontaktspiele

»Wer gehört alles in meine Klasse? Wen kann ich leiden? Wen mag ich nicht? Wen möchte ich besser kennenlernen? Ob ich mich mit den anderen vertrage?« Derartige Fragen bewegen viele Kinder und Jugendliche, wenn sie in eine neue Klasse kommen. Es geht dabei um Beziehungen. Solange hier Unsicherheit besteht, wird es schwierig sein, eine angenehme und vertrauensvolle Lernatmosphäre zu schaffen. Durch Kennenlern- und Kontaktspiele (»warming up«) werden Anfangsängste abgebaut. Die Schüler – aber auch ihr Lehrer – sollen miteinander und mit der neuen Situation und Umgebung vertraut werden.

192 Presseschau

ab 10 Jahre, 45 Minuten

EIGNUNG
Fördert das Selbstverständnis und die Wahrnehmung der anderen.

BESCHREIBUNG
Die Schüler spielen Redakteure in eigener Sache. Sie stellen sich auf dem Titelblatt einer Zeitung vor. Es kann etwa lauten: »Neues und Altes von Peter Müller« oder »Patricia Schmidt kommt in die 5. Klasse«. Auf dieser Titelseite ist für vieles Platz: Foto oder selbst gemachtes Porträt, Lebenslauf, Nachrichten über die Familie, Hobbys, Erwartungen an Schule und Klasse. Die fertigen Titelseiten werden aufgehängt und von allen betrachtet.

HINWEIS
Die Zeitungsseiten könnten in einer Mappe gesammelt werden und so allen zugänglich bleiben.

VARIANTE
Die Schüler erstellen eine Facebook-Seite mit den wichtigsten Informationen über die eigene Person.

193 Blitzlicht

alle Altersgruppen, 5 – 10 Minuten

EIGNUNG

Die Kinder und Jugendlichen erleben, dass sie ihre Gefühle bzw. ihre Gedanken aussprechen dürfen und den anderen zuhören können. Fördert die Wahrnehmung der anderen in der Gruppe.

BESCHREIBUNG

Das Blitzlicht ist eine spontane Meinungsäußerung bzw. Befindlichkeitsrunde ausgehend von Fragen wie z.B.:

- Wie geht es mir jetzt?
- Worüber ärgere ich mich gerade?
- Was erwarte ich von dieser Stunde?

Als thematischer Einstieg:

- Was fällt mir zu dem Thema spontan ein?
- Welche Einstellung habe ich dazu?

Jeder, der will, äußert sich zu diesen Fragen. Er darf nicht unterbrochen oder befragt werden. Verständnisfragen sind zugelassen.

HINWEISE

- Das Blitzlicht kann in den unterschiedlichsten Situationen eingesetzt werden.
- Es ist besonders sinnvoll, wenn Langeweile aufzukommen droht.

194
Partnerinterview

ab 12 Jahre, 45 Minuten

EIGNUNG
Gegenseitiges Kennenlernen; Fremd- und Selbstdarstellung.

BESCHREIBUNG
Jeder sucht sich einen Partner, den er noch nicht gut kennt. Die Paare setzen sich ca. 15 Minuten zusammen. Während dieser Zeit interviewen sich die Partner gegenseitig. Nach Ablauf der Zeit kommen alle Paare wieder zusammen und jeder Teilnehmer stellt der Gruppe seinen Partner vor.

HINWEIS
Im Plenum sind Nachfragen möglich. Es wäre gut, wenn die Lehrperson am Spiel teilnimmt.

Ich mache mir ein Bild von dir!

1. Beschreibe dich mit fünf Eigenschaften.
2. Welche Schlagzeile würde heute über dich in der Zeitung stehen?
3. Was bringt dich auf die Palme?
4. Was würde dich am meisten freuen?
5. Bei wem würdest du gerne in der Mülltonne wühlen; was glaubst du zu finden?
6. Wem würdest du gerne mal so richtig die Meinung sagen und warum?
7. Was hast du in deinem Leben am meisten bereut?
8. Was hast du gedacht, als du die Leute in dieser Klasse das erste Mal gesehen hast?
9. Bei welcher Musik könntest du abheben?
10. Was möchtest du mir noch erzählen?

VARIANTE

Die Interviews werden ertragreicher, wenn man den Schülern Stichworte oder Fragen an die Hand gibt, z.B. Name (Spitzname)/Alter/Familie/bisheriger Lebenslauf/ Welche Musik hörst du gerne?/ Wo möchtest du am liebsten leben?/ Was nervt dich am meisten?/ Was hältst du für das Überflüssigste auf der Welt?/ Deine positiven bzw. negativen Eigenschaften?/ Erwartungen an die Klasse bzw. die Lehrer ...

195
Radiointerview

ab 14 Jahre, 90 Minuten

EIGNUNG

Die Schüler lernen sich auf spielerische Weise kennen, Erwartungen und Befürchtungen werden formuliert.

BESCHREIBUNG

Ein Radiosender schreibt einen Interview-Wettbewerb aus. Es geht darum, in möglichst origineller Weise Menschen vorzustellen und einem Publikum zu präsentieren. In einer vorgegebenen Zeit (etwa 2 Minuten) sollen wichtige Informationen über einen Menschen weitergegeben werden. Nach Ablauf der Vorbereitungsphase – in Partnerarbeit – beginnt die »Sendung«. Das Publikum kann die Beiträge durch Applaus unterstützen.

HINWEISE

- Der Lehrer als Moderator – hier kann sich ein geheimer Traum erfüllen.
- Die Methode eignet sich auch gut als Wiedereinstieg in den Schulalltag nach den Ferien.

VARIANTE

Die Schüler erstellen einen kurzen Podcast und nehmen ihn mit dem Smartphone, Kassetten- oder MP3-Rekorder auf.

196
»Mein rechter Platz ist leer!«

6–10 Jahre, ca. 15 Minuten

EIGNUNG
Fördert die Kommunikation und das Vertrautwerden; genaues Beobachten und Hinhören werden eingeübt.

BESCHREIBUNG
Alle sitzen im Kreis. Der rechte Platz neben dem Lehrer ist leer. Er sagt: »Mein rechter Platz ist leer. Ich wünsche mir den ... her.« Dabei wird kein Name genannt. Die Person wird genau beschrieben (Kleidung, Haarfarbe etc.).
Das Kind, das sich aufgrund der Beschreibung erkannt hat, steht auf und setzt sich auf den freien Stuhl. Es stellt sich mit seinem Vornamen vor. Das Kind, dessen rechter Platz nun leer ist, setzt das Spiel fort.

HINWEISE
- Die zu beschreibende Person sollte nach Möglichkeit nicht angeschaut werden.
- Die anderen Schüler dürfen, wenn sie den beschriebenen Mitschüler erkannt haben, nichts sagen.

VARIANTE
Nicht die Kleidung, sondern Körperhaltung oder Mimik werden beschrieben.

197 Visitenkarten

6–10 Jahre, 45 Minuten

EIGNUNG

Sich unbekannte Personen einprägen, in Kontakt treten.

BESCHREIBUNG

Die Schüler gestalten Visitenkarten, die etwas über sie aussagen (Symbole, Unterschrift, Hobby). Alle gehen im Kreis. Auf ein Kommando (Gong, Musik abstellen) stellt sich jeder einem Mitschüler vor und hinterlässt seine Visitenkarte. Dabei ist es wichtig, sich den Besitzer der Visitenkarte einzuprägen. Haben alle ihre Visitenkarten ausgetauscht, verläuft das Spiel umgekehrt. Jeder muss die erhaltenen Visitenkarten wieder an die richtigen Personen zurückgeben.

HINWEIS

Im Anschluss an das Spiel können Nachfragen zur Person das Erfahrene ergänzen.

VARIANTEN

- Alle Schüler entwerfen eine lustige Visitenkarte über die eigene Person. Die fertigen Karten werden in einem Korb gesammelt. Sie werden einzeln gezogen und vorgelesen. Die beschriebene Person muss erraten werden.
- Jeder zieht eine Karte aus dem Korb und muss sich auf die Suche nach dem Beschriebenen machen.
- In der Visitenkarte werden Lügen eingebaut. Die Mitschüler raten, was stimmt und was die Unwahrheit ist.

Rollenspiele

Das Rollenspiel kommt aus dem Umfeld der Commedia dell'arte – dem Stegreiftheater. Es bietet die Möglichkeit, Handeln zu trainieren, sich selbst besser zu erfahren, einen Gegenpart besser zu begreifen und die eigene Position dazu zu finden. Rollenspiel, das bedeutet vor allem:

- Lust, sich darzustellen und auszuspielen,
- Spaß an Bewegung, Mimik, Gestik und Sprache,
- Interesse, sich auf Situationen und Problemlösungen einzulassen,
- Interesse, in eine Rolle zu schlüpfen.

Somit bietet das Rollenspiel die Chance, sich spielerisch mit Problem- und Lebenssituationen auseinanderzusetzen.

198
In der Eisenbahn

ab ca. 14 Jahre, ca. 20 Minuten

EIGNUNG

Einüben in das Rollenspiel; spontan Szenen und Dialoge sprechen.

BESCHREIBUNG

Stühle werden zu einem »Eisenbahnwaggon« zusammengestellt. Der Zug fährt von Station zu Station. Menschen steigen ein und aus, die Personen wechseln. Wer mitspielen will, denkt sich eine Rolle aus und setzt sich dazu. So entstehen immer wieder neue Szenen.

HINWEIS

Die Spieler sollten möglichst originelle Rollen erfinden und sich in das spontane Theaterspiel einbringen.

VARIANTE

Es gibt Rollenkarten mit Personenbeschreibungen. Vor dem Einsteigen zieht jeder Spieler eine Karte.

199
Stammtischniveau

ab 14 Jahre, bis zu 90 Minuten

EIGNUNG

Vorurteile und Klischees benennen und kritisch hinterfragen, Einstieg in ein kontroverses Thema.

BESCHREIBUNG

Stammtische haben den Ruf, Klischees und Vorurteile zu pflegen und zu verschärfen. Themen werden einseitig und populistisch betrachtet und diskutiert. Bei dieser Methode stehen genau solche Einstellungen im Mittelpunkt des Gespräches. Die Schüler sammeln arbeitsteilig in Gruppen Argumente zu einem Thema. Ein Schüler vertritt die Gruppe beim Stammtischgespräch. Im Anschluss an das Gespräch werden die genannten Argumente nochmals gesammelt, sortiert und kritisch bewertet.

Atheistenstammtisch: Religion, Glaube und Institutionen werden infrage gestellt (belegt an konkreten Beispielen).
Stammtisch in Nazaret: Die Teilnehmer unterhalten sich über Jesus, den Sohn des Zimmermanns, und sein seltsames Benehmen in der Öffentlichkeit.

HINWEIS

Vielleicht kennen Sie auch Stammtische, die dem o. g. Klischee nicht entsprechen.

VARIANTEN

- Die Gruppenteilnehmer wechseln sich beim Stammtisch ab. Wenn die Diskussion an Schärfe verliert, wird ein Joker eingesetzt.
- Ein Vertreter einer zusätzlichen Gruppe bringt Argumente ein, die den Stammtischparolen entgegenstehen.

200 Programmiertes Konfliktrollenspiel

ab 13 Jahre, nach Möglichkeit 2 Unterrichtsstunden

EIGNUNG

Darstellung und spielerische Aufarbeitung eines Konflikts; Einfühlen in mögliche Konfliktrollen.

BESCHREIBUNG

Es wird ein Konflikt vorgegeben und die handelnden Personen werden kurz charakterisiert. Die Rollen werden verteilt.
Die Spieler erhalten Zusatzinformationen und suchen sich jeweils 1 – 2 Berater, mit denen sie die Rolle durchsprechen.
Die übrigen Teilnehmer erhalten Beobachtungsaufgaben für einzelne Spieler und das gesamte Rollenspiel. Die Szene wird gespielt, anschließend berichten die Beobachter über ihre Eindrücke.

HINWEIS

Die Konflikte sollten möglichst realistisch sein und die Lebenswirklichkeit der Jugendlichen treffen.

VARIANTEN

- Die Schüler können selbst gemeinsam eine Szene entwerfen. Die Zusatzinformationen werden dann in den Kleingruppen festgelegt.
- Nach einer Diskussionsrunde über den Spielverlauf kann die Szene nochmals (evtl. mit neuer Besetzung) gespielt werden. Sie wird mit Sicherheit einen neuen Verlauf nehmen. Dabei sollten die Anregungen aus dem Gespräch in den Spielverlauf einbezogen werden.

Beispiel

Familie Müller sitzt beim Abendessen: Vater (44), Mutter (40), Hans (15), Sabine (17). Der Vater ist arbeitslos und versucht, seine Probleme mit Alkohol zu bewältigen. Die Mutter versorgt die Familie und geht nebenbei täglich zwei Stunden putzen. Hans hat Probleme in der Schule. Er ist ein Außenseiter, der wegen seines Gewichtes ständig gehänselt wird. Sabine will am Abend in die Disco.

Zusatzinformationen für die einzelnen Spieler:
Vater: Ist verzweifelt, weil er keine Arbeit findet. Er fühlt sich als der »letzte Dreck« und hat keine Hoffnung für die Zukunft. Gelegentlich wird er gewalttätig und brüllt seine Familie an.
Mutter: Es fällt ihr immer schwerer, mit den Problemen der Familie fertig zu werden. Sie ist die Anlaufstelle für alle Familienmitglieder und versucht, bei Streit zu schlichten. Sie weiß von Sabine, dass diese einen Freund hat, der dem Vater aber nicht gefällt. Mit ihrem Mann hat sie große Beziehungsprobleme. Der Geschäftsführer eines Supermarktes hat sie heute angerufen und sie darüber informiert, dass Hans beim Stehlen erwischt wurde.
Hans: Er ist seit Kurzem in einer Bande, die abends herumzieht und durch gewalttätige Aktionen auffällt. Vor einigen Tagen wurde er beim Ladendiebstahl erwischt.
Sabine: Ist seit ein paar Wochen heftig in Mark (19) verliebt. Sie möchte ihn heute Abend in der Disco treffen.

201
Die Talkshow

ab 14 Jahre, 4–6 Unterrichtsstunden

EIGNUNG
Spielerische Auseinandersetzung und Aufarbeitung eines Themas.

BESCHREIBUNG
Täglich wird im Fernsehen eine Vielzahl von Talkshows ausgestrahlt. Fast alle laufen nach dem gleichen Muster ab: Der Moderator unterhält sich mit Talkgästen über ein vorgegebenes Thema. Häufig handelt es sich um sehr banale Gesprächsstoffe (»Jeder Hund beißt mich«, »Ich bin der Größte!«), gelegentlich geht es auch um sehr existenzielle Erfahrungen (»Ich habe Angst vor dem Tod«, »Ich sehe keinen Sinn mehr im Leben«). Ein Experte steht als Ratgeber zur Verfügung. Das Publikum hat in den meisten Sendungen lediglich die Aufgabe, in entsprechenden Situationen zu klatschen, zu pfeifen oder das Gesagte zu kommentieren. Vor der Sendung wird es von einem Einheizer auf die Sendung eingestimmt. Eine Show, die vor allem der Unterhaltung dient, gelegentlich auch

Rollenspiel: Talkshow
Thema:
Talkgäste:
1. Name:
Was ist typisch für ihn/sie?
Argumente:
Charakter/Verhalten:
2. Name:
Was ist typisch für ihn/sie?
Argumente:
Charakter/Verhalten:
3. Name:
Was ist typisch für ihn/sie?
Argumente:
Charakter/Verhalten:
4. Name:
Was ist typisch für ihn/sie?
Argumente:
Charakter/Verhalten:
5. Name:
Was ist typisch für ihn/sie?
Argumente:
Charakter/Verhalten:
Moderator:
Name:
Wie verhält er sich (Sprache, Bewegung)?
Experte:
Name:
Beruf:
Argumente:
Publikum:
Beobachtungsaufgaben:

zur Wissenserweiterung und Aufklärung beiträgt. Die Methode lässt sich als Rollenspiel gut im Religionsunterricht einsetzen.

- Nachdem das Thema feststeht, werden die verschiedenen Rollen festgelegt und verteilt (Talkmaster, Talkgäste, Anheizer und Experte).
- In Kleingruppen werden die Rollen und die mit ihr verbundenen Umstände und Lebenserfahrungen festgelegt.
- Der Talkmaster geht von Gruppe zu Gruppe und sammelt die Informationen, die er als Leiter der Sendung braucht. Er ist der einzige Teilnehmer der Show, der über alles Bescheid weiß.
- Eine Gruppe sorgt für die Rahmenbedingungen (In welchem Raum wird gespielt? Welche Klassen werden als Publikum eingeladen? Wie wird der Raum gestaltet? Welche Requisiten werden benötigt?).
- Ein Regisseur kann die Produktion koordinieren und die Kommunikation zwischen den Vorbereitungsgruppen herstellen.
- Vor der endgültigen Aufführung wird der Ablauf der Talkshow in einer Art Drehbuch festgelegt.
- Die Talkshow kann beginnen ...

HINWEISE

- Ein zeitlicher Rahmen (etwa 45 Minuten) sollte vor der Aufführung festgelegt werden. Noch spannender wird das Rollenspiel, wenn die Talkshow mit einer Kamera aufgezeichnet und so eine Studioatmosphäre erzeugt wird.
- Es ist sinnvoll, vor dem Einsatz der Methode das Phänomen der Talkshows im Unterricht zu behandeln. Dazu können Sendungen aufgezeichnet und unter verschiedenen Gesichtspunkten besprochen werden (Geht es dabei um Schicksalsvermarktung, Anteilnahme, Seelsorge, Lebenshilfe oder ist alles nur eine Unterhaltungsshow? Warum verhandeln Menschen öffentlich ihr Leben und die intimsten Probleme? Warum sehen sich Menschen diese Sendungen an?).

Zur Vorbereitung einer Talkshow kann das Arbeitsblatt links hilfreich sein.

202
Entscheidungsspiel

ab 12 Jahre, 90 Minuten

EIGNUNG
Argumente finden und diskutieren; gemeinsames Lösen einer Problemsituation.

BESCHREIBUNG
Die Schüler werden mit einer typischen Entscheidungssituation konfrontiert. Dabei werden verschiedene Personen mit unterschiedlichen Positionen vorgestellt. Die Schüler setzen sich mit den einzelnen Argumenten auseinander und entscheiden sich für eine Lösung des Problems. Da es hierbei kein Richtig oder Falsch gibt, wird die Fragestellung kontrovers unter Berücksichtigung der einzelnen Haltungen diskutiert. Dabei können die verschiedenen Positionen offen oder in Form eines Rollenspiels besprochen werden.

HINWEIS
Es kann hilfreich sein, wenn sich einzelne Schüler mit den Personen identifizieren und deren Argumente in der Ich-Form vorbringen.

VARIANTEN
- Die Situation wird als Rollenspiel inszeniert. Dabei werden die knappen Rollenvorgaben in der Vorbereitungsphase in Kleingruppen erweitert und verfeinert. Ein Gruppenmitglied übernimmt die Rolle in dem Spiel.
- Die Schüler erfinden zu einer Situation selbst verschiedene Rollen mit unterschiedlichen Positionen.

Beispiel

Das WG-Casting

Du wohnst in einem Zweifamilienhaus bei deinen Eltern. Da eine Etage frei wird, stellen deine Eltern sie dir zur Verfügung. Du möchtest aber nicht alleine wohnen, sondern eine Wohngemeinschaft gründen. Auf deine Zeitungsanzeige melden sich einige Bewerber. Da du nur fünf WG-Bewohner aufnehmen willst, musst du auswählen. Wähle fünf Personen aus, die du am liebsten als Mitbewohner hättest. Begründe deine Wahl. (Nenne auch fünf Personen, die du auf keinen Fall als WG-Mitbewohner haben möchtest.)

Kurt ist Student. Er studiert Betriebswirtschaft im letzten Semester. Er möchte keine Störungen und sich in Ruhe auf die anstehenden Prüfungen vorbereiten.
Frank ist arbeitslos und Hartz IV-Empfänger. Am liebsten hängt er den ganzen Tag in der Gegend herum, schaut sich Videos an und schläft morgens lange. Seinen Hund bezeichnet er als seinen besten Freund.
Maria ist Musikstudentin. Sie muss täglich mindestens fünf Stunden Geige üben.
Rami ist aus Syrien geflüchtet und hat in Deutschland Asyl beantragt. Er darf nicht arbeiten und wartet auf seine Anerkennung.
Yvonne ist behindert. Sie sitzt in einem Rollstuhl. Sie will von zu Hause ausziehen und ein selbstständiges Leben führen. Allerdings müsste die Wohnung dann behindertengerecht umgebaut werden.
Harry ist DJ und arbeitet abends und nachts. Tagsüber braucht er seine Ruhe. Er bekennt sich zu seiner Homosexualität und bekommt häufig Besuch von seinem Freund.
Bob kommt aus Ghana. Er hat eine schwarze Hautfarbe. Er möchte wegen ausländerfeindlicher Übergriffe in seiner bisherigen Wohngegend den Stadtteil wechseln.
Doris arbeitet in einer Bank. Sie macht einen ordentlichen und fleißigen Eindruck.
Claudia liebt Partys. Am liebsten macht sie die Nacht zum Tag. Dass es dabei wegen der vielen Besucher ein wenig eng werden könnte, nimmt sie gerne in Kauf.
Sonja arbeitet als Köchin. Sie kann aus wenigen Zutaten die köstlichsten Gerichte zaubern.
Viktor ist Aussiedler. Er stammt aus Russland und macht eine Lehre als Fleischer.
Anna macht keine genauen Angaben über sich. Sie ist 16 Jahre alt und will nur weg von zu Hause. Die spießigen Eltern, die die Miete bezahlen wollen, nerven sie.
Daniela bezeichnet sich als Grufti. Ihr Outfit ist ganz in Schwarz gehalten. Sie deutet an, dass bestimmte Rituale zu ihrer Lebenseinstellung gehören.
Anton vertritt eine sehr extreme politische Position. Für Ausländer und Arbeitslose hat er nur Spott übrig.
Bodo lebte bisher auf der Straße und hing an der Nadel. Nach einer Kur fühlt er sich nun dazu fähig, ein ordentliches Leben zu führen. Das Sozialamt übernimmt die Mietkosten.
Daniel saß drei Jahre im Knast. Warum? Das will er noch nicht sagen. Er ist bereit, sein Leben in neue Bahnen zu lenken. Voraussetzung ist zunächst ein fester Wohnsitz. Eine Arbeit will er sich noch suchen.

Nach: Arthur Thömmes, ÜberLeben, Deutscher Katecheten-Verein, München 2002

203
Überlebensrucksack

ab 14 Jahre, 45 Minuten

EIGNUNG

Nachdenken über Werte

BESCHREIBUNG

Der Lehrer stellt die Aufgabe vor:

Du bist auf dem Weg in die Zukunft. Fünf Dinge kannst du mitnehmen, die deiner Meinung nach zum Überleben in der ungewissen Zukunft wichtig sind. Es können ganz praktische Gegenstände sein (MP3-Player, Auto, Buch, Computer). Aber auch Gefühle und Einstellungen (Mut, Liebe, Selbstvertrauen) kannst du in deinen Rucksack packen.

Schreibe die einzelnen Dinge auf und stelle sie in einer Kleingruppe den anderen vor. Danach entscheidet ihr euch gemeinsam für fünf Dinge.

An der Tafel wird danach eine Prioritätenliste erstellt. Über die fünf wichtigsten Ergebnisse wird gemeinsam diskutiert.

HINWEIS

Falls die Aufmerksamkeit zu sehr auf Gegenstände gelenkt wird, kann der Lehrer bei der Besprechung den Blick auf die Werte lenken.

VARIANTEN

- Die Situation wird verändert: Du bist alleine auf einer Insel etc.
- Es wird ein Lebenshaus gestaltet mit Keller (Vergangenheit), Erdgeschoss (Gegenwart) und Dachgeschoss (Zukunft). Sie werden mit Inhalten (Werten) gefüllt. Auch einzelne Zimmer (Spielzimmer, Werkraum, Abstellkammer) haben ihre Bedeutung.

204 Sinnscout

ab 14 Jahre, 45 Minuten

EIGNUNG

Sinnspuren suchen und erkennen; Nachdenken und Reden über die Sinnfrage; Einstieg in das Thema.

BESCHREIBUNG

Bei diesem Spiel versetzen sich die Schüler in die Rolle eines Scouts, der die Spuren liest, um ein Ziel zu finden. Es geht um Grundfragen des menschlichen Lebens: Wer bin ich? Woher komme ich? Wohin gehe ich? Wozu lebe ich?
In mehreren Räumen werden »Sinnspuren« ausgelegt, die die Sinnscouts auf ihrer Suche nach dem Ziel weiterbringen sollen. Das können unterschiedliche Materialien sein: Texte, Bilder, Videos, Musik, Zitate, Podcasts etc. Einige Stationen laden nicht nur zum Betrachten und Hören, sondern auch zum Gespräch ein. Dafür werden jeweils Stühle und eine Leitfrage angeboten.

HINWEIS

Eine Einsicht dieser Übung könnte lauten: Die Sinnfrage lässt sich nicht abschließend beantworten; sie beschäftigt einen während des ganzen Lebens.

VARIANTE

Die Schüler stellen selbst einen Sinnpark zusammen und präsentieren ihn den Mitschülern an der Schule.

205
Amt für Sinnfragen

ab 14 Jahre, 45 Minuten

EIGNUNG

Nachdenken über die Sinnfrage anregen; Argumente suchen und formulieren.

BESCHREIBUNG

Zwei Schüler bilden die »Behörde für Sinnfragen«. Vor ihr sollen Menschen Rede und Antwort stehen und den Sinn ihres Lebens begründen.
Drei oder vier Freiwillige bereiten sich mithilfe ihrer Mitschüler auf das Rollenspiel vor. (Dabei können Leitfragen hilfreich sein. Etwa: Nenne zwei Gründe, warum es dich geben muss.)
Die Freiwilligen treten nacheinander vor die Vertreter der Sinnbehörde, die kritische Fragen stellen.
Am Ende des Gesprächs erhalten sie von der Sinnbehörde einen Impuls zum Nachdenken (etwa: »Geh hin und suche weiter!«, »Überzeuge auch andere Menschen von deinem Lebenskonzept!«).
Die Ergebnisse werden im Plenum reflektiert und weiter diskutiert.

HINWEISE

- Da es sich hier um sehr persönliche Gespräche handelt, darf niemand zur Teilnahme gezwungen werden. Und natürlich gibt es auch keine richtigen oder falschen Antworten.
- Auch der Lehrer könnte sich bei diesem schwierigen Thema beteiligen.
- Aber Achtung: Ein Spiel bleibt ein Spiel!

VARIANTEN

- Das Publikum kann sich durch Kommentare und Zwischenfragen zu Wort melden.
- In die vorgegebenen Rollen können Positionen und Theorien berühmter Philosophen und Denker eingebracht werden.

Darstellungsspiele

Ähnlich wie beim Rollenspiel spielen die Schüler bestimmte Rollen, diesmal aber vor einem Publikum und für ein Publikum. Dabei ist zu beachten, dass diese Situation anregend oder hemmend wirken kann. Denn die Zuschauer reagieren auf das Vorgetragene mit Applaus, Lachen oder gar Buhrufen. Auch hierbei geht es nicht in erster Linie um Perfektion, sondern um Spaß am Spielen, der auf das Publikum übergreifen soll.

206 Forumtheater

ab 14 Jahre, ca. 4–5 Unterrichtsstunden plus Aufführung

EIGNUNG

Spielerische Auseinandersetzung mit einem Konflikt und Suche nach Problemlösungen; andere Rollen kennenlernen und sich selbst aus einer anderen Rolle sehen; Verhaltensalternativen ausprobieren.

BESCHREIBUNG

- Die Schüler wählen ein Thema.
- Eine Spielhandlung (ca. 15 Minuten) wird erfunden.
- Die Rollen und Funktionen werden verteilt.
- Proben der Spielszene
- Aufführung mit Publikum
- Die Szene wird ein zweites Mal gespielt. Dabei haben die Zuschauer die Möglichkeit, in die Spielhandlung einzugreifen, indem sie die Rolle eines Spielers übernehmen. So entsteht – wenn mehrere Personen vom Rollentausch Gebrauch machen – eine völlig neue Spielhandlung.
- Das Publikum erhält Beobachtungsaufgaben, die in die anschließende Reflexion einfließen.

HINWEIS

Bei der Vorbereitung und Durchführung des Forumtheaters werden möglichst alle Schüler nach ihren Begabungen eingesetzt (Bühnenbild, Bühne, Vorhang, Musik, Licht, Moderator, Einladungen und Plakate ...). So wird das Theater zu einem Projekt, bei dem die ganze Klasse mitwirken kann.

VARIANTEN

- Die Schauspieler suchen sich ihren Ersatz im Publikum.
- In der zweiten Runde erhalten die Schauspieler Regieanweisungen für ihren Auftritt.

207 Stegreifspiel

ab 14 Jahre, ca. 15 Minuten

EIGNUNG

Spielerische Motivation und Anregung zur thematischen Auseinandersetzung.

BESCHREIBUNG

In einem Stegreifspiel wird eine Problemlage kurz angespielt, ohne eine Lösung zu bieten. Es dient als Diskussions- und Gesprächsgrundlage für eine intensivere Auseinandersetzung mit einem Thema.
Die Darsteller erhalten einige Informationen über eine konkrete Situation, die sie nach ihrer eigenen Fantasie spielerisch gestalten (z.B. ein Jugendlicher wird von anderen jungen Leuten bedroht; der Vater verlangt von seiner Tochter, dass sie sonntags den Gottesdienst besucht, etc.).
Die Darsteller können sich kurz beraten und absprechen, und das Spiel kann beginnen.

HINWEIS

Es geht beim Stegreifspiel nicht in erster Linie um die schauspielerische Leistung der Darsteller, sondern um die Thematik, die ausgedrückt wird. So steht im Anschluss an das Spiel nicht der Darsteller, sondern der Inhalt im Vordergrund.

208
Pantomime

ab 12 Jahre, 45 Minuten

EIGNUNG
Förderung der mimischen Ausdruckskraft; Überwindung von Hemmungen und Ängsten.

BESCHREIBUNG
Gefühle, Erfahrungen, Stimmungen und Gedanken sollen mithilfe von Gesichtsausdruck und Körpersprache deutlich gemacht werden. Dabei darf kein Wort gesprochen werden. Vielfältige Möglichkeiten bieten Gefühlswörter (Gelächter, Trauer, Ärger, Wut, Glück).
Ein Gespräch über die Bedeutung von Gestik und Mimik im Alltag und die Erfahrungen beim Spiel schließen die Übung ab.

HINWEIS
Zur Einübung in das pantomimische Spiel können zunächst ganz einfache Szenen aus dem Alltag (im Bäckerladen, bei der Klassenarbeit, Zuspätkommen in die Schule, morgendliche Körperpflege) dargestellt werden.

VARIANTE
Die Schüler schauen sich einen Film ohne Ton an und sammeln anschließend ihre Eindrücke.

209
Das Eindenkerspiel

ab 12 Jahre, 45 Minuten

EIGNUNG

Sich in etwas hineindenken, etwas nachempfinden, was ich selbst noch nicht erlebt habe.

BESCHREIBUNG

Zunächst wird eine Eindenkerübung durchgeführt: Jeder spielt eine frei gewählte Rolle vor. Mimik, Gestik und Sprache können eingesetzt werden. Die Gruppe überlegt und rät, in welche Rolle der jeweilige Spieler sich eingedacht hat (z.B. die Rolle eines Schiedsrichters, eines Lehrers, eines Marktschreiers). Wurde die Rolle erraten, wird überlegt, wie sich der Spieler in die Rolle hineingedacht hat. Der Spieler selbst berichtet über seine Erfahrungen.
Im zweiten Teil werden Kleingruppen gebildet. Jede Gruppe versucht, sich in eine Situation hineinzudenken und diese zu spielen. Beim Vorspiel in der Gesamtgruppe sollen alle die Spielsituation erraten und die einzelnen Rollen erkennen. Auch hier schließt ein Gespräch das Spiel ab.

HINWEIS

Die vorzustellenden Situationen und Rollen sollten realistisch und vorstellbar sein (z.B. ein Unfallgeschehen; ein Streit, den jemand vergeblich zu schlichten sucht; ein Familienabend).

VARIANTE

Die einzelnen Rollen und Situationen werden vorgegeben. Dabei können auch Szenen aus biblischen Erzählungen ausgewählt werden.

210
Biblische Pressekonferenz

ab 12 Jahre, bis zu 90 Minuten

EIGNUNG
Biblische Erzählungen werden präsentiert und diskutiert.

BESCHREIBUNG
Nach der Beschäftigung mit einem biblischen Thema stellen sich Personen der Bibel der Presse. Zur Vorbereitung werden zwei Gruppen gebildet: Die erste Gruppe bespricht, was sie bei der Pressekonferenz berichten wollen. Die Gruppe der Reporter überlegt sich Themen, zu denen sie Fragen formulieren. Ein Moderator leitet die Pressekonferenz.

HINWEIS
Für die Erarbeitung einer Pressekonferenz eignen sich viele Texte des Alten und Neuen Testaments, z.B. Adam und Eva nach der Vertreibung aus dem Paradies, Mose berichtet von seinen dramatischen Erlebnissen, Herodes steht Rede und Antwort, Jesus stellt sich nach der Bergpredigt der Presse etc.

VARIANTEN
- Die Schüler schreiben nach der Präsentation eine Presseerklärung.
- Ein Fernsehteam dokumentiert die Pressekonferenz.

211 Gerichtsverhandlung

ab 14 Jahre, bis zu 3 Doppelstunden

EIGNUNG

Spielerische Vertiefung einer biblischen Szene.

BESCHREIBUNG

In einer fiktiven Gerichtsverhandlung wird ein biblischer Fall (z.B. Adam und Eva, Kain und Abel, Verurteilung Jesu) neu verhandelt und von allen Seiten betrachtet. Es geht um Schuld oder Unschuld des Angeklagten. Am Schluss wird ein Urteil gesprochen.

Vorbereitung

- Die Schüler machen sich mit dem biblischen Text vertraut.
- Einführung in den Ablauf des Rollenspiels (Ablauf der Gerichtsverhandlung)
- Vorstellung der Ausgangssituation, der konkreten Problemlage und der beteiligten Personen
- Verteilung der Rollen: Richter, Schöffen, Staatsanwalt, Verteidiger, Angeklagter, Sachverständiger, Zeugen, Protokollführer, Polizist.
- Die einzelnen Rollenspieler bereiten sich (mit 2 – 3 Helfern) auf die Verhandlung vor (Rollenspiel-Karten). Die Rollenspieler halten ihre Informationen geheim. Verteidiger und Angeklagter können sich vorher absprechen.
- *Raumgestaltung:* Der Raum wird wie ein Gerichtssaal gestaltet: Richter (vorne), Verteidiger und Angeklagter (rechts), Staatsanwalt (links), Zeugen (am Zeugenstand vor dem Richter), Zuhörer (hinten). Die Zeugen warten vor der Tür, bis sie aufgerufen werden. Nach der Aussage können sie im Zuschauerraum Platz nehmen.

Rollenspielphase

- Durchführung des Rollenspiels
- evtl. Beobachtungsaufgaben für Zuschauer (Gerichtsreporter etc.)

Auswertung und Reflexion

- Verlauf und das Ergebnis des Rollenspiels werden mit allen Beteiligten analysiert und reflektiert (evtl. mit Videoaufnahme).

- Die Schüler schreiben einen Bericht über die Verhandlung (z.B. in Form eines Zeitungsberichtes).

HINWEISE

Ablauf der Gerichtsverhandlung

- Aufruf zur Sache
- Anwesenheitsfeststellung und Zeugenbelehrung
- Vernehmung des Angeklagten zur Person: Name, Alter, Wohnort, Familienstand, Beruf
- Verlesung der Anklageschrift durch den Staatsanwalt
- Vernehmung des Angeklagten zur Sache
- Vernehmung der Zeugen zur Sache
- Beweisaufnahme
- Plädoyer des Staatsanwaltes
- Plädoyer des Verteidigers
- Schlusswort des Angeklagten
- Beratung des Gerichts
- Urteilsverkündung
- Urteilsformel
- Urteilsbegründung
- Rechtsmittelbelehrung

Kommunikations- und Interaktionsspiele

Kommunikationsspiele bauen Kontaktschwierigkeiten, Ängste und Hemmungen ab, indem Beziehungen zueinander hergestellt und reflektiert werden. Es geht bei diesen Spielen nicht um die Bewertung einer Leistung, sondern um die Förderung von Beziehungen.

212
Knotenspiel

ab 12 Jahre, ca. 20 Minuten

EIGNUNG

Das Spiel verdeutlicht die gegenseitige Abhängigkeit und stärkt das Gemeinschaftsgefühl. Es hilft, Angst und Scheu vor Körperkontakten abzubauen. Es fördert spielerisch soziale Kompetenzen.

BESCHREIBUNG

8 – 10 Teilnehmer stellen sich dicht nebeneinander im Kreis auf und strecken die Hände in die Mitte. Jeder Teilnehmer ergreift die Hand eines anderen, sodass ein Knotengewirr entsteht. Dabei ist eine Regel wichtig, damit das Spiel gelingen kann: Es darf nicht die Hand des Nachbarn oder beide Hände einer Person festgehalten werden. Die Aufgabe besteht darin, den Knoten zu lösen. Dabei darf man keine Hand loslassen. Wenn der Knoten entwirrt ist, finden sich alle in einem großen Kreis wieder – manchmal auch in zwei ineinander verschlungenen. Das Knotenspiel kann gleichzeitig in mehreren Gruppen gespielt werden.
Das Spiel und die damit verbundenen Erfahrungen werden abschließend besprochen. Dabei können folgende Fragen eine Hilfe sein:

- Wie habe ich mich bei diesem Spiel gefühlt?
- Gab es Personen, die die Lösung der Aufgabe besonders beeinflusst haben?
- Hat sich während des Spieles so etwas wie ein Teamgeist entwickelt?
- Was habe ich bei diesem Spiel gelernt?

HINWEIS
Während des Spiels sollten alle rücksichtsvoll miteinander umgehen, damit niemand bei den Verdrehungen und Verrenkungen verletzt wird.

VARIANTEN
- Eine Gruppe verknotet sich, dann geben 1 – 2 Spieler von außen Anweisungen, um den Knoten aufzulösen.
- Während des Spieles darf nicht gesprochen werden.
- Es wird mit verbundenen oder geschlossenen Augen gespielt.

213
Vertrauensspiel I

ab 12 Jahre, 20 Minuten

EIGNUNG
Hinterfragen der eigenen Vertrauenswürdigkeit.

BESCHREIBUNG
Zwei Schüler bilden jeweils ein Team. Dann werden einer Person die Augen verbunden. Die Aufgabe der zweiten Person besteht darin, den Partner im Schulgebäude herumzuführen: durch die Gänge, die Treppen auf und ab, auf dem Schulhof. Dann wechseln die Spieler die Rollen. In einer anschließenden Reflexion wird über das Spiel und das eigene Empfinden dabei gesprochen: Wie habe ich mich als Führer bzw. als Geführter gefühlt? In welcher Rolle fühlte ich mich wohler? Habe ich etwas über meinen Partner erfahren? Wie bin ich mit Hindernissen umgegangen? Welche Geräusche habe ich gehört und wie haben sie mich beeinflusst?

HINWEIS
Entweder wählen sich die Partner gegenseitig oder es wird ausgelost.

VARIANTE
Es werden Hindernisse aufgebaut (Leiter, Balken etc.), die gemeinsam überwunden werden sollen.

214 Vertrauensspiel II

ab 12 Jahre, 15 Minuten

EIGNUNG

Fördert das Vertrauen in die Gruppe.

BESCHREIBUNG

8 – 10 Schüler stellen sich im Kreis auf. In der Mitte steht ein Mitschüler, dem man die Augen verbindet. Er dreht sich einige Male im Kreis, bis er die Orientierung verliert. Er wird aufgefordert, sich fallen zu lassen. Die Umstehenden fangen ihn auf. Dieses Drehen und Fallenlassen wird einige Male wiederholt. Nach mehreren Versuchen mit weiteren Personen wird darüber gesprochen, wie es die Einzelnen erlebt haben: sich fallen lassen im Vertrauen darauf, aufgefangen zu werden. Gibt es ähnliche Situationen im täglichen Leben?

HINWEISE

- Die Verantwortung derjenigen, die auffangen, sollte ein Gesprächsthema sein.
- Wichtig ist, dass die Auffangenden so eng wie möglich zusammenstehen, damit keine Zwischenräume bleiben, die eine Gefahrenquelle darstellen könnten.

VARIANTE

Die Zahl der Auffangenden wird verringert bzw. vergrößert.

215
»Ich schenke dir ein gutes Wort«

ab 10 Jahre, ca. 20 Minuten

EIGNUNG
Ermutigung, die positiven Eigenschaften eines anderen wahrzunehmen, positive Rückmeldungen annehmen.

BESCHREIBUNG
Alle Schüler erhalten fünf Blätter, die sie mit guten Worten verschenken. Das können einzelne Wörter oder auch ganze Sätze sein, z.B. Ich mag an dir ...; Ich finde toll, dass ...

HINWEIS
Erfahrungsgemäß kann es problematisch werden, wenn einige Schüler keine Zettel erhalten. Daher sollten die Schüler ermuntert werden, besonders denen ein gutes Wort zu schenken, die sie sonst nicht beachten. Der Lehrer beobachtet den Gruppenprozess. Eine anschließende Reflexion ist besonders wichtig.

VARIANTE
Allen Schülern werden Kartonkarten auf den Rücken geklebt, auf denen steht: Ich kann .../Ich bin .../Ich habe ...
Jeder erhält einen Stift. Alle gehen im Raum herum und können die Satzanfänge auf dem Rücken der anderen ergänzen. Dabei sollten nur positive Aussagen notiert werden. Die Schüler nehmen die Schilder von ihrem Rücken und lesen, was die anderen von ihnen halten. Anschließend sollten in einem Gespräch das Spiel und die Aussagen reflektiert werden.

Ich schenke dir ein gutes Wort!

Ich schenke dir ein gutes Wort!

Ich schenke dir ein gutes Wort!

Ich schenke dir ein gutes Wort!

Ich schenke dir ein gutes Wort!

Ich schenke dir ein gutes Wort!

Ich schenke dir ein gutes Wort!

Ich schenke dir ein gutes Wort!

Ich schenke dir ein gutes Wort!

Ich schenke dir ein gutes Wort!

216
Der Klassenvertrag

ab 10 Jahre, eine Unterrichtsstunde

EIGNUNG
Einüben und Kontrollieren von sozialem Verhalten.

BESCHREIBUNG
Die Schüler schließen untereinander und mit den in der Klasse unterrichtenden Lehrern einen Vertrag. Darin geht es um die Art und Weise, wie sie miteinander umgehen. Sie sammeln gemeinsam Verhaltensregeln und halten diese auf einem Plakat fest. Alle Schüler und Lehrer unterschreiben diesen Vertrag und bestätigen damit, dass sie sich an die vorgegebenen Regeln halten werden.

HINWEISE
- Ist der Religionslehrer nicht Klassenlehrer, muss er sich mit dem Klassenlehrer und dem Klassenkollegium vorher verständigen.
- Von Zeit zu Zeit wird der Vertrag wieder Gegenstand des Unterrichtsgespräches. Evtl. müssen dann Absprachen gestrichen und durch neue ergänzt werden.

VARIANTE
Jede Regel ist auf einer Karte notiert. So können sie jederzeit ausgewechselt und ergänzt werden.

Beispiel
Klassenvertrag: s. Beispiel folgende Seite.

Der Klassenvertrag

1. Ich höre zu, wenn andere sprechen.
2. Wir sind eine Gemeinschaft, in der keiner ausgeschlossen wird.
3. Wir sagen einander offen und ehrlich die Meinung.
4. Auch Lehrer sind Menschen! Wir akzeptieren das.
5. Wir helfen uns gegenseitig.
6. Niemand wird ausgelacht.
7. Wenn mich etwas stört, sage ich es.
8. In der Diskussion versuche ich, fair zu bleiben.
9. Ich beleidige niemanden.

10. ... ______________________________

11. ... ______________________________

Unterschriften: ______________________________

____

217
Schaufenster stellen

ab 14 Jahre, 15 Minuten

EIGNUNG
Einfühlungsvermögen einüben

BESCHREIBUNG
Bevor über ein Thema gesprochen wird, überlegen sich die Schüler in Kleingruppen verschiedene Szenen dazu. Die Szenen werden in einer Art »Schaufenster« dargestellt. Die darstellenden Personen sprechen nichts, sondern verharren in ihrer vorgegebenen Position. Die Gruppe erklärt die Szene, und das Publikum kann die Personen nach seinen Vorstellungen umstellen. Anschließend wird darüber gesprochen.

Beispiel
Ein Jugendlicher wird beim Ladendiebstahl erwischt und von der Polizei nach Hause gebracht. Im Schaufenster stehen: Vater, Mutter, Polizisten, Geschwister. Es kann nun fantasiert werden, wie die Szene ablaufen könnte.

HINWEISE
- Da eine solche »Schaufensterausstellung« sicher auch heitere Phasen hat, sollten die Schüler auf die Ernsthaftigkeit der Darstellung vorbereitet sein.
- Kostüme können die Szenen zusätzlich verdeutlichen.

VARIANTE
Die Dekorateure wählen Personen aus der Klasse und stellen sie als Puppen ins Schaufenster.

218 Skulpturen bauen

ab 12 Jahre, ca. 45 Minuten

EIGNUNG

Fördert das genaue Hinschauen und Einfühlen in Situationen und Gefühle.

BESCHREIBUNG

Freiwillige lassen sich von ihren Mitschülern wie Gummipuppen formen. Der ganze Körper kann bewegt werden. Durch die Art der Darstellung lässt sich nicht nur eine einzelne Person (Gestik, Mimik, Körperhaltung), sondern auch die Beziehung untereinander (einander ab- bzw. zugewandt) ausdrücken. Das Geschehene wird durch das Verweilen mit anderen Augen betrachtet. Auf diese Art und Weise können Konflikte gut reflektiert und aufgearbeitet werden.

HINWEISE

- Im Schulalltag spielen Beziehungen und Begegnungen eine große Rolle. Häufig läuft das alles zu schnell ab, dabei lohnt es sich, einzelne Szenen aus dem Alltag genauer zu betrachten. Zu diesem Zweck werden Skulpturen aufgebaut.
- Bei der Reflexion ist es wichtig, nachzuspüren, wie es den Künstlern und den Skulpturen ergangen ist.

VARIANTE

Mithilfe von Skulpturen lassen sich besonders gut Gefühle ausdrücken. So kann die Klasse in mehrere Gruppen aufgeteilt werden. Jede hat die Aufgabe, ein vorgegebenes Gefühlswort körperlich auszudrücken. Auch Geschichten lassen sich durch diese Methode gut veranschaulichen.

219 Telefonieren

ab 10 Jahre, ca. 30 Minuten

EIGNUNG

Miteinander reden; neue Gesprächsstoffe finden und entfalten; mit den Gedanken spielen und Fantasie entwickeln.

BESCHREIBUNG

Alle Schüler erhalten eine Telefonnummer. Der Lehrer ruft zwei Nummern auf. Die Teilnehmer beginnen ein Gespräch über ein festgesetztes (bzw. beliebiges) Thema. Nach einiger Zeit ruft der Lehrer zwei neue Nummern. Diese setzen das angefangene Gespräch fort.

HINWEIS

Das Spiel bietet die Möglichkeit, Schüler, die sonst wenig miteinander reden (oder sogar Streit haben), miteinander ins Gespräch zu bringen.

VARIANTE

Es wird eine Geschichte begonnen, die dann weitererzählt wird und einen spannenden Verlauf nehmen kann.

220
Eine erhebende Übung

ab 14 Jahre, 15 Minuten

EIGNUNG

Gemeinschaftlich eine Aufgabe lösen.

BESCHREIBUNG

Zwei Schüler setzen sich Rücken an Rücken und haken die Arme ein. Dann versuchen sie aufzustehen. Dabei verlagern sie das Gewicht auf die andere Person. Das richtige Gleichgewicht muss gefunden werden. Wenn beide die Übung geschafft haben, kommt eine dritte Person dazu. Wieder versuchen sie aufzustehen. Es kommen immer neue Spieler dazu. Je mehr es werden, umso schwieriger wird es, sich aufzustellen. Dabei sind Absprachen notwendig, um den richtigen Zeitpunkt herauszufinden, wann alle aufstehen. Über die Erfahrungen sollte gesprochen werden:
Wie habe ich mich gefühlt? Hatte ich Angst? Wie habe ich die anderen Teilnehmer erlebt? Welche Bedeutung hat die Übung für mich?

HINWEIS

Vor Beginn des Spieles sollte deutlich gemacht werden, dass es sich hierbei um keine sportliche oder gar akrobatische Übung handelt, sondern um eine Kommunikationsübung.

VARIANTEN

- Die Schüler sind während des Spieles still.
- Ein Außenstehender gibt Anweisungen.
- Das Spiel kann in mehreren Gruppen gespielt werden.

221
Netze knüpfen

ab 10 Jahre, 30 Minuten

EIGNUNG

Kontakte knüpfen; Wunsch und Dank aussprechen.

BESCHREIBUNG

Ein Spiel, das z.B. vor Ferienbeginn oder am Ende eines Schuljahres gespielt werden kann: Die Schüler sitzen im Kreis. Ein Schüler hat ein Wollknäuel in der Hand. Er wirft es einem Mitschüler zu. Er gibt ihm einen Wunsch mit für die kommenden Wochen oder bedankt sich für etwas. Der wirft das Knäuel weiter und verbindet damit ebenfalls einen Wunsch und/oder Dank. Nach und nach entsteht ein Netz.

HINWEISE

- Erfahrungsgemäß ist es nicht sinnvoll, vor den Ferien negative Erfahrungen mithilfe dieses Spieles aufzuarbeiten. Die Botschaften sollten positiv und aufbauend formuliert sein.
- Die Übung bietet zu Beginn eines neuen Schuljahres eine gute Einstiegsmöglichkeit.
- Die Schüler können dazu ermuntert werden, besonders mit Mitschülern in Kontakt zu treten, mit denen sie die letzte Zeit weniger zu tun hatten.

VARIANTEN

- Das Spiel kann thematisch eingesetzt werden, indem Fragen zu einem Thema gestellt und beantwortet werden.
- Am Schluss wird versucht, das Netz wieder zu entwirren, indem das Knäuel zur richtigen Person zurückgeworfen wird.
- Die Lehrperson hat einen Riesen-Luftballon mitgebracht, der am Ende der Übung in die Mitte geworfen wird. Die Netzknüpfer werfen den Ball durch gemeinsames Arm-Heben und -Senken immer wieder in die Höhe und hin und her.

Diskussionsspiele

Es wird heute viel diskutiert. Oft sind es die Lauten und Dauerredner, die das Sagen haben. Das ist auch in der Schule so. Diskussionsspiele sollen helfen, sich in spielerischer Weise mit einem Thema, mit Argumenten und Argumentationstechniken auseinanderzusetzen.

222 Der Innenkreis

ab 14 Jahre, ca. 30 Minuten

EIGNUNG

Lernen, sich an einem Gespräch zu beteiligen bzw. sich zurückzuziehen; Lernen, zuzuhören und zu antworten.

BESCHREIBUNG

Die Klasse teilt sich in zwei Gruppen. Sie bilden einen inneren und einen äußeren Kreis. Im inneren Kreis sitzen etwa acht Personen, die über ein Thema diskutieren.

Wenn ein Teilnehmer aussteigen will, steht er auf und setzt sich nach außen. Nun kann ein Teilnehmer aus dem äußeren Kreis seinen Platz übernehmen und mitdiskutieren. Auf diese Weise wechselt die Diskussionsrunde ständig.

HINWEIS

Noch mehr Dynamik entsteht, wenn ein aussteigender Teilnehmer aus dem Innenkreis einen Teilnehmer aus dem Außenkreis in die Diskussionsrunde nimmt bzw. ein Teilnehmer gezielt abgelöst wird.

VARIANTE

Ein Stuhl im Innenkreis bleibt grundsätzlich leer. Wenn jemand aus dem äußeren Kreis diesen Stuhl besetzt, muss ein anderer Diskussionspartner aussteigen.

223 Gewinnen und Verlieren

ab 13 Jahre, 45 Minuten

EIGNUNG
Fördert die Fähigkeit zur Argumentation und zur Konfliktlösung.

BESCHREIBUNG
Ausgangslage ist ein Konflikt, der diskutiert und entschieden werden muss.

Beispiel
Vier Schiffbrüchige sitzen in einem Rettungsboot. Es droht unterzugehen, weil die Last zu schwer ist. Eine Person muss das Boot verlassen. Jeder muss die anderen davon zu überzeugen versuchen, dass gerade er das Opfer nicht auf sich nehmen kann.

Beobachtungsaufgaben:
- Welche Argumente zur eigenen Rettung führen die einzelnen Personen an?
- Wie wird versucht, die anderen zu überzeugen: durch aggressives Reden, durch Drohungen oder durch Erregung von Mitleid?

HINWEIS
Die einzelnen Rollen können vor Spielbeginn gemeinsam festgelegt werden.

VARIANTE
»Es fehlt ein Stuhl«: Im Wartezimmer eines Arztes steht nur ein Stuhl, auf dem bereits ein Patient sitzt. Ein anderer Patient kommt herein und will unbedingt auf diesem Stuhl sitzen.

224
Zwei Stühle

ab 12 Jahre, 15 Minuten

EIGNUNG

Genaues Hinhören und Wahrnehmen von Argumenten; sich einlassen auf andere Standpunkte.

BESCHREIBUNG

Zwei Stühle werden einander gegenüber aufgestellt, ein Pro- und ein Kontra-Stuhl. Es wird festgelegt, um welches Thema es geht. Nacheinander können die Schüler auf den Stühlen ihrer Wahl Platz nehmen und ein Argument dafür oder /und dagegen nennen: »Dafür spricht ...«, »Ich bin dafür, dass ...«, »Gefallen hat mir ...«, »Dagegen spricht ...«, »Ich bin dagegen, dass ...«, »Nicht gefallen hat mir ...«

Dabei ist wichtig, dass immer nur eine Person spricht. Einzelne Schüler haben die Aufgabe, die genannten Argumente zu notieren. Anschließend können diese wiederholt und diskutiert werden.

HINWEISE

- Dieses Diskussionsspiel verlangt viel Disziplin. Deshalb sollte vorher darauf hingewiesen werden, dass die zuschauenden Schüler sich ruhig verhalten.
- Es können evtl. Beobachtungsaufgaben vergeben werden.

VARIANTE

Auf die zwei Stühle setzt sich jeweils eine Person, die dann mit dem Gegenüber diskutiert (pro und kontra). Wenn einer keine Lust mehr verspürt, steht er auf, dann kann ein anderer den Platz einnehmen und weiterdiskutieren. Die Mitschüler hören zu und haben die Möglichkeit, sich bei entsprechender Gelegenheit einzuschalten.

225
Werkstattberichte

ab 14 Jahre, etwa 2 Unterrichtsstunden

EIGNUNG
Hilft bei der Sammlung von Informationen.

BESCHREIBUNG
Ein Thema wird in verschiedenen Gruppen unter Teilaspekten diskutiert. In den Kleingruppen werden die unterschiedlichen Positionen auf einem Plakat notiert. Die Ergebnisse werden in der gesamten Klasse vorgestellt und weiter diskutiert.

Beispiel
Sollten Drogen legalisiert werden? Die Fragestellung wird aus der Sicht der Politiker, der Juristen, der Konsumenten, der Polizei, der Drogenberatung etc. diskutiert.

HINWEIS
Die Schüler sollten nach Möglichkeit selbstständig in den Gruppen arbeiten. Der Lehrer steht zur Beratung bereit.

VARIANTE
Die einzelnen Teilaspekte werden jeweils in einer Stunde ausführlich vorgestellt und besprochen.

226
Der heiße Stuhl

ab 14 Jahre, 45 Minuten

EIGNUNG

Fördert die intensive Auseinandersetzung mit einem Thema.

BESCHREIBUNG

Bei dieser spielerischen Methode sind einige Vorbereitungen notwendig. Zunächst muss sich ein Schüler finden, der bereit ist, sich auf den »heißen Stuhl« zu setzen, um eine provokante These zu vertreten (Gott ist eine Erfindung der Menschen. – Nur wer unehrlich und egoistisch ist, bringt es in seinem Leben weit. – Jesus wollte nicht, dass Priester zölibatär leben.). Er bereitet sich mithilfe einiger Mitschüler auf das Thema vor.

Der Rest der Klasse sammelt in Kleingruppen Argumente gegen die aufgestellte Behauptung. Ein weiterer Schüler übernimmt die Moderation. Zunächst bekommt der Provokateur die Gelegenheit, seine Meinung vorzutragen, anschließend beginnt die Diskussion, die unter Umständen sehr heftig ablaufen kann.

HINWEISE

- Beobachter machen sich während der Diskussion Notizen, die sie anschließend für die ganze Klasse zusammenstellen (Kopien, Plakate).
- Der Gesprächsleiter sollte sich gut auf seine wichtige Aufgabe vorbereiten (Fragen vorformulieren, Einführung, Diskussionsregeln).

VARIANTE

Es können mehrere »heiße Stühle« aufgestellt werden, die parallel mit wechselndem Publikum ablaufen.

227 Kugellager

ab 14 Jahre, ca. 30 Minuten

EIGNUNG
Strukturierter Erfahrungsaustausch

BESCHREIBUNG
Es werden zwei Gruppen gebildet. Die eine Hälfte setzt sich in den Außenkreis mit dem Gesicht in Richtung Kreismitte, die andere Hälfte sitzt im Innenkreis und schaut nach außen. Es sitzen sich somit immer zwei Teilnehmer gegenüber. Zu einem vereinbarten Thema sprechen alle Paare gleichzeitig etwa 5 Minuten. Dann rutscht der Außenkreis um eine Person nach rechts. Wieder wird fünf Minuten miteinander zu dem Thema gesprochen und wieder bewegt sich der Kreis. So können in kurzer Zeit intensive Gespräche mit unterschiedlichen Personen geführt werden.

HINWEIS
Für dieses Spiel wird eine gerade Anzahl von Teilnehmern benötigt. Wenn es nicht aufgeht, spielt die Lehrperson mit.

VARIANTE
Es werden mehrere Kreise mit unterschiedlichen thematischen Schwerpunkten gebildet.

Planspiele

Planspiele eignen sich besonders gut, die Abhängigkeit und den Einfluss von Gruppen und Institutionen erkennen zu lassen und die Konfliktsituationen der Alltagswelt im Spiel zu erleben.

228 Planspiel

ab 14 Jahre, mind. 2 Unterrichtsstunden
(einschließlich der Vorbereitung: 4–8 Stunden)

EIGNUNG

Einblick nehmen in gesellschaftliche Prozesse und Zusammenhänge; lernen durch reflektierte Interaktion; differenzierte Kenntnisse gesellschaftlicher Strukturen werden vermittelt.

BESCHREIBUNG

Zur Struktur eines Planspieles gehören die thematische Vorbereitung, die Durchführung und die Nachbereitung. Am Beginn steht ein Konfliktfall, der in einer Ausgangslage beschrieben ist. Dieser Fall soll von mehreren Gruppen durchgespielt werden. Dies geschieht vor allem durch Zusenden von Briefen. Diese werden über den Spielleiter verteilt. Dabei dokumentiert er den Ablauf des Geschehens. Neben der schriftlichen Form kann es auch Konferenzen und Besprechungen geben. Am Ende des Planspiels werden die dokumentierten Handlungsabläufe und deren Zusammenhänge geklärt und reflektiert.

Regeln für das Planspiel

1. An der Spielhandlung beteiligt sind die Spielgruppen und der Spielleiter.
2. Jede Gruppe erhält zu Beginn die Beschreibung der Ausgangslage (Falldarstellung, Rolle).
3. Alle Entscheidungen (Uhrzeit, Absender, Adressat) werden auf Formulare (mit zwei Durchschlägen) notiert.
4. Die Gruppen kommunizieren schriftlich miteinander.

5. Es gibt eine Zentrale, bei der die Briefe abgegeben und abgeholt werden. Auch die mündlichen Kontakte zwischen den Gruppen müssen hier angemeldet werden. Die Spielleitung kann (je nach Situation) während des Spiels weitere Informationen geben.
6. Der Leiter der Zentralstelle notiert die genaue Uhrzeit der Begegnungen.
7. Am Schluss des Planspiels wird über den Verlauf und das Ergebnis gesprochen.
8. In der Reflexionsphase erklären die einzelnen Gruppen ihre Vorgehensweise.

HINWEISE

- Die Teilnehmer müssen genau über die Problemstellung und die beteiligten Personen und Gruppen informiert sein. Dazu könnten z.B. Fachleute in den Unterricht eingeladen oder Erkundungen unternommen werden. Auch ein fächerübergreifender Ansatz ist sinnvoll.
- Der Konfliktfall muss in seiner Ausgangslage so angelegt sein, dass er Handlungen und Reaktionen herausfordert.
- Es ist sinnvoll, dass die Lehrperson die Koordination übernimmt.
- Das Thema sollte aktuell und auf die Situation der Schüler abgestimmt sein.
- Die Dauer eines Planspiels hängt vom Thema ab. Dabei ist es nicht unbedingt notwendig, den gesamten Konflikt von Anfang bis Ende durchzuspielen.

VARIANTE

Am Ende einer intensiven unterrichtlichen Beschäftigung mit einem Thema.

Ein Drogenproblem in der Schule

Situation

Verstärkt gibt es Hinweise, dass in der Schule mit Drogen gehandelt wird. Verschiedene Gruppierungen in der Schule machen sich Gedanken zur Problematik und kommen miteinander ins Gespräch, um auf die Situation zu reagieren.

Vorbereitung

Die Schüler haben im Vorfeld Fragen gesammelt, die für die Durchführung des Planspiels von Bedeutung sind. Ein Drogenberater und ein Polizeibeamter werden in den Unterricht eingeladen und befragt.

Durchführung

Folgende Personen, Einrichtungen und Gruppierungen sind beteiligt:

1. Schulleiter
2. Schülervertretung und Verbindungslehrer

3. Drogenberater
4. Elternvertretung
5. Jugendbeauftragter der Polizei
6. Lehrerkollegium

Allen Gruppen liegt ein kurzer Brief des Schulleiters vor:
»Sehr geehrte Damen und Herren, liebe Schülerinnen und Schüler, es gibt in unserer Schule Hinweise darauf, dass Schüler mit Drogen handeln und diese konsumieren. Ich möchte Sie bitten, dass wir uns gemeinsam auf den Weg machen, um dieses Problem zu lösen. Für Vorschläge bin ich Ihnen dankbar.«

Ratespiele

Viele Schüler haben Probleme, einen behandelten Stoff zu lernen. Die Ratespiele (Kreuzworträtsel, Quiz, Lückentexte) bieten eine gute spielerische Möglichkeit, Themen zu lernen und sich gemeinsam auf eine Klassenarbeit vorzubereiten.

229 Frage-Antwort

ab 8 Jahre, ca. 15 Minuten

EIGNUNG
Auf spielerische Weise wird ein erlernter Stoff wiederholt.

BESCHREIBUNG
Die Schüler schreiben auf Kärtchen Fragen zum behandelten Thema. Die Antworten stehen auf der Rückseite. Ein Schüler fragt. Wer die Antwort weiß, bekommt das Kärtchen und darf selbst weiterfragen.

HINWEIS
Die Kartensammlung kann archiviert und immer wieder erweitert und eingesetzt werden.

VARIANTEN
- Die Fragekarten werden eingesammelt. Der Fragende zieht eine Karte.
- Die Karten werden innerhalb einer Unterrichtsreihe von Stunde zu Stunde erweitert.
- Es wird eine virtuelle Version am Computer erstellt.

230 Kreuzworträtsel

ab 8 Jahre, ca. 15 Minuten

EIGNUNG
Auf spielerische Weise werden Schlüsselbegriffe gesucht.

BESCHREIBUNG
In einem Buchstabenfeld werden Begriffe zu einem bestimmten Thema versteckt (Beispiel s. folgende Seite). Dies kann waagerecht, senkrecht oder diagonal geschehen. Die versteckten Begriffe sollen von den Schülern herausgefunden werden.

HINWEIS
Im Internet finden sich verschiedene kostenlose Kreuzworträtsel-Generatoren (z.B. www.xwords-generator.de).

VARIANTE
Die Schüler erhalten eine leere Vorlage und erstellen selbst ein Kreuzworträtsel. Anschließend werden diese ausgetauscht und jeder macht sich auf die Suche nach der Lösung.

Kreuzworträtsel

In dem Kreuzworträtsel sind 5 Begriffe versteckt, die mit dem Thema

»Kirche« zu tun haben. Findest du sie?

G	A	S	U	A	E	F	G	H
O	P	R	I	E	S	T	E	R
T	N	M	B	A	C	H	J	U
T	Q	F	I	Z	Ü	W	O	F
E	W	P	A	P	S	T	F	F
S	F	W	C	F	X	A	F	K
D	Z	F	H	J	Ö	H	I	M
I	F	A	L	T	A	R	R	R
E	A	S	D	F	S	H	M	F
N	F	G	U	T	Q	N	U	X
S	U	J	Z	R	W	F	N	F
T	S	D	D	C	V	B	G	C

231 Reli-Tabu

alle Altersgruppen, 45 Minuten

EIGNUNG

Wiederholung und Vertiefung eines Themas.

BESCHREIBUNG

Es werden mehrere Gruppen gebildet. Zwei Gruppen spielen jeweils abwechselnd. Jede soll möglichst viele Begriffe erraten. Ein Gruppenteilnehmer umschreibt innerhalb einer bestimmten Zeit (Sanduhr) jeweils ein vorgegebenes Wort, das vom Rest seiner Gruppe erraten werden muss.
Dabei gilt eine wichtige Regel: »Tabu-Wörter« (ca. 3 – 5 Stück für jeden zu erratenden Begriff) dürfen bei der Umschreibung nicht verwendet werden.
Dies wird von der gegnerischen Gruppe überwacht. Wird ein verbotenes Wort verwendet, darf das gegnerische Team weiterspielen.
Jedes geratene Wort wird mit einem Punkt belohnt. Wer am Schluss die meisten Punkte hat, ist Sieger des Spiels.

HINWEISE

- Die Spielkarten, auf denen das zu erratende Wort und die »verbotenen Wörter« stehen, werden im Laufe der Unterrichtsreihe hergestellt. Ein Zeitmesser und ein Signal-Teil (Glocke, Hupe, Pfeife etc.) gehören ebenfalls zum Spielmaterial.
- Ein ausgearbeitetes Spiel »Reli-Tabu« ist erhältlich beim Erzbischöflichen Jugendamt München und Freising (Stand: Frühjahr 2013).

Selbsterfahrungsspiele

Wer bin ich? Wie erlebe ich mich selbst: mit meinem Körper, mit meinen Gefühlen, in der Art und Weise, wie ich spreche und mich bewege? Selbsterfahrung bedeutet, sich den Spiegel vorzuhalten, ehrlich hineinzublicken und sich wahrzunehmen, wie man ist. Selbsterfahrungsspiele fördern die Suche nach der eigenen Identität. Da die Spiele unterschiedliche Wirkungen auslösen können, sollte die Lehrperson vorsichtig und angemessen damit umgehen. Das Wichtigste bei jeder Übung ist die anschließende Reflexion.

232 Meinen Gefühlen auf der Spur

ab 14 Jahre, bis zu 45 Minuten

EIGNUNG

Sich seiner Gefühle mithilfe des Körpers bewusst werden.

BESCHREIBUNG

Es werden verschiedene Blätter vorbereitet mit Aufschriften wie: Ich langweile mich. Ich freue mich. Ich habe Angst. Ich bin wütend. Ich fühle mich stark ... Sie werden nacheinander hochgehalten.

Die Schüler drücken in ihren Bewegungen oder Körperhaltungen die Gefühle aus. Bei der anschließenden Reflexion können folgende Fragen hilfreich sein: Wie fühle ich mich jetzt? Was hat mir Spaß gemacht? Was fiel mir schwer?

HINWEISE

- Es sollte ein entsprechend großer Raum zur Verfügung stehen.
- Musik im Hintergrund kann die Übung unterstützen.

VARIANTEN

- Auf verschiedenen Blättern sind Gefühlswörter (Angst, Freude, Resignation, Mut, Einsamkeit) notiert. Ein Blatt wird in die Mitte des Raumes gelegt. Die

Schüler stellen oder setzen sich so nah oder so weit entfernt zu dem Begriff, wie sie sich im Moment fühlen.

- Die Schüler spielen sich die Gefühle ohne Worte vor.
- Die Gefühle werden mit Worten umschrieben und müssen geraten werden.

233 Körperlandkarte

ab 15 Jahre, 60–80 Minuten

EIGNUNG

Wahrnehmen und Spüren des eigenen Körpers.

BESCHREIBUNG

Die Schüler legen sich auf ein großes Stück Papier und lassen ihre Körperumrisse nachmalen. Je nach Einschätzung werden die einzelnen Bereiche des Körpers mit verschiedenen Farben gekennzeichnet. Die folgenden Aussagen sollen dabei helfen:

1. Diesen Bereich des Körpers finde ich schön. Dazu habe ich ein positives Verhältnis.
2. Diesen Körperteil mag ich nicht, finde ich hässlich, lehne ich ab.
3. Dazu habe ich ein neutrales Verhältnis.

Die einzelnen Körperlandschaften werden vorgestellt. Die Mitschüler können nachfragen und ergänzen.

HINWEISE

- Besonders sensibel sollten Lehrer mit Kindern und Jugendlichen umgehen, die eine Behinderung im körperlichen Bereich haben.
- Sinnvoll kann es sein, vor diese Übung eine Körperreise in Form einer Progressiven Muskelentspannung oder einer Fantasiereise zu stellen.

VARIANTEN

- Die Schüler erhalten auf einem Arbeitsblatt einen vorgefertigten Körperumriss.
- Körperteile werden mit metaphorischen Ausdrücken beschriftet, die von den Schülern bei der Präsentation erläutert werden (z.B. »Das geht mir unter die Haut« oder »Da ist mir ein Stein vom Herzen gefallen«).

234
Lebenswege

ab 14 Jahre, ca. 15 Minuten

EIGNUNG

Körperliche Selbsterfahrung; den eigenen Lebensweg ganzheitlich erfahren.

BESCHREIBUNG

Die Schüler bewegen sich frei in einem leeren Raum. Im Hintergrund läuft Musik. Sie erhalten vom Lehrer Anweisungen, wie sie sich bewegen sollen. Die Anweisungen wechseln nach jeweils 2 – 3 Minuten. Etwa:

- fröhlich durch den Raum schlendern
- andere Personen freundlich grüßen
- beim Gehen traurig auf den Boden schauen
- ständig die Richtung ändern
- herzhaft lachen
- durch den Raum laufen
- einen Partner aussuchen und ihn (Augen geschlossen) durch den Raum führen
- Wutausbruch
- Hindernisse wegräumen
- einen Fuß vor den anderen setzen
- ein Ziel fixieren und darauf losrennen
- Tanzen
- die momentane Stimmung ausdrücken
- auf der Stelle stehen
- einen Weg gehen, stehen bleiben und ihn zurückgehen
- durch den Raum tanzen
- …

In einer Reflexion sprechen die Schüler über Verbindungen zwischen dieser Übung und ihren Lebenserfahrungen.

HINWEISE

- Der Raum sollte entsprechend groß sein und genügend Bewegungsfreiheit bieten.
- Im Hintergrund kann Musik laufen. Sie sollte nicht zu laut sein.
- Bei der Auswertung können folgende Fragen helfen: Wie habe ich mich und

die anderen bei den einzelnen Übungen erlebt? Was kann ich auf mein Leben und den Alltag übertragen?

VARIANTE
Die Schüler bewegen sich nach dem Rhythmus der Musik.

235
Mein Wappen

ab 14 Jahre, 90 Minuten

EIGNUNG
Auseinandersetzung mit der eigenen Lebenssituation.

BESCHREIBUNG
Die Schüler haben die Aufgabe, ein eigenes Wappen zu entwerfen, das etwas über ihre Vergangenheit, die momentane Situation und die Zukunftsperspektiven aussagt. Dazu wird das Wappen in verschiedene Felder aufgeteilt, die mit Bildern ausgeschmückt werden. Selbst erfundene oder vorgefertigte Verzierungen können dem Wappen ein besonderes Gepräge geben. Nach der Einzelarbeit stellen die Schüler in der Klasse ihr Wappen vor und hängen es auf.

HINWEIS
Material: DIN-A3-Plakat, Stifte oder Wasserfarbe; zur Einführung werden verschiedene Wappen vorgestellt.

VARIANTE
Die Schüler gestalten eine Urkunde, in der besondere Stärken und Fähigkeiten vorgestellt werden (z.B. gut zuhören, gute Laune verbreiten, ein guter Freund sein).

Schreibspiele

Das Schreiben gehört zu den geläufigen Übungen im Unterricht. Dass dies auch kreativ und spielerisch geschehen kann, wollen die folgenden Methoden vermitteln.

236
ABC-Liste

ab 10 Jahre, 45–90 Minuten

EIGNUNG
Sammlung von Ideen; Annäherung an ein Themenfeld.

BESCHREIBUNG
In einer leeren ABC-Liste (s. folgende Seite) tragen die Schüler alles ein, was ihnen zu dem angesagten Thema (z.B. Mein Leben, Partnerschaft, Kirche, Religion) einfällt. Das können Begriffe und Ausdrücke sein, die mit dem entsprechenden Buchstaben beginnen. Dies kann in Gruppen- oder Einzelarbeit geschehen. Anschließend werden die Ergebnisse verglichen und die wichtigsten an der Tafel notiert.

HINWEIS
Es ist sinnvoll, nicht über alle Begriffe zu reden, da ansonsten nach einiger Zeit Langeweile aufkommen kann.

VARIANTEN
- Einzelne Gruppen erstellen die Liste unter verschiedenen Aufgabenstellungen (1. Positive Sichtweisen – 2. Negative Sichtweisen / 1. Pro – 2. Kontra).
- Es werden DIN-A4-Blätter vorbereitet, auf denen jeweils ein Buchstabe des Alphabets steht. Sie werden im Klassenraum ausgelegt und jeder kann zum entsprechenden Thema seine Stichwörter daraufschreiben.
- Die einzelnen Buchstaben eines Begriffes werden untereinandergeschrieben. Zu jedem Buchstaben soll ein Wort gefunden werden, das den Begriff näher erläutert (z.B. ANGST: Anteilnahme, Nähe, Gewalt, Sehnsucht, Therapie).

Thema:	
A	N
B	O
C	P
D	Q
E	R
F	S
G	T
H	U
I	V
J	W
K	X
L	Y
M	Z

237 Hitparade

ab 8 Jahre, 45–90 Minuten

EIGNUNG

Lernen, eigene Prioritäten zu setzen; Einstieg in eine thematische Diskussion; verdeutlicht Einstellungen zu einem Thema.

BESCHREIBUNG

Zu einem Thema werden einzelne Begriffe oder Aussagen aufgelistet. Diese können vorgegeben oder von den Schülern selbst erarbeitet werden (z.B. mithilfe der ABC-Liste, ➤ Methode 236).

Die Aufgabe für die einzelnen Schüler besteht darin, eine persönliche Prioritätenliste zu erstellen. Die Antwort, die man persönlich am wichtigsten bewertet, erhält die Zahl 1, die zweitwichtigste Antwort die Zahl 2 etc.

Anschließend werden die einzelnen Werte abgefragt und in eine Gruppen-Bewertungs-Liste übertragen. Alle gegebenen Punkte werden addiert. Das ergibt für jede Antwortmöglichkeit eine Summe. Dabei erhält die niedrigste Summe den Rangplatz 1. So entsteht eine Art Hitparade, in der z.B. die beliebtesten Freizeitbeschäftigungen, die größten Ängste oder aber die wichtigsten Argumente für den Religionsunterricht Platz finden können.

HINWEIS

Die Prioritätenskala sollte nicht zu umfangreich sein, Werte von 1–8 erscheinen dabei als überschaubar und sinnvoll.

VARIANTEN

- Es können zwei Chartlisten entstehen (z.B. 1. Die wichtigsten Werte, 2. Die unwichtigsten Werte).
- Es werden keine Prioritäten gesetzt (z.B. die fünf wichtigsten Aussagen). Die Rangfolge ergibt sich erst bei der Gesamtauswertung.
- Nach Art der Fernseh-Hitparaden führt ein Moderator durch die »Sendung«. Assistenten sind behilflich bei der Austeilung und Auswertung der Stimmzettel.
- Kleingruppen haben die Aufgabe, Prioritätenlisten zu erstellen. Die unwichtigsten Aussagen werden gestrichen, die verbleibenden werden in eine Rangfolge gebracht. Die Ergebnisse werden im Plenum vorgestellt und begründet.

Hitparade

Erstelle eine Prioritätenliste! (1–8)

Gruppen-Hitparade	Persönliche Hitparade		
❑	❑	A	____________
❑	❑	B	____________
❑	❑	C	____________
❑	❑	D	____________
❑	❑	E	____________
❑	❑	F	____________
❑	❑	G	____________
❑	❑	H	____________
❑	❑	I	____________
❑	❑	J	____________
❑	❑	K	____________
❑	❑	L	____________
❑	❑	M	____________
❑	❑	N	____________
❑	❑	O	____________
❑	❑	P	____________
❑	❑	Q	____________
❑	❑	R	____________
❑	❑	S	____________
❑	❑	T	____________
❑	❑	U	____________
❑	❑	V	____________
❑	❑	W	____________
❑	❑	X	____________
❑	❑	Y	____________
❑	❑	Z	____________

238 Denkzettel

ab 10 Jahre, über mehrere Tage oder Wochen

EIGNUNG

Fördert die Bibelkenntnis; lädt zum Nachdenken ein.

BESCHREIBUNG

Jeder Schüler lässt drei Mitschülern einen für sie ausgewählten Bibelvers zukommen.

Dafür werden die Namen aller Schüler auf jeweils drei Zettel geschrieben und in ein passendes Gefäß gelegt.

Daraus zieht jeder Schüler wiederum drei Zettel. Zu Hause sucht er in der Bibel nach passenden Versen. Er notiert die entsprechende Bibelstelle auf dem Namenszettel und gibt diesen dem Adressaten.

Der schlägt die ausgewählte Bibelstelle nach und liest sie im Zusammenhang.

Am Ende der Aktion werden die Erfahrungen gemeinsam bedacht.

HINWEIS

In der Bibel kann auch online geblättert werden (www.bibelserver.de).

VARIANTEN

- Die Bibelverse werden als Bibel-SMS versendet. Dabei ist auf die Kosten zu achten.
- Biblische Botschaften werden in 160 Zeichen zusammengefasst und weitergegeben.

Spiele zur Gruppenbildung

239 Puzzle

ab 6 Jahre, 5 – 10 Minuten

EIGNUNG

Förderung der Koordination; auf Mitschüler zugehen.

BESCHREIBUNG

Mehrere Bilder (Fotos, Zeichnungen) werden jeweils zu einem Puzzle zerschnitten und in einem Behälter gemischt. Jeder nimmt sich ein Puzzleteil. Nun können sich die Schüler auf die Suche machen nach Mitschülern, deren Puzzleteil ebenfalls zu dem gleichen Motiv gehört. Dies dauert so lange, bis alle Bilder fertig sind und die Gruppen zusammengefunden haben.

HINWEIS

Beim Ausschneiden der Puzzleteile ist darauf zu achten, dass so viele Teile wie Schüler vorhanden sind.

VARIANTE

Es werden Texte zerschnitten, die wieder zusammengefügt werden sollen. Damit kann auch bereits ein thematischer Einstieg erfolgen.

240 Tierlaute

ab 7 Jahre, 5 – 10 Minuten

EIGNUNG

Förderung der Koordination; auf Mitschüler zugehen lernen.

BESCHREIBUNG

Der Lehrer hat Zettel vorbereitet, auf denen verschiedene Tiernamen stehen. Die Schüler ziehen die Zettel, laufen im Raum herum und geben die typischen Tierlaute wieder. Die Tiere, die zusammengehören, müssen sich finden und bilden jeweils eine Gruppe.

VARIANTEN

- Die Teilnehmer bleiben stumm und bewegen sich nur oder nehmen typische Haltungen des Tieres an, das sie spielen sollen.
- Mit wenigen Strichen sind Gesichtsausdrücke auf den Blättern zu erkennen. Die Mimik auf den Zetteln muss man dann darstellen und so lange herumlaufen, bis man diejenigen mit dem gleichen Gesichtsausdruck gefunden hat.

241 Liedersalat

BESCHREIBUNG

Mehrere Lieder werden vorbereitet und die Titel auf Zettel geschrieben. Jeder zieht sich einen Zettel, geht im Raum herum und beginnt das Lied zu singen oder zu summen. Ein chaotischer Liedersalat beginnt. Jeder muss genau hinhören, wer dasselbe Lied singt. Nach und nach bilden sich die Gruppen.

HINWEIS

Die Lieder sollten bekannt sein.

Computerspiele

Wir leben in einem multimedialen Zeitalter. Der Computer hat in fast allen Bereichen des täglichen Lebens Einzug gehalten. Er wird nicht nur für schulische und berufliche Zwecke genutzt. Einen Großteil der Freizeit verbringen junge Menschen mit Spielen am Computer. Dabei gibt es die unterschiedlichsten Bereiche. Neben virtuellen Panzergefechts- und Flugsimulationen, Grafik-Adventures und Fantasy-Rollenspielen sind auch eine Reihe von wertvollen Lernspielen auf dem Markt, die durchaus auch im Unterricht eingesetzt werden können. Dabei werden Themen wie Gewalt, AIDS, Liebe und Freundschaft, aber auch Einführungen in die Welt der Bibel angeboten. Entsprechende Informationen sind in Fachzeitschriften bzw. direkt bei den Schulbuchverlagen erhältlich.
Auch im Internet finden sich eine Vielzahl an Spielen, die online direkt im Unterricht gespielt werden können.

Hier eine kleine Liste mit Onlinespielen zu Themen des Religionsunterrichts:	
Reli-Quiz:	www.hillschmidt.de/reli-quiz
AT-Helden:	www.at-helden.de/spiel
Arche-Typen:	www.ekd.de/noah
Jesus fra@gen:	www.ekd.de/jesus_fragen/index.html
P@ulus-Online-Spiel:	www.ekd.de/paulus
Salomo-Quiz:	www.ekd.de/salomo/index.html
Psalter-Quiz:	www.ekd.de/psalmen/index.html
Martin Luther:	www.ekd.de/luther/quiz.html
Wer wird Biblionär?	www.hillschmidt.de/quiz/
Glaubens-Quiz:	www.elefantastisch.de/quiz.htm
Quiz rund um den Kölner Dom:	www.dom-fuer-kinder.de/index.php?id=5

JONA. Ein Prophet geht baden:	www.ekd.de/spiele/jona/
Unsere zehn Gebote:	www.ekd.de/gebote/ki_online_spiele.php
Jakobs Weg:	www.ekd.de/jakobsweg/
Essen und Trinken im Neuen Testament:	www.ekd.de/prostmahlzeit/
Bibel-Expedition:	www.ekd.de/expedition/index_flash.html
Biblionär:	biblionaer.sv-ec.de/index.html

Verwendete Literatur

Thömmes, Arthur, Spiele zur Unterrichtsgestaltung. Religion und Ethik, Mühlheim 2009
Thömmes, Arthur, 101 Spiele für den Religionsunterricht für Kinder von 6 bis 10 Jahren, Mühlheim 2010

7.
Wege zur Mitte

Stilleübungen im Religionsunterricht

Menschen, die meditieren, lenken ihren Blick von außen nach innen. Sie suchen ein Gegengewicht zur inneren und äußeren Unruhe. Entspannung, Stille und Meditation ermöglichen es, innerlich ruhig zu werden und körperlich zu entspannen, in sich ruhen zu lernen und seine Mitte zu finden. Meditation vertieft und belebt das Verhältnis zu sich selbst, zum Leben, zu den Mitmenschen, zu Gott und zur Umwelt. Stilleübungen verhelfen zu einem inneren Gleichgewicht und schaffen eine lebendige und offene Unterrichtsatmosphäre. Sie bieten einen Ausgleich zum normalen Schulalltag und ermöglichen zentrale Lernerfahrungen im emotionalen Bereich.

Stille ist mehr als die Abwesenheit von Geräuschen. Wirkliche, von innen kommende Stille setzt die Bereitschaft voraus, sich darauf einzulassen. Die Konzentration auf sich selbst, das Loslassen und Geschehenlassen muss vorsichtig angegangen und gelernt werden. Die Schüler sollten nicht das Gefühl haben, dass sie unter Leistungsdruck stehen. Oft sind es die einfachen Übungen und Spiele, die dorthin führen. So verlangen die angebotenen Methoden von Lehrern viel Geduld und Einfühlungsvermögen.

Wichtig sind bei allen Übungen folgende Voraussetzungen: die Sitzordnung und Sitzhaltung, der Raum, die zeitlichen Gegebenheiten, die äußere und innere Ruhe. Die Schüler werden vom Lehrer behutsam in die Welt der Stille und Meditation eingeführt und immer wieder ermutigt, sich darauf einzulassen. Folgende Schritte können hilfreich sein:

- Die Schüler sitzen ruhig und entspannt (auf die Körperhaltung achten!) und schließen die Augen.
- Eine Stille- und Wahrnehmungsübung führt zur Ruhe hin.
- Die Schüler lassen das Bild, den Text oder Gegenstand auf sich wirken.
- Sie werden dazu angeregt, innere Bilder wahrzunehmen.
- Der Bezug zum eigenen Leben wird angedeutet.

242 Sehen

ab 6 Jahre, ca. 20 Minuten

EIGNUNG

Bewusstes und vertieftes Sehen; visuelle Wahrnehmung und Speicherung.

BESCHREIBUNG

Auf einem Tisch liegen mehrere Gegenstände. Die Schüler schauen diese einige Sekunden genau an. Dann werden sie mit einem Tuch zugedeckt. Die Kinder malen die Sachen, die sie behalten haben, auf ein Blatt.

HINWEIS

Es geht hier nicht um einen Wettkampf, sondern um das konzentrierte Hinschauen.

VARIANTEN

- »Ich sehe was, was du nicht siehst, und das ist rot.«
- Aus dem Fenster schauen und beschreiben, was ich sehe.
- *Spiegelpantomime:* Die Kinder stellen sich paarweise gegenüber. Ein Partner macht langsame Bewegungen vor (Hände, Arme, Körper). Das gegenüberstehende Kind macht diese Bewegungen gleichzeitig spiegelbildlich nach.

243
Tasten

ab 6 Jahre, ca. 20 Minuten

EIGNUNG

Den Tastsinn wahrnehmen; bewusstes Ertasten und Erfühlen der Umwelt.

BESCHREIBUNG

Die Kinder schließen die Augen. Jedes Kind erhält einen Gegenstand in die geöffnete Hand.
»Tastet den Gegenstand mit euren Fingerkuppen ab, streicht über ihn, legt ihn von einer Hand in die andere. ...
Erzähle den anderen Kindern etwas über den Gegenstand, den du in deiner Hand hältst.«
Im Anschluss an die Übung öffnen die Kinder die Augen, betrachten den Gegenstand in ihrer Hand und äußern ihre Empfindungen.

VARIANTEN

- Jedes Kind sucht sich einen Partner. Ein Kind schließt die Augen und wird von dem anderen durch den Klassenraum (oder die Schule) geführt. Sie bleiben vor bestimmten Gegenständen (Wand, Möbel, Fensterscheibe, Tafel) stehen, die von dem »blinden« Kind ertastet werden. Nach ca. 10 Minuten werden die Rollen getauscht.
- Die Kinder ertasten Gegenstände, die in einem Sack versteckt sind.
- Jedes Kind erhält einen Gegenstand aus der Natur (Blatt, Nuss, Rinde, Stein), den es ertasten soll. Wer will, kann seinen Naturgegenstand eine Geschichte erzählen lassen.

244
Hören

ab 6 Jahre, wenige Minuten

EIGNUNG
Hinführung zu konzentriertem Hinhören; sich auf die Stille einlassen.

BESCHREIBUNG
Die Kinder werden eingeladen, die Augen zu schließen und still zu werden. Sie können die Geräusche, die drinnen und draußen zu hören sind, aufnehmen (Ticken der Uhr, das Rauschen des Heizkörpers, Lärm auf dem Flur, der Straßenverkehr, Vogelstimmen, lärmende Kinder ...).
Nach dem Öffnen der Augen erzählen die Kinder, was sie gehört haben. Vielleicht entstehen daraus sogar ganze Geschichten.

HINWEIS
Mögliche Klangkörper: Musikinstrumente (Xylofon, Glockenspiel, Triangel ...), Körpergeräusche (klatschen, stampfen, schnalzen, patschen, klopfen ...), Papier, Blätterrascheln, Stecknadel, Kreide

VARIANTEN
- Die Kinder können die Geräusche erraten.
- »Wir werden jetzt einen Ton (bzw. ein Geräusch) hören (z.B. Gegenstände fallen lassen). Wir hören so lange hin, bis wir den Ton nicht mehr wahrnehmen können.« Die Kinder berichten anschließend, was sie gehört haben.
- Bei geöffnetem Fenster hören, was der Regen zu erzählen hat.
- Die Kinder erhalten verschiedene Rhythmusinstrumente. Ein Kind gibt einen Rhythmus vor, alle anderen fallen der Reihe nach ein. Nach einigen Minuten wird die Musik wieder abgebaut, bis alles ganz still ist.
- Flüsterpost: Ein Schüler flüstert dem Nachbarn etwas ins Ohr. Der letzte Schüler sagt laut, was er gehört hat.
- Die Schüler hören mit geschlossenen Augen leise Musik. Danach können sie das Gehörte in Worten oder in einem Bild ausdrücken.
- Ein Kind geht auf einem Instrument spielend durch den Raum. Die Übrigen deuten (mit geschlossenen Augen) in die Richtung, in der sie den Ton vermuten.

245
Atmen

ab 8 Jahre, ca. 15 Minuten

EIGNUNG

Bewusstes Atmen erfahren; Einüben einer Atemtechnik zur Entspannung.

BESCHREIBUNG

Das richtige Atmen wird nicht gemacht, sondern kommt und geht von selbst. Das Wichtigste beim Atmen ist also: den Atem geschehen lassen. Die folgenden Übungen wollen eine Hilfe sein, den eigenen Atem bewusst wahrzunehmen.
»Ich will euch etwas vom Atmen erzählen, wie man seinen Atem spüren und sich dadurch wohlfühlen kann. Setzt euch bequem hin.
Haltet eure Hand vor die Nase, atmet tief durch die Nase ein und durch die Nase aus (2 x wiederholen) ...
Haltet eure Hand vor den Mund und atmet tief durch die Nase ein und durch den Mund aus (2 x wiederholen) ...
Atmet ganz schnell ein und aus ... Atmet ganz langsam ein und aus ... Legt eure beiden Hände auf den Bauch, atmet durch die Nase tief ein und aus und spürt, wie sich euer Bauch hebt und senkt (2 x wiederholen) ...
Atmet jetzt ganz schnell ein und aus und spürt, wie sich euer Bauch ganz schnell hebt und senkt ... und atmet jetzt ganz langsam ein und aus und spürt, wie sich euer Bauch langsam hebt und senkt ...
Atmet noch einige Minuten in aller Ruhe und öffnet dann behutsam die Augen.«

HINWEISE

- Atemübungen bilden eine Grundlage für viele andere Stilleübungen.
- Die Zwerchfellatmung ist die natürliche Atmung, die wir alle als Kinder hatten. Sie vermittelt Ruhe und Entspannung. Bei vielen ist sie durch die Brustatmung verdrängt, die ein Ausdruck des absichtlichen Wollens ist.

VARIANTEN

- *Ballon aufblasen:* Der Bauch ist unser Ballon, den wir mit beiden Händen umfassen. Wir blasen den Ballon auf, indem wir durch Mund und Nase einatmen. Wir haben es nicht geschafft, den Knoten richtig zuzumachen und die Luft fließt schnell wieder aus dem Ballon heraus.

- *Windrädchen:* ein Windrädchen langsam in Bewegung versetzen bzw. mit einem dünnen Luftstrahl das Rädchen möglichst lange in Bewegung halten.
- Atemübungen können auch mit Beobachtungsaufgaben und Bewegungen verbunden sein. (»Stell dir vor, eine Feder schwebt über dir. Du lässt sie über deinem Kopf tanzen und bewegst dich hinter ihr her.«)

246
Spannung und Entspannung

ab 8 Jahre, ca. 15 Minuten

EIGNUNG

Den Körper bewusst wahrnehmen; Abbau von Spannung und Angst; Sensibilisierung für eigene Körpergefühle von Spannung und Entspannung; Erfahrung des »Loslassens«.

BESCHREIBUNG

Die Kinder schließen die Augen und bereiten sich auf die Körperübung vor. Auf Anweisung des Lehrers werden einzelne Körperteile angespannt und wieder entspannt. Die folgende Reihenfolge kann eine Hilfe sein:
Zehen, Waden, Oberschenkel (auf beiden Seiten), Gesäß, Bauch, Brustkorb, Finger, ganze Hand, Unterarm, Oberarm (auf beiden Seiten), Schultern, Unterkiefer, Augen, Stirn.

HINWEIS

Der Ablauf der Übung wird vorher genau erklärt.

VARIANTEN

- »Pizzateig kneten«: Wir kneten einen Teig, den wir uns vorstellen.
- Einen Roboter bzw. einen Gummimenschen spielen.
- Viele Belastungen lassen sich ausschütteln (Arme, Schultern, Beine).

247
Wahrnehmungsübung

ab 6 Jahre, ca. 15 Minuten

EIGNUNG

Üben, mit allen Sinnen wahrzunehmen.

BESCHREIBUNG

Nach einer kurzen Phase der Stille mit geschlossenen Augen wird den Kindern ein Stück Obst in die Hand gelegt. Sie können es ertasten und daran riechen. Wer will, kann etwas von seinem Obst erzählen (»Mein Obst riecht nach ...«). Am Schluss können die Kinder ihr Obst essen. Nach dem Öffnen der Augen berichten die Kinder, was sie mit dem Obst, mit dem sie sich vertraut gemacht haben, schon alles erlebt haben (Traubenlese, Bauchschmerzen ...).

VARIANTE

Verschiedene Gegenstände werden im Kreis weitergegeben. Was habe ich mit meinen Sinnen wahrgenommen? Wie war es mit dem Empfangen und Weitergeben?

248
Gewitterregen

ab 6 Jahre, ca. 10 Minuten

EIGNUNG

Förderung der Körperwahrnehmung; Bewegung; Auflockerung.

BESCHREIBUNG

Jedes Kind sucht sich einen Partner. Ein Kind setzt sich auf einen Stuhl, das andere stellt sich dahinter. Das Kind, das steht, drückt die Phasen des Gewitters durch Berührung aus:
»Es ist ein warmer Sommertag. Wir wären froh, wenn uns eine kleine Abkühlung erfrischen könnte. Plötzlich fängt der Wind an, die Äste der Bäume in Be-

wegung zu versetzen (mit der Handfläche auf dem Rücken des Vordermannes Kreise malen). Dann fallen die ersten Regentropfen (mit den Fingerspitzen zart auf den Rücken tippen). Der Regen wird stärker und heftiger (die Fingerspitzen bewegen sich schneller und stärker). Jetzt setzt ein Gewitter ein. Es donnert und blitzt (mit der Handfläche flach auf dem Rücken reiben und fester drücken). Nach und nach lässt das Gewitter nach und es wird ganz leise (entsprechende Bewegungen). Jetzt lauschen wir noch ein wenig der Stille.«

HINWEIS
Der Lehrer sollte die Übung einmal erklären und vormachen.

VARIANTE
»Der große Regen«: Reiben der Finger/Reiben der Handflächen/Fingerschnalzen/ auf die Oberschenkel schlagen/auf den Tisch trommeln/mit den Füßen auf den Boden trampeln/und rückwärts ...

249
Bewusst gehen

ab 12 Jahre, 15 Minuten

EIGNUNG
Bewusst das Gehen erleben.

BESCHREIBUNG
Mit Musik im Hintergrund gehen alle im Kreis. Es werden nach und nach unterschiedliche Arten des Gehens ausprobiert: gehen, schleichen, laufen, hüpfen, schlendern, nachdenklich gehen, fröhlich gehen, im Gänsemarsch etc.
Im Anschluss an die Übung werden die gemachten Empfindungen besprochen.

HINWEIS
Während der Übung wird nicht gesprochen.

VARIANTE
Zu den Übungen werden unterschiedliche Rhythmen und Melodien gespielt.

250
Fantasiereise

ab 6 Jahre, ca. 30 Minuten

EIGNUNG
Ruhe und Konzentration: sich auf innere Bilder und Fantasien einlassen; gefühlsmäßiger Zugang zu unterschiedlichen Themen; Zugang zu sich selbst: ein Beitrag zur Persönlichkeitsförderung (Selbstvertrauen und Selbstwertgefühl).

BESCHREIBUNG
Bei einer Fantasiereise werden innere Bilder auf angebotene Vorstellungsinhalte übertragen.

1. *Hinführung*
- entspannte Haltung, die Augen schließen, über den Atem zur Ruhe kommen

2. *Reise*
- gelenkte Reise in die Welt der Fantasie
- mögliche Themen und Bilder: Insel, Meer, Ballon, Wiese, Wald, Strand
- ruhig und gleichmäßig sprechen und Pausen lassen
- Sinne des Sehens, Hörens, Spürens, Riechens und Schmeckens ansprechen
- möglichst offene Aussagen, damit genügend Spielraum für die Entfaltung eigener Bilder bleibt
- offene Fragen, die die Fantasie anregen, formulieren
- Text im Präsens
- positive Suggestionen

3. *Abschluss*
- Verlassen der inneren Bilder und vorsichtiges Hinführen in die Realität
- Augen öffnen, sich strecken

4. *Auswertung*
- Angebot, die gemachten Erfahrungen auszudrücken

HINWEISE
- Äußere Voraussetzungen schaffen: ruhiges Umfeld, angenehme Atmosphäre, leichte Verdunkelung des Raumes, meditative Musik
- keinerlei Zwang ausüben
- Einführung (evtl. eine eigene Stunde dazu verwenden): richtiges Sitzen (Liegen) und Atmen

- genügend Zeit einplanen
- Die innere Bereitschaft, zur Ruhe zu kommen, sollte vorhanden sein.
- Der Lehrer sollte zur Ruhe kommen und sich innerlich auf die Reise einstellen.

VARIANTEN

- mit oder ohne Musik
- im Liegen oder Sitzen
- Die Schüler erfinden eigene Fantasiegeschichten.
- Beschränkung auf eine Szene aus dem eigenen Leben
- Es wird ein Bild zur Fantasiereise gemalt.

251 Die Ruhe bewahren

ab 6 Jahre, 5 Minuten

EIGNUNG

Stille und Ruhe geben Kraft.

BESCHREIBUNG

Eine Unterrichtsstunde: Ich komme in eine Klasse und spüre, dass es sehr unruhig ist. Lautes Reden und Brüllen, Herumspringen, Boxen und Schlagen. Ich setze mich auf den Stuhl und beobachte das Treiben. Ich werde kaum wahrgenommen. Ich mache mir meine Gedanken: Was war vorher? Was will ich mit den Schülern unternehmen? Allmählich kehrt Ruhe ein. Ich mache den Vorschlag, dass sich alle ruhig auf die Plätze setzen und fünf Minuten absolute Ruhe bewahren. Wir konzentrieren uns auf das Jetzt und Hier. Wer will, kann die Augen schließen. Wir sammeln uns und bewahren die Ruhe. Denn: In der Ruhe liegt Kraft. Dann beginnen wir mit dem Unterricht.

HINWEIS

Es gibt Klassen, in denen diese Übung zu einem festen Ritual geworden ist.

VARIANTE

Die gleiche Übung wird am Ende der Stunde gemacht.

252
Mandalas – die Mitte finden

ab 6 Jahre, 45 Minuten

EIGNUNG
Einübung von Konzentration und Ruhe; die Mitte finden.

BESCHREIBUNG
Das Wort »Mandala« kommt aus dem Altindischen und bedeutet »Kreis«. Es wurde im Laufe der Geschichte zum zentralen Meditationszeichen indischer Religionen. Auch die christliche Meditation und Kunst greift die vielfältige Symbolik dieser Zeichnungen auf. Das Mandala enthält bildhafte Elemente, konzentrische Kreise und Vielecke. Immer geht es um die Konzentration zur Mitte hin.
Es werden verschiedene Mandalas ausgelegt. Jeder Schüler sucht sich *ein* Mandala aus. Bunte Stifte liegen bereit. Jeder kann sein Mandala so ausmalen, wie es ihm gerade in den Sinn kommt. Im Hintergrund kann Musik laufen. Man kann vereinbaren, dass Ruhe herrscht. Man kann aber auch zulassen, dass sich die Malenden unterhalten. Jeder konzentriert sich auf sein Bild. Das anschließende Gespräch zeigt häufig, dass die Maler nach und nach fast in das Bild hineingewachsen sind. Es wurde ein Stück von ihnen selbst.
Man kann das Mandala-Ausmalen zweckfrei einsetzen und sich an den Formen und bunten Bildern erfreuen. Es besteht aber auch die Möglichkeit, im Anschluss an das Ausmalen das Tun zu reflektieren. Die folgenden Fragestellungen können dabei eine Hilfe sein:
Wie erlebte ich mich beim Ausmalen des Mandalas? Wie wirkten die Formen des Bildes auf mich? Habe ich beim Ausmalen die vorgegebenen Formen auch farblich eingehalten oder habe ich gemalt, wie es mir gerade in den Sinn kam? Welche Farben habe ich ausgewählt? Habe ich außen oder innen mit dem Ausmalen begonnen? Wenn ich mein Mandala betrachte: Hat es etwas mit mir und meinem Leben zu tun?

HINWEISE
- Es kommt nicht darauf an, dass Kunstwerke entstehen.
- Es sollten Malstifte zur Verfügung stehen.

VARIANTEN

- Das Mandala-Ausmalen kann in Einzel-, Partner- oder Gruppenarbeit geschehen. So können zwei Personen, die sich gut kennen, zusammen ein Mandala ausmalen und so eine neue Art der Kommunikation einüben.
- Auch in Gruppen ein großes Mandala auszumalen ist eine Form von Verständigung und fördert den Gruppenprozess.
- Mandalas meditieren
- selbst Mandalas herstellen
- eine Wandfläche mit einem Mandala versehen

253
Sitzen

ab 12 Jahre, 10 Minuten

EIGNUNG

Einüben der richtigen und entspannten Sitzhaltung.

BESCHREIBUNG

Beim Sitzen bilden Ohren, Schulter und Hüften eine Senkrechte – in der Leibmitte verankert. Auch hier spielt, wie beim Stehen, der richtige Schwerpunkt eine wichtige Rolle, und der liegt im Unterbauch. Für den Anfänger kann es hilfreich sein, ein wenig ins Hohlkreuz zu gehen. Die Schultern sind gelöst, die Arme hängen schwer herab. Wir lassen ein wenig im Kreuz nach und pendeln uns nach und nach ein. Wir versuchen, uns auf die Mitte einzupendeln. Wir bewegen uns vor und zurück und im Kreis, bis wir den Punkt erreicht haben, auf dem die Bewegung von selbst stillsteht. Wir fühlen uns im Lot.

HINWEIS

Viele Schüler haben Erfahrungen mit Sitzübungen, die sie in der Krankengymnastik erlebt haben.

VARIANTE

Sitzbälle können eine gute Hilfe zum Einüben des richtigen und entspannten Sitzens sein.

254
Wurzeln schlagen

ab 12 Jahre, 10 Minuten

EIGNUNG
Sich erden; den richtigen »Standpunkt« finden.

BESCHREIBUNG
Wir stehen in aufgerichteter Haltung, die Füße leicht nach außen abgewinkelt. Die Augen sind geschlossen. Wir pendeln langsam nach vorne und hinten, nach links und rechts und schließlich im Kreis. Dabei bleiben die Füße fest und ganz (Ballen und Fersen) auf dem Boden. Nach und nach haben wir das Gefühl, fest im Boden verwurzelt zu sein und den richtigen Standpunkt gefunden zu haben.

HINWEIS
Es handelt sich hierbei nicht um eine Turnübung. Es geht um das Einpendeln, damit der richtige »Standpunkt« gefunden werden kann. Das sollte den Schülern vor Beginn der Übung genau erklärt werden.

VARIANTE
Die Übung wird von jeweils zwei Personen durchgeführt, wobei der eine den anderen ins Lot bringt.

Wie erweitere ich mein Methoden-geschick?

Einige Orientierungshilfen für den Hausgebrauch

1. Das Methodenkonzept, mit dem ich arbeite, muss zu mir passen.
2. Unterrichtliche Fantasie lässt sich nicht durch Theoriewissen ersetzen.
3. Hilfreich ist eine flexible Planung, die methodische Alternativen vorsieht.
4. Ich bleibe offen für das Unvorhergesehene! Für überraschende Wendungen im Lernprozess, für Reaktionen und Anregungen der Schülerinnen und Schüler!
5. Es fällt mir leichter, meine Methodenkompetenz zu erweitern, wenn ich in einem kollegialen Klima arbeiten kann, in dem man angstfrei über Erfolge und Niederlagen miteinander spricht.
6. Wenn ich mein Methodenkonzept grundsätzlich revidieren will – etwa bei einem Übergang von einem lehrer- und inhaltsorientierten Arbeiten zu einer Gesprächsführung nach TZI –, ist es ratsam, mit nur einer Klasse zu beginnen und schrittweise in dem neuen Arrangement Sicherheit zu gewinnen.
7. Grundlegende Änderungen dieser Art fallen mir leichter, wenn sie durch entsprechende Fortbildungskurse unterstützt werden.
8. In der Routine des Berufsalltags ist es erfrischend, wenn es mir gelingt, aus meinen Fehlern und aus meinen Erfolgen zu lernen. Mein Methodenkonzept will ich so pflegen und weiterentwickeln, dass meine Berufszufriedenheit wächst.

9. Hilfreich ist mir dabei folgende Grundeinstellung:
   Ich bin Fachmann/Fachfrau für angewandte Unterrichtsforschung.
   Mein Forschungsgebiet ist die Wirkung der unterrichtlichen Methoden auf die Schülerinnen und Schüler und auf mich. Ich bin dabei Feldforscher und Versuchsperson zugleich.
10. Ich wähle diesen Ansatz, damit ich (wenigstens teilweise) aus der Rolle des Betroffenen in die Rolle des Beobachters hinüberwechseln kann. Aus dieser Distanz erwächst mir Freiheit. Denn unter diesen Vorzeichen sind nicht nur meine Erfolge, sondern auch meine Niederlagen wertvoll:
11. Niederlagen führen bei mir nicht zu Blockaden, sondern werden annehmbar als Erfahrungen, aus denen ich lernen kann.
12. Erfolge aber konditionieren mich und zeigen mir, in welche Richtung ich mich weiterentwickeln kann.

Hilfreiche Literatur

- Adam, Bjoern / Holle, Judith / Koepnick, Franziska, Das Methodenbuch für digitalen Unterricht, beWirken, Lüneburg 2021.
- Büttner, Gerhard / Freudenberger-Lötz, Petra / Kalloch, Christina / Schreiner, Martin (Hrsg.), Handbuch Theologisieren mit Kindern, Einführung – Schlüsselthemen – Methoden, Kösel-Verlag, München 2014.
- Dietzsch, Andrea / Pfister, Stefanie. Digitaler Religionsunterricht, Fachdidaktische Perspektiven und Impulse, UTB, Stuttgart 2021.
- Ebinger, Thomas / Haller, Judith / Sohn, Stephan, Tool-Pool. 180 bewährte und neue Methoden für die Konfi- und Jugendarbeit, Ejw-Service, Stuttgart 2018.
- Gandlau, Hearriet, Wie Religion unterrichten? Grundlagen und Bausteine für einen qualifizierten Unterricht, Deutscher Katecheten-Verein, München 2017.
- Mendl, Hans, Religionsdidaktik kompakt, Überarbeitete Neuauflage, Kösel-Verlag, München 2018.
- Michalke-Leicht, Wolfgang (Hrsg.), Kompetenzorientiert unterrichten. Das Praxisbuch für den Religionsunterricht, Kösel-Verlag, München 2013.
- Rendle, Ludwig, Ganzheitliche Methoden im Religionsunterricht, Kösel-Verlag, München ^{8}2018.
- Sigg, Stephan, Die Bibel für Schüler lebendig machen. Motivierende Ideen und Methoden zur Bibelarbeit, Verlag an der Ruhr, Mülheim 2016.
- Thömmes, Arthur, Die 200 besten Unterrichtsmethoden für die Sekundarstufe. Bewährte Ideen für jede Gelegenheit, Verlag an der Ruhr, Mülheim 2016.
- Thömmes, Arthur, Unterrichtsphasen erfolgreich gestalten. Das große Methodenhandbuch für die Sekundarstufe, Verlag an der Ruhr, Mülheim 2014.
- Thömmes, Arthur, Gemeinsam sind wir stark. Spiele zur Förderung der Klassengemeinschaft in der Sek I, Verlag an der Ruhr, Mülheim 2017.
- Thömmes, Arthur, 33 Ideen digitale Medien Religion. Step-by-step erklärt, einfach umgesetzt – das kann jeder!, Auer Verlag, Donauwörth 2020.
- Thömmes, Arthur, 33 Ideen Digitale Medien Ethik, Auer Verlag, Donauwörth 2021.
- Wiechmann, Jürgen / Wildhirt, Susanne, 12 Unterrichtsmethoden. Vielfalt für die Praxis, Beltz, Weinheim, ^{6}2015.

Hilfreiche Links

Homepage von Arthur Thömmes:
Jäger & Sammler / Materialfundus für einzelne Themen des Religionsunterrichts / Religionspädagogische Zeitschriften online / Linkliste zu Methodensammlungen im Internet / Kurzfilme / Populäre Musik usw.
www.fundgrube-religionsunterricht.de

Die »digitale Werkzeugkiste« von Arthur Thömmes ist eine dynamische, wachsende Sammlung von digitalen Tools und Apps für den Unterricht. Die digitale Pinnwand (Padlet) besteht aus 3 Teilen und enthält vielfältige praxisnahe Tipps, Tutorials und Beispiele:
https://padlet.com/ajoth1/lw122tw6u4oh

Materialsammlung rpp-katholisch:
www.rpp-katholisch.de/Materialien/tabid/69/Default.aspx

rpi-virtuell stellt für die religionspädagogische Arbeit Praxishilfen, Informationen und Werkzeuge bereit:
https://rpi-virtuell.de

Digitaler Medienguide für den Religionsunterricht:
https://www.ru-digital.de

Materialien für zeitgemäßes Lernen und Lehren mit digitalen Medien:
https://religionsunterricht.net

Bistum Limburg (Arbeitsblätter, Downloads, Unterrichtsentwürfe, Links, Tipps, Podcasts etc.):
https://relpaed-frankfurt.bistumlimburg.de/beitrag/fuer-sie-im-www-gefunden-und-zusammengestellt/